DICTIONNAIRE

OU

RÉPERTOIRE ARCHÉOLOGIQUE

de la Loire-Inférieure

PAR

P. DE LISLE DU DRENEUC

CONSERVATEUR DU MUSÉE DÉPARTEMENTAL D'ARCHÉOLOGIE

I

NANTES

IMPRIMERIE VINCENT FOREST ET ÉMILE GRIMAUD

4, PLACE DU COMMERCE, 4

1887

DICTIONNAIRE ARCHÉOLOGIQUE

DE LA LOIRE-INFÉRIEURE

Extrait du *Bulletin de la Société archéologique de Nantes.*

DICTIONNAIRE ARCHÉOLOGIQUE

DE LA

LOIRE-INFÉRIEURE

(ÉPOQUES CELTIQUE, GAULOISE ET GALLO-ROMAINE)

PAR

PITRE DE LISLE

Secrétaire général de la Société Archéologique de la Loire-Inférieure

ARRONDISSEMENT DE CHATEAUBRIANT

NANTES

IMPRIMERIE DE VINCENT FOREST ET ÉMILE GRIMAUD

Place du Commerce, 4

1882

DICTIONNAIRE ARCHÉOLOGIQUE

DE LA

LOIRE-INFÉRIEURE

(Époques primitive, celtique, gauloise et gallo-romaine)

La Loire-Inférieure peut se diviser, au point de vue archéologique, en plusieurs zones distinctes. Ainsi la partie
occidentale, la région qui avoisine le bord de la mer, possède un grand nombre de dolmens, de tumulus et d'allées
couvertes, tandis que ces monuments sont fort rares dans
tout le reste du département. Une ligne droite menée du
nord au sud, entre Avessac et Touvois, laisserait à l'ouest,
du côté qui regarde l'Océan, 33 dolmens sur 36 que l'on
connaît actuellement en Loire-Inférieure. Toute l'étendue
de territoire placée à l'est du sillon de Bretagne et du
Pays de Retz, c'est-à-dire les deux tiers du département,
n'en posséderaient que 3 (¹).

Cette seconde zone est à son tour divisée en deux
régions de caractères différents, et cette séparation est

(¹) Voir les relevés de la Commission des Gaules et de la Commission
de Géographie de l'ancienne France. Ce chiffre est évidemment très inférieur à celui que nous atteindrons à la fin de cet inventaire.

assez bien tracée par le cours de la Loire (¹). Dans la partie située au sud de ce fleuve, on trouve des éléments archéologiques qui font défaut sur tous les autres points, ce sont des gisements de silex taillés de la période quaternaire, des ateliers, des stations sur des points de défense au bord des cours d'eau.

La région du nord est à son tour caractérisée par un vaste ensemble de fortifications en terre, d'oppidum et de retranchements de l'époque gauloise.

Ce contraste entre les différents points de notre département provient sans aucun doute de l'étrange variété que présente ce pays. En effet, la région maritime, de Pornic à la presqu'île guérandaise, ne ressemble en rien au pays, couvert de forêts, qui environne Châteaubriant ; ce côté est également très différent des riantes campagnes arrosées par la Sèvre et la Maine, et des plaines monotones du Pays de Retz. Ainsi la configuration extrêmement variée de notre sol a favorisé, à des époques successives, le développement des différentes industries de nos prédécesseurs.

En passant en revue les cinq arrondissements de la Loire-Inférieure, nous verrons ces différences s'accuser d'une façon très sensible. — Déjà l'arrondissement de Saint-Nazaire est presque terminé, et celui d'Ancenis, malheureusement assez pauvre, est également très avancé. Cet inventaire permettra de saisir dans une vue d'ensemble la répartition de nos antiquités primitives.

Pour l'exploration que nous avons entreprise, les notes données dans les publications archéologiques sur ce département nous ont fourni d'utiles renseignements ; toutefois le chiffre de ces indications est inférieur de plus de moitié à celui que nous avons atteint. Il était indispensable

---

(¹) Une seule station, celle de l'Étranglard en Saint-Géréon, se trouve sur cette limite, mais à droite du cours de la Loire.

aussi de vérifier beaucoup de notes un peu confuses et déjà anciennes, et surtout de relever exactement la position des monuments mégalithiques et de les décrire avec quelques détails. Habituellement on se borne à indiquer, pour telle commune, 1 dolmen, ou 1 menhir. Muni de ce renseignement, on peut fort bien chercher longtemps ces mégalithes sur tout le territoire d'une commune et ne point les retrouver; les gens de la campagne ne connaissent guère nos dolmens et nos menhirs, et par conséquent ne peuvent aider dans ce genre de recherches.

Pour éviter à mes collègues les pas et démarches que m'ont souvent imposés ces désignations par trop sommaires, j'ai noté au cadastre le N° de section et le N° parcellaire des pièces où se trouvent les mégalithes ou les autres antiquités. De cette façon, il est impossible de ne pas arriver tout juste au point indiqué.

Cette méthode a, de plus, un grand avantage; elle permet de dresser des cartes d'ensemble avec une exactitude parfaite; puis, lorsqu'un monument vient à disparaître, il n'est pas complètement perdu pour la science; il en reste une description détaillée et le point précis où il se trouvait.

Nous avons dressé une liste alphabétique des communes, en indiquant pour chacune d'elles les monuments, les trouvailles, les stations et les retranchements en terre de l'époque primitive. Les lieux dits dont les noms peuvent aider à faire connaître des points intéressants, des mégalithes, des tombes, des cachettes, ont été notés sur les matrices cadastrales, et transcrits à la suite des indications archéologiques.

Enfin, j'ai cru devoir citer les antiquités gallo-romaines, stations, voies, castrum, etc. Les objets et les monuments de cette époque sont si intimement mêlés aux vestiges des époques antérieures, qu'il est difficile de les séparer tout à fait. Il est bien rare, en effet, que l'exploration d'un dolmen ou d'une station soi-disant préhistorique, ne fasse pas découvrir quelques débris de l'industrie des conqué-rants. Cette coïncidence est un fait bizarre et qui mérite d'être étudié de près.

Voici la valeur des signes conventionnels inscrits en marge des articles du dictionnaire, et qui serviront pour la carte d'ensemble du département :

⌐⌐ Dolmen.

△ Menhir.

△△△ Alignement.

⌐⌐ dᵗ Dolmen ruiné.

△ dᵗ Menhir abattu ou détruit.

◇ Station.

△ Trouvaille.

⬦ Découverte d'objets réunis.

☐ Oppidum, retranchements.

⌒ Butte, tumulus.

○ Monnaies.

⊔ Sépultures.

I

ARRONDISSEMENT DE CHATEAUBRIANT

L'arrondissement de Châteaubriant a été fort peu exploré jusqu'ici, au point de vue archéologique, et dans les recueils et les différentes notices publiés sur la Loire-Inférieure, on ne trouve que peu ou point de monuments mégalithiques indiqués pour ce côté de notre département. En dépouillant attentivement les Archives de notre Société archéologique, les Bulletins de la Société académique, le

Dictionnaire d'Ogée, les notes de Bizeul, de Le Sant, de Le Boyer, de Guéraud, la *Bretagne contemporaine,* le *Lycée armoricain, Nantes et la Loire-Inférieure,* etc., etc., en somme, toutes les publications où les antiquités de notre département ont été étudiées, nous sommes arrivé à trouver pour l'arrondissement de Châteaubriant, *trois monuments mégalithiques,* encore debout (¹).

Le mauvais résultat de ces recherches bibliographiques m'a engagé à commencer par ce côté de la Loire-Inférieure l'inventaire des antiquités primitives de notre département. La tâche de passer en revue les trois ou quatre vétérans qui représentent sur ce coin de terre notre vieille civilisation, me semblait des plus faciles et j'ai commencé mon inspection ; à l'œuvre, j'ai bien vite reconnu que ce travail était beaucoup plus long et plus étendu que je ne l'avais présumé ; çà et là, des dolmens, des menhirs dormaient paisiblement dans l'oubli. J'ai presque un regret de les arracher à ce long sommeil ; c'est peut-être un moyen de les signaler à la persécution qui sévit en ce pays contre les *Débris d'un culte sanguinaire* (²).

Quoi qu'il en soit et malgré ce danger, nous devons dire que nous avons trouvé, chemin faisant, en dehors des monuments déja cités, *23 mégalithes,* qui n'étaient pas encore connus ; ce qui nous donne une notable différence sur les résultats précédents.

Toutefois, ce chiffre est peu élevé pour une aussi vaste étendue de terrain. Bien des cantons sont mieux partagés que les 140,000 hectares renfermés dans l'arrondissement

---

(¹) L'abbé Goudé, dans son ouvrage sur la baronnie de Châteaubriant, donne exactement le même chiffre ; seulement un des menhirs qu'il signale n'était pas compris dans ceux que j'ai trouvés indiqués ; ce qui nous permet d'atteindre le chiffre 4.

(²) Voir l'inscription menaçante, gravée en lettres d'or sur une plaque de marbre, au calvaire mégalithique de Louisfert.

de Châteaubriant, et cette pénurie de dolmens et de menhirs doit avoir quelque raison d'être. Il ne serait pas juste de l'imputer uniquement à l'insuffisance des recherches archéologiques ; les démolisseurs, je me trompe, les constructeurs modernes ont bien aussi quelques reproches à s'adresser ; mais cela ne suffit pas encore pour expliquer l'immense lacune que nous signalons ici.

On peut, je crois, attribuer la rareté des antiquités primitives dans cette contrée à des causes plus profondes.

Deux conditions, tout à fait spéciales, caractérisent l'arrondissement de Châteaubriant : c'est le seul de la Loire-Inférieure qui se trouve rejeté en dehors du cours de la Loire ou du voisinage de la mer. En second lieu, sa configuration géologique est très différente de celle du reste du département ; de longues bandes de terrains schisteux, alternés de grès et d'argile, forment un contraste bien tranché avec les terrains primitifs qui couvrent les autres parties de la Loire-Inférieure.

De ces deux causes résulte, peut-être, la différence que nous remarquons entre l'archéologie de cette zone et celle de la région du sud-ouest.

En effet, privé de la grande voie de communication que la Loire offrait à nos devanciers, Châteaubriant est en même temps beaucoup trop éloigné des côtes pour que la région dolménique qui contourne le bord de la mer, ait pu atteindre son territoire ; c'est toujours dans des limites assez rapprochées du littoral que se trouvent en plus grand nombre les dolmens et les mégalithes, du moins dans la région occidentale de la France. Châteaubriant est donc tout naturellement en dehors de cette zone.

La seconde cause, purement géologique, est plus difficile à expliquer. D'après les observations faites par M. E. Carthailac sur différents points de la France, les terrains schisteux auraient été particulièrement négligés par les constructeurs de mégalithes Il est certain que l'on trouve fort peu de dolmens ou de menhirs, formés de roches schisteuses. Les phyllades sont le plus souvent assez tendres et faciles à déliter; cette roche ne présentait sans doute pas assez de solidité pour servir aux impérissables tombeaux que l'on élevait alors.

Sans nous appesantir sur ces causes, d'ailleurs très discutables, ajoutons seulement que les immenses forêts dont les restes couvrent encore en partie ce pays, ont fort bien pu contribuer à le rendre autrefois presque inhabitable.

Le côté sud-est de l'Ille-et-Vilaine, qui fait suite à notre département, est absolument dans les mêmes conditions et aussi pauvre en monuments primitifs que l'arrondissement de Châteaubriant.

En somme, les oppida, les fortifications en terre, bien que très détruits par la culture, forment encore la principale ressource archéologique de cet arrondissement.

ABBARETZ.

Canton de Nozay. — *Abbareticus* (Dom Morice).

Période gauloise

☐ Une série de remparts, d'ouvrages en terre d'une étendue considérable traverse le territoire d'Abbaretz et se retrouve au delà dans 7 ou 8 communes. Cette ligne de défense, bien interrompue maintenant, présente sur certains points des oppida, des châteaux en terre flanqués de douves et de remparts; dans d'autres parties d'énormes talus irréguliers s'allongent parallèlement, séparés par une excavation profonde où l'eau séjourne; enfin, au dernier tiers de son prolongement vers l'ouest, à partir de la commune de Vay, cette ligne se compose de talus réguliers, très droits, de 5 mètres de large en moyenne, sur 1 m. 50 à 2 m. d'élévation, quelquefois accompagnés d'un second talus moins élevé de l'autre côté de la douve.

Nous retrouvons successivement les tronçons de cette ligne dans les communes de Pierric, Conquereuil, Marsac, Vay, Nozay, Abbaretz, Meilleraye, Grand-Auverné, (où finit la première partie de cet inventaire). Je renvoie donc, pour plus de détails sur l'ensemble de ces retranchements, aux articles consacrés à chacune de ces communes.

A mon avis, cet immense travail était destiné à servir de frontière, de délimitation, entre deux peuplades ennemies (¹).

Des objets gaulois ont été découverts sur différents points de ces remparts. Un magnifique collier en or, tordu en spirale, trouvé au fond d'une des douves du Bé, a été acheté par M. Fortuné Parenteau (par l'entremise de M. Blanchard). Ce collier était accompagné d'une arme en fer.

Plus à l'est, dans les fortifications en terre qui se trouvent dans le prolongement de celles-ci, des monnaies gauloises (or et electrum), ont été trouvées à une certaine profondeur sous terre; l'une d'elles, du type poitevin, fait partie de notre collection.

Il est donc vraisemblable que ces travaux datent, du moins en partie, de l'époque gauloise.

On a trop souvent attribué aux Romains les ouvrages datant d'une époque antérieure. Les habitants de notre Gaule n'ont pas laissé pour seule trace de leur vie des tombeaux et des armes; les citadelles du temps de l'indépendance doivent exister encore sur beaucoup de points. Mais les antiquaires, préoccupés de retrouver des camps retranchés pour leurs chères voies romaines, ont tout assimilé aux œuvres des conquérants. Il est temps de rendre à César seulement ce qui est à César; ainsi, actuellement, sur plus

---

(¹) Une excellente preuve en faveur de cette explication est le nom de frontière, conservé actuellement à cette ligne, du moins en Abbaretz.

de 400 oppidum connus de la Commission des Gaules, M. A. Bertrand en cite seulement une soixantaine où l'on ait recueilli des débris romains ; encore ce fait ne prouve-t-il en aucune façon, que ces retranchements ne soient pas antérieurs aux Romains.

Suivons maintenant cette ligne de l'ouest à l'est d'Abbaretz, depuis le prolongement des retranchements du Bé, en Nozay, jusqu'aux environs de Cuffat, en Meilleraye. Les défrichements ont, par endroits, rendu cette chasse assez difficile ; elle aurait été plus belle, il y a cinquante ans, lorsque d'immenses landes couvraient encore ce pays ; malgré cela, à travers les champs, les clôtures et les routes, nous ne perdrons pas beaucoup notre piste.

En suivant la route de Nozay à Meilleraye, au mois de décembre dernier, je vis, au sud de ladite route, à 2 kilomètres avant d'arriver au bourg d'Abbaretz, une longue suite de talus irréguliers ; cette levée s'effaçait un peu avant le point où la route pénètre sur le territoire d'Abbaretz ; puis elle reparaissait sur la droite où d'énormes talus mamelonnés dessinent une sorte de crête, qui se prolonge dans la direction d'un bois de sapin situé à 800 m. environ au nord du bourg.

Lorsqu'on franchit ces buttes, on ne voit de tous côtés que des monticules ('), des trous inégalement disposés et formant une sorte de vallum, de 50 à 60 m. de large. Ces levées sont formées, tantôt de terres amoncelées, tantôt de pierres quartzeuses, entassées les unes sur les autres.

☐ Un château en terre, de forme ovale et parfaitement conservé, est adossé à la partie nord de ces lignes (S^on A d'Abbaretz, N° parcellaire 1, le Boisvert à M. de la Brosse).

(') Voir, à ce sujet, les notes manuscrites de M. Verger à la Bibliothèque publique de Nantes, et les indications données par M. Orieux à la Société archéologique de Nantes. (Procès-Verbal du 24 juin, tome V°.)

Les douves qui l'entourent sont régulièrement taillées; elles mesurent 2 m. 50 de large, au niveau de l'eau. On ne peut les traverser pour arriver dans l'enceinte que par une étroite jetée qui sert de pont; ce pont est protégé en avant par un rempart en terre et une douve, tracés perpendiculairement à l'axe de la jetée, à 10 m. environ de son extrémité (Pl. VI., fig. 4).

L'intérieur de l'enceinte fortifiée mesure 40 m. de l'est à l'ouest, sur 32 de largeur. Les talus ont 7 m. de haut, à partir du fond des douves; à l'intérieur un rempart de 3 m. 50 à 4 m. protège, du côté sud, la moitié de la circonférence de l'enceinte. La partie nord est défendue seulement par la douve et un second rempart, qui pourtourne extérieurement cette douve et forme, au nord, un talus assez élevé.

De cette façon, le côté qui descend le versant du nord, et qui n'est protégé ni par le sommet de la colline, ni par la grande ligne de défense, est beaucoup plus faible comme retranchements que la partie opposée.

Les grandes cavités rondes que l'on voit entre les buttes ont-elles servi de base à un vicus gaulois? Ou ces trous n'ont-ils pas été creusés pour l'extraction du minerai (fer hydroxydé), que l'on trouve sur beaucoup de parties de ces talus, mêlé à des scories de fer? Je croirais volontiers que les travaux de retranchements ont mis à jour des filons de minerai qui ont été exploités peut-être à la même époque, et certainement depuis.

A l'est du château que nous avons décrit, la ligne traverse les N°s 6 et 7 de la S^on A; elle forme, dans un taillis au-dessus d'une petite coulée qui vient du bourg, un double talus de 4 m. de haut, rempli intérieurement de scories de fer. De là, elle se dirige vers le moulin de Lantilloux, où lle dessine sur la droite une sorte de rempart aplati sur le sommet.

De l'autre côté de la ligne du chemin de fer, au nord-est du moulin de Lantilloux, des buttes et des talus irréguliers m'ont été indiqués aux champs de la Ménoiserie (entre la voie ferrée et la Loire).

Plus loin, le côteau qui ferme la vallée, à l'étang de Paradel, se courbe vers l'ouest. Au bas de ces coteaux, entre le Petit-Paradel, et la Pervanchère, une série d'ouvrages en terre s'étendait sur une longueur de près de 2 kilomètres.

☐ Ils sont connus sous le nom des *Fosses-Taureau*. Le défrichement des landes a presque effacé les doubles talus de ces défenses, que les gens du pays désignent encore sous le nom de retranchements. On me les a indiqués près de la ferme de la Bernarderie, au nord du château de la Rivière, appartenant à M. Louis de Charette. Le sieur Brié, cultivateur, en a nivelé une assez grande partie (en avant de la Bernarderie), il y a 7 à 8 ans. On voit encore, au relief du terrain, la place qu'ils occupaient. Ces défenses étaient composées d'un double talus, dont l'un de 4 à 5 m. de base sur 3 m. au moins de hauteur; l'autre, plus petit, séparé du premier par une douve,

Au-dessus de cette ligne, presque en face de la Bernarderie, une série de trous disposés en échiquier, comme les logettes gauloises du Finistère; ces trous s'étendaient sur une superficie de plus de 20 hectares.

D'autres défenses m'ont été signalées au Mont-Jaunet, toujours dans la direction de l'est; je n'ai rien vu sur ce point qui mérite d'être noté; mais le fermier m'a dit avoir détruit, il y a quelques années, une rangée de petites logettes en pierre d'ardoise, dallées au fond et sur les côtés, et enfoncées en terre à une profondeur de 2 mètres environ.

Période romaine.

Une voie romaine que nous retrouverons en Auverné, Saffré, etc., où elle est connue sous le nom de *la levée de*

Saumur, effleure l'extrémité sud de la commune d'Abbaretz. Elle traverse la partie de la forêt de Saffré comprise dans le territoire d'Abbaretz, au nord du village de la Haie-Tilly.

Cantons et lieux dits : la Pierre, les Grands-Fossés (S⁰ⁿ B., Nᵒˢ 60, 61 et 62), la Pierre Blanche, la Grée, le Pas, la Forge (S⁰ⁿ B., Nᵒ 182), les Pérets.

CASSON

CANTON DE NORT. — *Cassum*, dans un titre de 1080. Ecclesia sancti Ludovici de *Cassonio*.

Période celtique.

⌁ Un *galgal* situé sur la terre de la Gazoire à M. le Bᵒⁿ Boux de Casson, est signalé à la p. 83 des Bulletins de la Société archéologique de la Loire-Inférieure (1872), par M. l'abbé Cahour. Trois haches en pierre polie ont été trouvées sur ce point; deux de ces haches étaient enfouies sous terre à une profondeur de 25 à 30 c.

L'une d'elles, très cylindrique de forme, a un tranchant en demi-cercle beaucoup plus étroit que le tranchant des haches ordinaires en pierre polie. Une autre fort petite (6 c.) est également en diorite. La troisième de couleur vert sombre est taillée dans une roche serpentineuse.

Ces haches ont été données au Musée de l'Oratoire par M. Boux de Casson. (Lettre B., vitrine 1.)

Cristal de roche éclaté à la Gazoire.

Cantons et lieux dits : la Pierre, le Tertre, la Pierre Blanche, le Carnerou, le Charnier, les Grées, Malabry, les Rochettes.

CHAPELLE-GLAIN (la)

Canton de Saint-Julien-de-Vouvantes. — Capella Glaeni de Rugiaco, en 1125, dans une donation faite à l'abbaye de Saint-Florent, près Saumur.

Nous avons aperçu il y a quelques années, une pierre debout, au sud-est du château de la Motte-Glain, à droite de la route qui conduit de Bonnœuvre à la Chapelle. (A vérifier.)

On trouve beaucoup de traces de forges primitives sur le territoire de cette commune; de petits monticules de scories de fer, des excavations pour extraire le minerai indiquent encore la place de ces établissements. (Nous avons trouvé dans des amas de ce genre, des briques romaines et des fragments de poteries mérovingiennes.)

A l'extrémité sud-est de cette commune, se trouve le lieu dit la Haute-Folie. Ce nom a été signalé par M. B. Fillon comme désignant des sanctuaires consacrés jadis aux divinités des Celtes. Près de ces sanctuaires, on trouve habituellement une fontaine aux eaux abondantes et passant pour avoir des vertus médicinales, des mégalithes et quelquefois des retranchements. Ici le programme tracé par notre regretté collègue se trouve en partie rempli; près de la Haute-Folie, nous avons vu une fontaine d'eaux minérales, très réputée aux alentours, et un peu au-dessous de cette fontaine, un gros bloc de pierre isolé sur la prairie.

Cantons et lieux dits : la Grée, la Haie, la Haute-Folie, la Motte.

CHATEAUBRIANT

Chef-lieu de canton. — Castellum Brientii.

Période celtique.

P. Une curieuse trouvaille de haches en pierre polie

m'a été communiquée, il y a quelques années, par M. Péraud, de Laval. Ces haches, au nombre de neuf, sont toutes en diorite ; elles étaient enfouies sous terre, dans une cachette à peu de distance de Châteaubriant. Les unes sont à peine dégrossies à grands éclats ; d'autres ont un commencement de polissage et les dernières sont parfaitement finies et luisantes. Elles ont sans doute été cachées là par un fabricant de haches en pierre qui n'aura pu retrouver sa cachette.

△ Un petit celt, en diorite pâle tachée de rouge, a été trouvé en 1874 au bois de Sion, près de Châteaubriant, par M. Picot de Plédran ; il mesure en longueur 7 c. 5. Une autre hache en pierre polie, de 12 c. de long, a été trouvée près de Couëré par M. Dor fils. Ces deux pièces appartiennent à la collection de M. Dor, président du Tribunal de Châteaubriant.

⬦ Une découverte d'objets en bronze a été faite aux environs de Châteaubriant.

Dans le Parc de Châteaubriant, des silex éclatés de différentes sortes, silex pyromaques, agates, etc.

Période gauloise.

O. G. Statères d'or, trouvés près de Châteaubriant.

Période romaine.

Le *castellum* de Brient, dont le nom se retrouve encore dans les anciens titres (Chartes de Marmoutiers pour la fondation du prieuré de Béré), n'a pas laissé de traces apparentes ; selon toute probabilité, il occupait la forte position qui sert d'assise au château des Laval.

◇ ⊔ Une station romaine avec tombes, murs et briques à rebord, se trouve sous le champ de foire de Béré.

J'ai vu, dans la collection de M. E. Fornier de Rennes,

un bracelet romain en or, formé d'une tige cylindrique courbée en cercle et provenant des environs de Châteaubriant.

Bizeul indique une voie romaine de Châteaubriant à Blain ; cette voie se bifurquait au Pont-Veix sur le Don, puis elle traversait au sud de Derval et de Lusanger, où nous l'avons retrouvée. Mais sur le territoire de Saint-Aubin-des-Châteaux, ses traces sont complètement effacées, et notre bon antiquaire n'a pu la conduire à Châteaubriant que par un tracé tout à fait problématique. Ajoutons, cependant, qu'en 1847, on découvrit près de la ville une très ancienne voie pavée ; elle fut mise à jour sur une certaine longueur, lors des travaux que fit exécuter le duc d'Aumale, lorsqu'il traça la promenade du Parc.

On trouva également près du château un aqueduc formé de tuyaux cylindriques en terre cuite. (Renseignements transmis par M. Lanjuinais, ingénieur.)

Cantons et lieux dits : le Bois de la Pierre (S^{on} A), la Motte-Galerie, le Bois du Tertre (S^{on} D), les Lechs (S^{on} G).

DERVAL

CHEF-LIEU DE CANTON.

Période celtique

Δ d¹ Dans la commune de Derval, un menhir fut brisé pour servir de matériaux ; la pierre pénétrait de plusieurs pieds dans le sol ; il avait fallu l'arracher. Lorsqu'elle fut couchée sur terre, l'ouvrier chargé de l'exploiter en moellons prit une allumette pour ranimer sa pipe éteinte, et la frotta vivement sur la partie du menhir qui pénétrait jadis dans le sol ; il en tomba un peu de terre et un bouton brillant. Ce bouton était un statère gaulois, orné au droit d'une tête d'Apollon, tournée à droite, avec cordons perlés et *sus gallicus* placé sur la tête. Au revers, cheval galopant à droite, mais sans tête humaine ; au-dessus, les bras de l'auriga ; au-dessous, grue volant à gauche, en sens inverse de la marche du coursier. Poids, 7 gr. 80. F. Parenteau. — (*Société archéologique de Nantes,* 1862.)

△▽ P. 8 haches en pierre polie ont été trouvées, à ma connaissance, dans la commune de Derval : 4 de ces haches parmi les nombreux blocs erratiques que l'on voit au sommet de la colline qui domine le château (données au Musée de Nantes par M. l'abbé Cahour). 3 autres, en diorite, font partie de la collection de M. Fornier, conseiller à la cour de Rennes. Enfin, 1 hache assez grande a été trouvée par le sieur Fleury, cultivateur, demeurant au Haut-Château.

▽ B. 5 lances en bronze, couvertes d'une très belle patine, ont été trouvées près de Derval et données au Musée de Nantes. M. F. Parenteau (1881).

△ B. 2 coins en bronze, de même provenance, ont également été recueillis par M. F. Parenteau ; ils sont de très petites dimensions.

△ B. Une hache à douille en bronze trouvée au moulin Quibut, appartient à M. Dor, président du tribunal civil de Châteaubriant.

Période gallo-romaine.

La voie romaine de Blain à Châteaubriant se bifurque au Pont-Veix, sur le Don, avec la voie de Blain à Rennes. M. Bizeul la signale comme très apparente, à peu de distance, au midi, du moulin du Claray ; puis près de l'extrémité de l'avenue de Fouais-des-Bois, où elle forme un gros sillon de 30 pieds de large, sur 2 et demi d'épaisseur. Elle coupe ensuite la route de Rennes à Nantes entre la 50ᵉ et la 51ᵉ borne, mais plus près de la 50ᵉ, et passe aux villages de la Tirardière et de la Cochaudais, où plusieurs maisons sont construites sur la voie.

○ Une monnaie d'or de Jules César a été trouvée au château Saint-Clair ; elle appartient à Mme la marquise de l'Estourbeillon.

☐ Le vieux château des sires de Derval me semble occuper l'emplacement d'un ancien castrum. Maintenant que les constructions féodales ont presque entièrement disparu, on retrouve encore le plan carré, les longs retranchements en terre, les doubles fossés qui faisaient jadis l'unique défense du Châtellier primitif. Le castrum do Bé présente absolument la même disposition ; enfin, les armes antéromaines, trouvées en assez grand nombre sur ce point, viennent à l'appui de notre hypothèse.

☐ D'autres retranchements ont été signalés en Derval, auprès du bois de la Justice. A l'ouest, et près de la route de Nantes, on voyait en 1842, une excavation irrégulière qui passait pour un ancien camp.

☐ Entre le bois de Lurion et la même route, il y a d'autres ouvrages où les levées ressemblent plus à des retranchements. (Note de M. Orain, ms.)

Cantons et lieux dits : les Rochettes, le Rocher Quibut, les Fosses, la Roche, le Clos de la Chaussée, les Planches, les Mazères.

ERBRAY

Canton de Saint-Julien-de-Vouvantes. — Sanclus Martinus de *Erbraio. Arbreus,* en 1160, dans une charte du monastère de Saint-Florent.

Période celtique.

△ Une hache en pierre polie taillée dans une roche assez rare, la fibrolithe, a été trouvée à la Haie-Besnon, sur la limite est de cette commune.

Période gallo-romaine.

☐ En suivant la route qui conduit du Petit-Auverné à

Erbray, on voit au lieu dit le Châtellier, d'énormes remparts en terre flanqués de larges douves. Ces retranchements, parfaitement réguliers dans les parties où ils n'ont pas été entamés, forment un carré de 100 m. de large, environ, sur 120 de long.

La largeur moyenne des douves est de 9 m. ; les talus formés de pierrailles et de terre ont 4 à 5 m. de haut sur 7 de large à la base. Ils descendent à l'ouest, le versant d'un coteau qui domine le ruisseau de la Forge-Neuve.

△ J'ai trouvé çà et là dans cette enceinte, des briques à rebords et des fragments de poteries romaines.

Le fermier à déjà détruit beaucoup de ces remparts, et la route traverse ce retranchement du nord au sud, en le séparant en deux parties à peu près égales. On me montra les restes d'une butte élevée, qui occupait le centre de cette enceinte.

Dans la partie supérieure de cette formidable défense, le fermier découvrit, en nivelant les talus qui joignent les maisons de la ferme, une série de logettes carrées, de 8 à 9 pieds de profondeur et dallées en pierres d'ardoise. Dans un de ces compartiments, on trouva un squelette debout; la tête de ce squelette a été conservée avec soin ; on me l'a montrée dans une grange, où elle est en grande vénération et opère, dit-on, des guérisons merveilleuses.

Cantons et lieux dits : le Caillou-Blanc, la Haute-Folie, le Clos de la Grée, les Châtelliers, le Pâtis de la Folie, la Motte du Tertre.

FERCÉ

CANTON DE ROUGÉ.

Période celtique.

Des haches en pierre polie, trouvées sur le territoire de cette commune, ont été recueillies par M. E. Fornier, conseiller à la Cour de Rennes. Une de ces haches est en *fibrolithe*, les autres sont en roches dioritiques.

Cantons et lieux dits: les Pierres, la Pile, la Grée de Fercé, la Ville Blanche, le Signal des Grées.

GRAND-AUVERNÉ

Canton de Moisdon.

ALVERNIACUS. — Dans une charte de 1135, provenant du monastère de Saint-Florent, près Saumur.

△ *Période celtique.* — Menhir du Champ des Pierres. (N° 48-49 de la Section C du Grand-Auverné.)

En octobre 1876, je trouvai, aux environs du village de la Coutancière, un bloc de quartz blanc, piqué debout dans une pièce, à peu de distance au nord de la route d'Auverné à Saint-Sulpice. La hauteur totale de ce menhir est de 2 m. 15 c.; il mesure 1 m. 45 c. au-dessus de terre, sur 60 à 65 c. d'épaisseur.

Dans les fouilles que j'ai faites au pied de cette roche, j'ai recueilli des fragments de charbons enfouis tout à la base de la pierre. Auprès, se trouve un autre bloc de même nature mais abattu, mesurant 1 m. 50 de long sur 50 c. de large ; à la sortie du champ et dans le chemin qui aboutit à la grande route, d'autres pierres moins grandes, les unes debout, les autres couchées à terre.

△△ Menhirs de l'Equêche. — Au cadastre N° 63 de la section C.

Deux autres menhirs ont été trouvés (G. de Lisle), à peu de distance de ce point.

En suivant le chemin qui conduit de la Coutancière au Petit-Auvais, on voit sur la droite le taillis de l'Equêche. En face de ce bois, dans une pièce qui est coupée en pointe du côté où elle aboutit au chemin, se trouvent deux menhirs piqués à peu de distance de la haie du côté nord. La première de ces pierres, est effilée et terminée au sommet par une cassure en biseau ; elle mesure 1 m. 79 c. de haut (Grès ferrugineux.)

La seconde, à quelques mètres plus à l'ouest, est de 1 m. 20 c. de haut et très aplatie de forme. (Grès quartzeux.)

◇ Station de la Butte-Rouge. (Silex et haches en pierre polie.)

Le chemin du Rosa traverse une sorte de petite colline allongée, parallèle à la lisière de la forêt d'Ancenis. Sur le point le plus élevé de cette côte, dans les champs dits de la Croix-Rouge, nous avons recueilli des silex travaillés, lames, pointes, etc. Quatre haches en pierre polie ont été trouvées sur cette butte ; l'une d'elles, en roche dioritique, mesure 13 c. et sa pointe est tronquée horizontalement comme celle des haches à tête. Cet endroit passe dans la contrée pour un lieu hanté, et des apparitions effrayantes ont décidé les gens du pays à y faire élever une croix, dont les débris se voient encore sur le bord du chemin. Depuis une trentaine d'années, on a défriché les landes et les bois qui s'étendaient de là jusqu'à la forêt, et ces apparitions sont devenues plus rares. Cependant, un être fantastique, bien connu sous le nom de la *Bête de Béré*, apparaît encore actuellement dans les temps de la Toussaint. Ce fantôme se montre le soir aux gens attardés sur les routes ; il les suit, et répond à ceux qui sont assez osés pour lui parler. Je n'ai point de renseignements personnels à donner sur cette bête mystérieuse ; et sans vouloir établir de relation entre nos trouvailles de la Butte-Rouge et ces visions surnaturelles, je donne ce fait pour ce qu'il vaut.

La Grotte de la Dame se trouve dans un vallon formé de grandes roches grises, où les eaux semblent dormir emprisonnées entre deux rives à pic. De vieux arbres, tordus et rabougris, accrochent leurs racines dans les crevasses de la pierre, et se suspendent au-dessus des eaux.

La Grotte est à quelques mètres au-dessous du bord : très étroite à l'entrée, elle s'élargit un peu au delà ; puis, à 30 ou 35 pieds de son ouverture, elle est fermée par des terres mêlées de blocs de pierre, accumulés à l'endroit où elle fait un coude en s'enfonçant. Cette clôture malencontreuse a été faite pour empêcher les renards de se cacher dans la Grotte. D'après les gens du pays, le souterrain se continuait autrefois jusqu'au-dessous de l'église d'Auverné, distante d'un kilomètre environ. Sans aller si loin, cette grotte pourrait donner lieu à des fouilles assez intéressantes ; la proximité des tombes du Val et ce nom de Grotte de la Dame sont d'assez bons indices.

⌴ De ce point un large sillon couvert de bruyères et déchiré çà et là par le roc, s'avance jusqu'au moulin de Roche-Mort. C'est sur cette butte que se trouvent les tombes ou *stone cists*, que nous avons à étudier.

Quatre pierres plates, posées de champ comme celles d'un dolmen, forment un coffre allongé, un peu plus large à une extrémité qu'à l'autre. Ces tombes sont orientées de différentes façons. Trois de celles que j'ai fouillées étaient ainsi disposées : l'une, 1 m. 21 c., sur 25 c. de large et 0 m. 16 c. de profondeur, était orientée à l'est. La 2e de 0 m. 16 c. de long, sur 0 m. 21 c. et 19 c. de large, et 15 c. de profondeur, avait le côté le plus large tourné au nord. La 3e de 1 m. 16 c. de long, sur 0 m. 21 c. était orientée vers le S. O.

D'autres, plus au bas de la côte, étaient alignées sur trois rangs ; beaucoup de ces tombes ont été détruites et les pierres qui les formaient sont maintenant employées comme *palis* au bord des champs.

Des boules de la grosseur du poing et d'une matière très pesante, ont été trouvées dans ces sépultures. M. Chopin, élève au séminaire, a recueilli dans une de ces tombes deux petits vases en terre de forme allongée. Dans celles que nous avons fouillées se trouvaient quelques éclats de silex gris et des fragments de charbon.

Près de là, M. P. Guérin nous a indiqué une grosse pierre dite pierre de la Couline et qui d'après lui aurait été une pierre à sacrifices.

△ P. Nous avons eu de la commune d'Auverné 5 haches en pierre polie ; deux près des buttes au-dessus du Loc (diorite, longueur 7 c. et 7 c. 5) ; une à la Grand'Haie, coupée carrément sur les côtés ; deux aux environs du village de Villechoux. (13 c. 5, roche dioritique et 15 c.).

Période gauloise.

◻ La Butte du Trésor et ses retranchements se reliaient au grand système de défense que nous avons signalé en Pierric, Conquereuil, Marsac, Vay, Nozay, Abbaretz et Meilleraye. Les landes qui couvraient cette butte ont été défrichées, il y a une quarantaine d'années, et les remparts ne paraissent plus que sur un des côtés de la butte. Une vingtaine de talus, alignés sur deux rangs et mesurant 12 mètres de longueur sur 2 de haut depuis la base du fossé, descendaient du côté nord-est de la butte vers une excavation carrée nommée la mare Blandelle. La plupart de ces talus ont disparu, mais j'ai eu, par les ouvriers qui ont travaillé à les combler, des renseignements très précis sur leur développement.

Du même côté de la butte dans la direction du nord-ouest, se trouve un tertre arrondi en forme de tumulus et formé de scories de fer.

Le *trésor* assez modique de la butte se composait de monnaies gauloises (or et electrum) ; l'une d'elles est du type poitevin, à la main ouverte sous le cavalier (notre collection).

De ce point, la série des remparts de la frontière se dirigeait à l'est vers Saint-Mars-la-Jaille, que nous étudierons dans l'inventaire de l'arrondissement d'Ancenis.

◻ A l'ouest, entre les retranchements de Meilleraye et la Butte du Trésor, nous retrouvons d'autres fortifications en terre dans les bois taillis de Maupiron; ce sont de larges talus dressés vers le sommet de la butte, et en partie dégradés par les racines de chênes.

Période gallo-romaine. — Voie romaine.

Signalons au sud d'Auverné une voie romaine qui n'a encore été indiquée nulle part. Nous l'avons suivie sur un parcours de 3,500 m.; très apparente à son entrée dans la forêt d'Ancenis, elle forme un talus pierreux de 5 à 6 pieds de haut, épaulé des deux côtés par des remblais; elle est extrêmement étroite, et les racines ont disloqué peu à peu la couche supérieure du stratumen, de sorte qu'on ne voit plus qu'une longue jetée en grosses pierres. Dans les champs, ces blocs de grès ferrugineux et de quartz forment un large sillon qui coupe les pièces en diagonale et vient passer sur le vieux chemin du Bernard (¹), un peu au-dessus de la croix Joueffe; de là, elle traverse la nouvelle route d'Auverné à Riaillé, puis descend la butte, et s'arrête près de la mare de la Mulonière.

Si vous demandez aux gens du pays quel est le vieux chemin qui traverse ainsi leurs pièces sans conduire à aucun bourg, ils vous raconteront qu'autrefois une duchesse de Rohan voulut avoir un chemin pour aller de chez elle jusqu'à Paris; mais qu'arrivée aux terres de la Motte-Glain, le seigneur de ce domaine ne voulut point laisser passer la route sur son terrain, et qu'ainsi les travaux n'ont pas été plus loin.

Cette légende a cela de vrai que la voie est brusquement interrompue avant la croix de la Mulonière, et malgré toutes nos recherches nous n'avons jamais pu la retrouver au delà de ce point.

Lorsque les champs sont en labour, on aperçoit de plus

(¹) Ce chemin qui nous a été signalé par M. de la Pilorgerie, descend au sud-est jusqu'à l'Anjou; il conserve son nom de chemin Bernard jusqu'aux limites du département. (Renseignements de M. Léon Maître.)

d'un kilomètre le bourrelet pierreux formé par cette voie romaine sur les flancs de la butte rouge. Une ramification se dirigeant au sud-est vers la forêt se détache à angle droit de ce point et se perd à quelque cent mètres de là.

◇ Station de la Grée. — Au mois de septembre 77, en traversant les pièces qui avoisinent le taillis des Gicquelais, au-dessous du village de la Haye, j'aperçus à fleur de terre de nombreux fragments de briques et de poteries romaines ; le bord des haies était surtout jonché de ces débris. Des moellons entassés çà et là et la façon bizarre dont les clôtures étaient découpées et repliées comme si elles suivaient le contour de petites constructions, indiquaient encore la place de la station. J'y ai recueilli des poteries samiennes, les unes luisantes et unies, d'autres ornées de rinceaux de feuillages et de sujets en relief ; des blocs de ciment mêlés de parcelles de briques, et enfin de nombreux silex travaillés, accompagnement obligé de toutes les stations romaines que j'aie vues jusqu'ici. Ces silex sont taillés les uns en forme de lames et de pointes, d'autres simplement éclatés sur les bords ; ils sont transparents, de couleur jaune et rouge, et beaucoup trop minces pour avoir servi de pierre à feu.

○ R. Un vase en terre contenant une trentaine de pièces d'or mêlées de petites oboles en cuivre, a été trouvé sur cette station, il y a quelques années.

Dans une des pièces de la Grée, un monceau de scories de fer mêlées à des briques romaines, indique la place d'une forge en plein air ; près de là passe un vieux chemin connu sous le nom de chemin de la Minière.

Nous avons trouvé des briques à rebord près du village de Villeneuve. M. P. du Boischevalier a recueilli des poteries rouges de terre samienne à l'est des bois du Lotha.

Cimetière gallo-romain.

☐ ◇ En avril 1879, lors des travaux de nivellement

pour la place d'Auverné, je vis à l'est de la nouvelle église une série de compartiments tracés dans l'ancien cimetière du bourg, et formés par des pierres d'ardoises. Ces clôtures étaient tantôt composées de murs en maçonnerie, tantôt formées de pierres debout et alignées comme celles qui servent encore de clôtures autour des pièces. De grands sarcophages en calcaire d'Anjou, grossièrement taillés et fermés par un couvert plat, occupaient le fond de ces compartiments ; des briques à rebord, des poteries samiennes et différents objets gallo-romains, entre autres une monnaie impériale, se trouvaient mêlés aux terres qui recouvraient ces tombes ; à l'intérieur des sarcophages on recueillit, près d'ossements très décomposés, de petites masses métalliques d'un blanc argenté. L'analyse de ces matières donne une forte proportion d'étain alliée au cuivre.

Nous avons recueilli sur ce point une agrafe en bronze ornée de dessins en forme de rondelles (G. de Lisle).

Des tombes composées de pierres d'ardoises posées de champ, se trouvaient aussi dans ce cimetière, mais en dehors des petits murs d'enceinte. On voit encore dans le nouveau cimetière du Grand-Auverné, des tombes et des briques gallo-romaines, provenant des fouilles faites lors de la démolition de l'ancienne église.

Un sarcophage en calcaire, remarquable par son extrême petitesse, nous a été donné pour le Musée de Nantes, par M. Hervy, curé du Grand-Auverné.

Cantons et lieux dits : la Pierre, la Roche-Blanche, la Fosse, les Rochettes, la Grande-Chaussée, le Palais.

HÉRIC

Canton de Nort. — Ecclesia sancti Nicolai de *Hierico.*

Période celtique ou gauloise.

On voit à l'entrée du bourg d'Héric un tumulus

assez élevé, un peu allongé de forme, et dont la masse a déjà été entamée lors des travaux de la route entreprise en 1842. Des fouilles sur ce point donneraient, sans aucun doute, un résultat intéressant.

Lorsque l'on creusa le canal de Nantes à Brest en 1813, on trouva sous un banc de psammite ferrifère, des fers de mules et les fragments d'un fémur de quadrupède, à 1 m. environ de profondeur (Marteville).

Cantons et lieux dits : la Roche en Croix, la Chambrette, la Bosse des Landes, la Chaussée, la Forgette, le Temple, le Pavé, le Châtelier.

ISSÉ

Canton de Moisdon. — Sanctus Petrus et sancta Blaisia de *Isseio*.

☐ A 800 m. environ au sud de la station, j'ai vu (1878) une sorte de tumulus assez élevé, ou plutôt de motte, à peu de distance de l'ancien château de Buron. Des terres amoncelées forment une éminence conique dont le sommet a été tronqué. Des douves assez larges entourent cette motte dont la base mesure environ 150 mètres de circuit; la hauteur de cette butte mesurée du fond des douves est de 8 à 10 m.

Des arbres croissent sur les talus et à l'entour des remparts ; une excavation creusée sur l'un des côtés de la motte a sans doute été faite pour y chercher un trésor. La voie ferrée passe assez près de cette butte pour qu'on puisse l'apercevoir du train dans la direction de l'est, un peu avant la gare d'Issé.

Période romaine.

☐ Un châtelier est signalé tout auprès de la propriété de Gatines. « Dans un champ qui porte le nom de Gué d'Azy, de larges briques à rebord reposant sur un lit de chaux ont été mises à jour par le labourage. Des fouilles commencées avec l'aide de M. le comte de Fermon, propriétaire du château de Gatines, ont amené la découverte de vieilles constructions, de carrelages, de grosses poteries, d'un clou à double tête. » P. 385, *Histoire et légendes de Châteaubriant.*

Près du Châtelier se trouvent la Chaussée et la forêt *Pavée*, dont les noms rappellent le passage de voies romaines.

Cantons et lieux dits : le Rocher, la Borne, la Pile, la Fosse, le Tertre des Mores, la Motte, le Dru, les Buttes, la Motte de Bougon.

JANS

CANTON DE DERVAL. — Sanctus Gulianus.

L'Étang aux Fées est signalé en cette commune dans le D^{re} d'Ogée.

Cantons et lieux dits : la Grée, la Vieille-Ville, la Grande-Ville, le Buisson-Perré, la Croix-Petré.

JUIGNÉ-LES-MOUTIERS

CANTON DE SAINT-JULIEN-DE-VOUVANTES. — *Junianus,* en 1186, dans une bulle pancarte du pape Urbain III. Livre rouge du cartulaire de Saint-Florent, f° 15.

La Grotte aux Fées de la forêt de Juigné se trouve près d'une fontaine qui prend sa source entre les racines de deux arbres ; il y a, près de là, quelques vestiges dont le caractère druidique est très contesté (voir les notes de Marteville).

Une voie romaine venant à l'ouest de la commune de

Soudan, traverse Juigné et se dirige vers Candé (renseignements à vérifier).

Cantons et lieux dits : la Rochette, les Loges, la Grotte aux Fées, le Puits-Renard, la Mottaie, la Grée.

LOUISFERT

CANTON DE MOISDON. — *Leofern*, dans une charte de 1150. *Locusferri*, en 1186. Charte de Saint-Florent.

△△△ ? Au champ de la *Grande-Pierre*, à une lieue et demie du bourg de Louisfert, se voyaient, il y a peu d'années, 7 pierres debout, alignées sur deux rangs. 5 de ces blocs sont maintenant transférés au calvaire érigé par M. l'abbé Cotteux, près du bourg de Louisfert. Telles sont du moins les indications qui m'ont été données sur place, le 4 avril 1878.

△ Deux haches en pierre polie (diorite), ont été trouvées sur le territoire de cette commune.

Cantons et lieux dits : le Creux, le Champ des Grandes-Pierres, le Clos-Potier, la Chaussée.

LUSANGER

CANTON DE DERVAL.

Période celtique.

△ Menhir de la Bergère, en la forêt de Domnèche. N° 145 *bis* de la section B.)

Au mois de février 79, je traversais la forêt de Domnèche pour retrouver la voie romaine qui passe aux environs du vieux château ; un paysan m'indiqua à l'ouest de ce point, vers l'extrémité des bois, une butte pierreuse couronnée par une roche debout que l'on désigne dans le pays sous le nom de la Pierre de la Bergère. Ce menhir est en grès ferrugineux veiné de quartz et mesure 2 m. 65 de haut sur 2 m. de large ; son épaisseur varie de 65 c. à 85 c. Il est entièrement caché sous les taillis et pour le découvrir, il faut suivre, à l'est du nouveau bourg de Lusanger, la lisière de la forêt ; on aperçoit sur la gauche, à 500 m. du bourg environ, un pin isolé dont la tête dépasse les taillis et qui sert à guider au pied du menhir.

Au cadastre, cette pierre occupe la parcelle 145 *bis* de la section B de la Lémerie.

Δ 2⁰ Menhir du Tertre Gicquel.

A 1,200 m. du nouveau Lusanger, en suivant la route de Treffieuc, j'aperçus à droite, sur une élévation, une pierre debout en quartzite grisâtre de 1 m. 94 de haut, sur 1 m. de large et 76 d'épaisseur (section E du Tertre Gicquel, 2⁻ feuille). Cette pierre domine une carrière de quartzite ou de grès quartzeux, exploitée pour l'entretien de la route. Je n'ai pu m'assurer si ce bloc, dont la forme est bien celle d'un menhir, est véritablement séparé du rocher, ou si ce n'est qu'une pointe ménagée dans la pierre. Je m'arrêterais volontiers à cette dernière opinion.

Le château d'Ollier est un peu plus au sud, à 2 ou 3 champs de là. C'est une agglomération de blocs naturels, très pittoresques, mais peu intéressants pour nos études.

3⁰ Menhir de Couëtoux.

Δ A peu de distance du village de Couëtoux, un peu à l'est des maisons de l'abbaye de ce nom, j'ai vu en décembre 1880, une pierre debout, de 2 m. 30 c. de haut sur 2 m. 26 c. de large et 1 m. 70 d'épaisseur ; elle est en grès quartzeux et domine un terrain butté au-dessus d'une petite coulée de prairie. Près de ce menhir, un autre bloc debout de 1 m. 15 c. de haut. Les ruines d'une abbaye de femmes existent encore à une centaine de pas de ces pierres ; on y voit un bâtiment de forme arrondie, de très petites dimensions et transformé en servitude. (Décembre 1880.)

△△△ Alignement de la Croix des Pierres Blanches, N° 101 Section A. (Voir pl. V. fig. 4.)

Ce monument a été indiqué d'abord par Ogée, puis par Marteville, et enfin dernièrement dans la *Bretagne contemporaine* et l'*Histoire de Châteaubriant*; il nous est facile de suivre dans ces diverses notes les transformations subies par cet alignement, qui semble avoir été mis en coupe réglée.

Des sept pierres indiquées par Ogée en 1788, il n'en restait que 5 lorsque parut, en 1853, la dernière édition du *Dictionnaire de Bretagne ;* aujourd'hui, on n'en voit que deux qui soient encore debout. Il est donc grand temps de décrire ces pierres et de préciser leur position.

Relevons d'abord une erreur faite par Ogée et reproduite par ses annotateurs ; ce n'est point en Sion, comme l'indiquent les notes précédentes, que se trouvent ces menhirs, mais bien dans la commune de Lusanger, au n° 101 de la section A du cadastre, au lieu dit la Grée-Gallot.

Sur une hauteur qui sépare la vallée de la Chère de celle de son affluent, le ruisseau du Port-Sablon, on voit dans un terrain vague qui borde la route de Bains à Nort (chemin vicinal n° 1), une rangée de pierres alignées de l'est à l'ouest, et dont la dernière vient affleurer le bord du chemin. Ces pierres occupent une ligne de 13 m. de long.

Le premier menhir, en partant de l'ouest, est une pierre de grès, longue de 2 m. 35 sur 0 m. 60 c., abattue en travers de l'alignement.

Le second menhir, un grès quartzeux, est debout et mesure 1 m. 20 de haut sur 1 m. 10 de large.

Le troisième, également en grès quartzeux, a 2 m. 03 c. de haut sur 1 m. 40 de large ; ces deux menhirs sont les seuls qui soient restés debout.

La quatrième pierre est en quartz, elle a 2 m. 32 c. de long, sur 0 m. 83 c. de large. Les autres sont assez insignifiantes sauf la dernière, qui avait été signalée par Ogé comme dépassant en hauteur toutes ses compagnes. C'est un bloc en quartz blanc, aujourd'hui abattu et séparé en deux dans le sens de la longueur.

En 1825, un homme du pays conçut le projet d'utiliser cette pierre pour en faire un pont sur le ruisseau de la Chère. A l'aide de coins en bois, il parvint à faire éclater cette énorme masse ; mais il fut impossible de déplacer les 2 morceaux ainsi séparés, et il fallut renoncer à ce beau projet de pont mégalithique.

Un autre menhir existait plus à l'est, dans le prolongement des autres. La route l'a pris en 1847, et il est maintenant couché en travers du chemin et recouvert par le macadam.

Les cultivateurs des environs prétendent que l'on voit rôder la nuit des animaux fantastiques autour de ces pierres blanches.

Δ Un 4e menhir m'a été signalé au nord du nouveau Lusanger entre Chasse-Loup et la Pierre. Ce menhir, de 2 m. environ de haut et bien effilé au sommet, se trouve à l'ouest de la route de Sion à Lusanger.

Des retranchements que la culture a effacés maintenant en grande partie, traversaient de l'est à l'ouest la partie nord de Lusanger, entre les défenses de Derval et celles de Saint-Aubin-des-Châteaux; ces retranchements se composaient de :

☐ Un ancien camp dont l'entrée était dirigée au midi, situé à peu de distance du bourg actuel de Lusanger, joignant la métairie du Verger. Le côté du nord a été nivelé, il y a plus de 40 ans, pour le passage d'un chemin.

☐ Un second retranchement plus étendu, à 200 m. du vieux Lusanger.

☐ Puis à l'ouest, sur la lande, un double talus parallèlement aligné. (Note de M. Verger.)

Période romaine.

J'ai vu, un peu à l'ouest de la Cibottière, sur la gauche de la route de Lusanger, la partie de la voie romaine qui coupe en cet endroit la route de Châteaubriant à Derval. Elle forme un sillon assez large qui descend diagonalement à travers les pièces dans la direction du tertre Gicquel. On la nomme dans le pays Chaussée à la Jouyance. Bizeul rapporte en ces termes une légende qui lui fut contée à propos de ce nom par un paysan : La Jouyance était une princesse qui voulait faire le tour de la terre en tous les sens, et à mesure qu'elle avançait, le peuple s'empressait de lui préparer de belles routes dont on retrouve ici un échantillon. Elle remarqua de son carrosse sur le chemin un oiseau mort, et elle demanda à son cocher ce que c'était. Le cocher lui dit : Madame, c'est un oiseau mort, et nous devons tous mourir ainsi. N'allons pas plus loin, dit la Jouyance, qui fut probablement frappée pour la première fois de notre instabilité, et elle fit cesser les travaux.

Le côté le plus curieux de cette légende, l'interruption de la voie, semble avoir échappé à notre savant antiquaire. Moins facile à désillusionner que la princesse Jouyance, il poursuit sa voie jusqu'à la Garenne, près de Châteaubriant. Mais les indications qu'il donne sont purement conjecturales ; rien de précis n'ayant été relevé sur ce parcours, je crois qu'il vaut mieux s'en tenir à la tradition antique rapportée ci-dessus.

Cantons et lieux dits : le Champ de la Pierre, le Tertre Gicquel, le Perré, la Chaussée.

MEILLERAYE

Canton de Moisdon. — *Merelius,* en 1186 (dans une bulle-pancarte du pape Urbain III, du 28 décembre). *Melercius,* en 1271 (Pouillé de l'abbaye de Saint-Florent).

Période celtique.

☐ Dolmen du Perron. (Section cadastrale A. 11. N° parcellaire 14.)

A 1500 m. au nord-ouest du bourg de Meilleraye, la nouvelle route du Houx s'écarte d'un vieux chemin qu'elle avait recouvert jusque-là, et coupe en diagonale une longue pièce de terre. C'est dans la partie nord de cette pièce, sur le bord de la haie, que se trouve le dolmen du Perron ; on aperçoit de la route de grosses pierres irrégulièrement disposées ; de près on reconnaît une large table de dolmen reposant en partie sur l'un de ses supports et sur d'autres blocs abattus, et recouvrant une cavité tout juste assez grande pour que l'on puisse s'y faufiler. Deux des montants, au sud et à l'est, sont encore en place ; celui du midi est bien carré de forme et piqué debout à l'extrémité de la table. Onze blocs, à demi enfouis sous les terres, entourent les ruines de ce monument.

La table, irrégulièrement bossuée à la partie supérieure, est en grès quartzeux et mesure 3^m 05 du nord au sud sur 2^m 15 de large. Sous les terres, à l'intérieur du dolmen, nous n'avons trouvé jusqu'ici que des fragments de charbon. (9 octobre 1880, 29 mai 1881.)

Les paysans voisins assurent que l'on entend parfois sonner la grosse pierre qui sert de table ; la même légende nous a été racontée pour le menhir de la Grée, en Petit-Auverné.

Le dolmen du Perron n'a jamais été signalé jusqu'ici. Il a été découvert au mois de septembre 1880, par mon cousin, le docteur Louis Bureau.

△ Un celt en bronze, de la forme dite *à talon*, mesurant 12 c. et très usé au tranchant, m'a été remis, également par M. L. Bureau, il y a quelques années. Ce bronze avait été trouvé par un paysan dans les pièces qui avoisinent l'étang du Barrage, près de la Forêt de Vioreau, commune de Meilleraye.

En ligne des derniers ouvrages que nous avons signalés en Abbaretz, on voit près de la Tonnerie d'énormes talus irréguliers formant, dans certaines pièces, une sorte de vallum ; dans un bois taillis (Section A), ces talus dessinent une équerre et sont flanqués de douves. Mais les nombreux travaux opérés sur ces points pour l'extraction du minerai, rendent très problématique le caractère défensif de ces levées ; je les indique cependant parce que sur certains points, notamment en Abbaretz, des retranchements en terre d'une authenticité indiscutable sont ainsi mêlés à des affouillements de mine.

Plus à l'est, sur les limites de Meilleraye et d'Auverné, des remparts en terre, au bois de Maupiron.

Période gallo-romaine.

La voie romaine de Blain à Angers franchit le ruisseau qui sort de l'étang de Vioreau ; elle coupe à angle droit de la route de Nantes et arrive à l'étang du Pas Chevreuil ; là, elle était très apparente à cent pas au nord de la chaussée et formait un énorme sillon de rocaille qui coupait l'étang dans toute sa largeur et reparaissait sur les deux rives. Telle est l'indication donnée par M. Bizeul ; mais depuis une quarantaine d'années, ces restes se sont sans doute effacés, car il nous a été impossible d'en retrouver la moindre trace. A partir de ce point, le savant antiquaire de Blain poursuit sa voie sur de simples renseignements ; tout me porte à croire qu'il se trompe en lui faisant prendre la direction de la Poitevinière. Nous connaissons une partie encore très apparente de cette voie sur une longueur de plus d'une lieue, au Nord de la direction qu'il indique.

Un vieux chemin, connu sous le nom de chemin Bernard, (¹) nous a été indiqué par M. de la Pilorgerie au Nord-Est de l'Abbaye de Meilleraye ; il vient couper diagonalement la voie romaine au-dessus de la forêt d'Ancenis, et l'agger de la voie est encore très visible à leur point de rencontre.

____

(1) On trouve au 12e siècle : cheminum Bernardine (donation de Payen de Moidon à l'Abbaye de Meilleray) (1150).

Cantons et lieux dits : les Rochers, le Châtelier du Tertre, la Butte, la Fosse Boulée, la Chaussée.

MOISDON

CHEF-LIEU DE CANTON. — *Madonium* dans une bulle-pancarte d'Urbain III en 1186.

Période celtique.

△ Deux haches en pierre polie (diorite), ont été trouvées sur le territoire de cette commune.

Période romaine.

▢ De vastes retranchements situés sur un point élevé, au sud du bourg de Moisdon, ont été détruits depuis quelques années ; la ligne de défense entourait un espace rectangulaire de 300 m. environ sur 150. Ces retranchements étaient construits en terre mêlée çà et là de pierres de grandes dimensions ; les talus étaient très élevés (10 à 15 mètres), et entourés de larges douves.

Dernièrement un cultivateur de Moisdon trouva en nivelant les terres de ces fossés, différents objets en métal sur lesquels je n'ai malheureusement pu obtenir aucun renseignement. On assure dans le pays qu'on y a découvert un *veau d'or* ??

Ce camp est séparé en deux par un chemin qui coupe en diagonale le versant de la butte. Dans la partie Est, un autre chemin suit le talus de l'enceinte. La contenance totale de l'espace défendu est de 150 ares environ.

Cantons et lieux dits : la Roche du Lait, le Tertre-Martin, les Rochers, la Motte, Maladrie, la Charnière, les Grées.

MOUAIS

CANTON DE DERVAL. — *Moaya* (anciens titres). *Moaye*, (sur une cloche datée de 1422).

Période celtique.

△ P. Des haches en pierre polie ont été trouvées en

assez grand nombre par un habitant du village de la Mérais. (Communication de M. le comte de l'Estourbeillon.)

△ B. J'ai vu, dans la collection de M. Dor, président du Tribunal à Châteaubriant, deux haches en bronze provenant de la commune de Mouais. L'une d'elles est munie de deux oreilles recourbées servant de douilles. Elle a été trouvée au taillis du Tertre, près de Mouais. L'autre est à bords droits et légèrement martelée sur ses deux faces. Elle provient de la même localité.

Cantons et lieux dits : le Tertre, les Grées, la Ville au pré, la Ville-Glain, Moulin des Grées.

NORT

CHEF-LIEU DE CANTON. — *Henort*, ancien prieuré. (Voir Dom Morice.)

⊔ Au siècle dernier, on découvrit sur différents points à l'intérieur de Nort, des sarcophages en calcaire coquillier et des tombes formées de dalles d'ardoise. Le schiste employé pour ces tombes est identique à celui de Nozay. Les ossements trouvés dans ces sépultures étaient extrêmement décomposés.

Cantons et lieux dits : les Pierres blanches, le Rocher, le Tertreau, la Roche, les Pas, la Hée, la Ville.

NOYAL

CANTON DE ROUGÉ.

On découvrit il y a quelques années, près des fours à chaux du Mortier, une large excavation remplie de troncs d'arbres et contenant de gigantesques bois de cerf ; leur palmure et leurs dimensions inusitées les ont fait confondre avec des cornes de renne. Mais, en réalité, ce sont les bois d'un cerf d'une race différente et supérieure en taille à la race actuelle. Deux haches en bronze, de la forme dite *à talon*, ont été recueillies par M. Feneux, gendre du propriétaire du Mortier.

Période romaine.

△ Une statue antique, coiffée du bonnet phrygien, a été trouvée, en 1838, sous un des autels de l'église. Après avoir été abandonnée pendant quelques années dans le cimetière de Noyal, cette statue fut donnée à la Société archéologique des Côtes-du-Nord, qui, dans sa séance du 25 juin 1842, décida qu'elle serait transportée à ses frais dans le Musée de St-Brieuc.(Marteville. V[r] catalogue du Musée archéologique de St-Brieuc.)

Une voie romaine traverse la commune de Noyal parallèlement à la route de Châteaubriant à Martigné. Elle est encore très visible près de la ferme de la Chaussée, où elle arrive après avoir franchi la Touche-Muloche ; de là elle passe sous le nom de chemin du Potier par la Tourière, et remonte du sud au nord vers Martigné. (Voir : abbé Goudé, *loc. cit.*)

Cantons et lieux dits : la Folie, le Tertre, la Chaussée, la Grée.

NOZAY

CHEF-LIEU DE CANTON. — *Noziacus* dans une charte de 1135. (Cartulaire de Saint-Florent).

Période celtique.

△ Menhir de Couëbrac.

A une lieue du bourg de Nozay, sur la route d'Abbaretz, on aperçoit au nord le village de Couëbrac. De ce point part un large promontoire couvert de bruyère, qui se termine brusquement au dessus d'une gorge rocheuse et escarpée, où passe un petit affluent du Don. A l'extrémité de cette longue butte, j'ai vu, au mois de janvier 81, un menhir en quartz blanc veiné de rose, piqué debout auprès d'une flaque d'eau. Sa hauteur est de 2^m 80. Il mesure 60 à 75^c d'épaisseur et 2^m 15 de largeur.

Tout à l'entour de cette pierre les terres ont été enlevées comme si l'on y avait pratiqué des fouilles.

A 100 pas de là, dans la direction du sud, un autre bloc de quartz, de forme allongée, est couché à terre; il mesure 2^m 30 en longueur.

Le menhir de Couëbrac m'avait été signalé par M. A. Leroux.

△ ? Près du village de Maire se trouve une pierre piquée debout, un peu moins élevée que celle que nous venons de décrire.

⌐⌐ ? Dans les bois taillis qui sont au-dessus de Beaulieu, en face de la colline où se trouvait la tour du télégraphe, M. Verger a remarqué des blocs de quartz qu'il regarde comme les débris d'un dolmen. L'un de ces blocs est debout et a au-dessus du sol, 1^m 35 de haut. Il mesure 1^m à la base; les autres sont couchés çà et là.

Vers le sud-ouest, autre bloc de grès quartzeux rougeâtre qui peut aussi avoir fait partie d'un dolmen. (?) Note manuscrite de M. Verger.

◇ Une hache en diorite de 23^c de long, a été trouvée dernièrement près du bourg de Nozay; des fragments et d'autres pierres polies du même genre entouraient cette hache, mais ils n'ont pas été recueillis et sont maintenant enfouis sous les remblais de la route. La hache fait partie de la collection de M. G. Blanchard.

Période gauloise.

□ Des retranchements considérables forment en cette commune le prolongement de la *grande frontière* qui coupe le nord du département. Je les ai suivis depuis Beaulieu jusqu'à Abbaretz, sur une longueur de près de 5 k. Auprès du bois du Petit-Perray, à 300^m au nord-ouest de Beaulieu, se trouve une excavation triangulaire, entourée de remparts de 8 à 10 pieds d'élévation ; plus loin ces retranchements forment un talus irrégulièrement bossué ; çà et là, des douves où l'eau séjourne pendant l'hiver, sont flanquées au nord et au sud des remparts mamelonnés. Dans les champs où le labourage a entamé cette ligne de défense, on voit encore un énorme sillon de 25^m de large, sur 5 à 6 pieds de hauteur au milieu; des noyaux de fer hydroxydé, et quelquefois des scories se retrouvent sur ces talus. Un peu avant le village de Maire la ligne s'interrompt ; puis les buttes reparaissent dans les bas-fonds du village de Bé.

Château de Bé.

☐ Un large rempart de 200^m de tour formé de talus très élevés, protège une enceinte carrée dont les angles sont un peu arrondis.

Entre le *castellum* et ces remparts, des douves régulièrement tracées et remplies d'eau pendant une grande partie de l'année, viennent rejoindre un petit réservoir placé à l'angle nord-ouest; elles mesurent 7^m 50^c en largeur.

Le castellum a sur chaque face une largeur moyenne de 40^m; l'enceinte était de plus protégée par le rebord des talus, élevé de 3 à 4^m au dessus du fond. Du niveau des douves jusqu'à leur sommet, les remparts mesurent 5^m 50^c de haut. D'après la tradition du pays, un trésor serait caché dans les terres du château de Bé.

△ Un magnifique torques en or, roulé en spirales, a été trouvé près de là il y a quelques mois, et acheté par M. F. Parenteau ; il mesure 60 c. de longueur. Une arme en fer a été découverte sur le même point.

J'ai retrouvé, sur une longueur de près de 2 k. à l'ouest de ce château, la même ligne de défense plus ou moins apparente jusqu'à son entrée dans la commune d'Abbaretz, près du village de Boix-Rond. Dans tout son parcours depuis Beaulieu, cette ligne côtoie le versant nord d'une sorte de colline qui va rejoindre les hauteurs d'Abbaretz, en traversant une forte dépression de terrain à son point d'entrée dans cette dernière commune. Ces retranchements sont très apparents à droite et à gauche de la route de Nozay à Abbaretz.

Ce curieux travail, qui par son étendue est peut-être sans équivalent sur notre sol, peut donner lieu à bien des conjectures. Est-ce un retranchement, une série de redoutes destinées à protéger une armée ? Mais aucune légion n'a jamais présenté un front de bataille de 7 lieues de long.

Ces excavations irrégulières ont-elles été creusées pour extraire le minerai que l'on retrouve çà et là mêlé à des scories sur les talus de ces douves ?

Mais pourquoi cette exploitation en ligne droite traversant de grands espaces où le sol n'est pas de nature à contenir du minerai ? pourquoi ces châteaux en terre reliés à ces ouvrages ?

Ces fortifications ont-elles été élevées, suivant un usage assez fréquent des conquérants, pour protéger une voie romaine? Mais aucune voie ne suit la direction de cette ligne et ne se trouve même dans son voisinage.

Cette immense ligne de remparts est à mon avis une frontière élevée entre deux peuplades, une démarcation tracée pour borner un territoire, et d'après l'orientation des défenses sur les versants du nord, nous aurions eu l'initiative de ce formidable travail.

Les terres remuées pour creuser les douves et former les talus, ont mis à découvert des veines de minerai qui, sur certains points, ont été exploitées, soit à l'époque à laquelle remontent ces fosses, soit à une époque beaucoup plus récente (¹).

(¹) Sur deux points, on a trouvé, près des amas de scories de fer qui se rencontrent çà et là sur cette ligne, des boulets fondus de différentes grosseurs, à Nozay sur la terre de M. Heureux, et au bas de la butte du Trésor

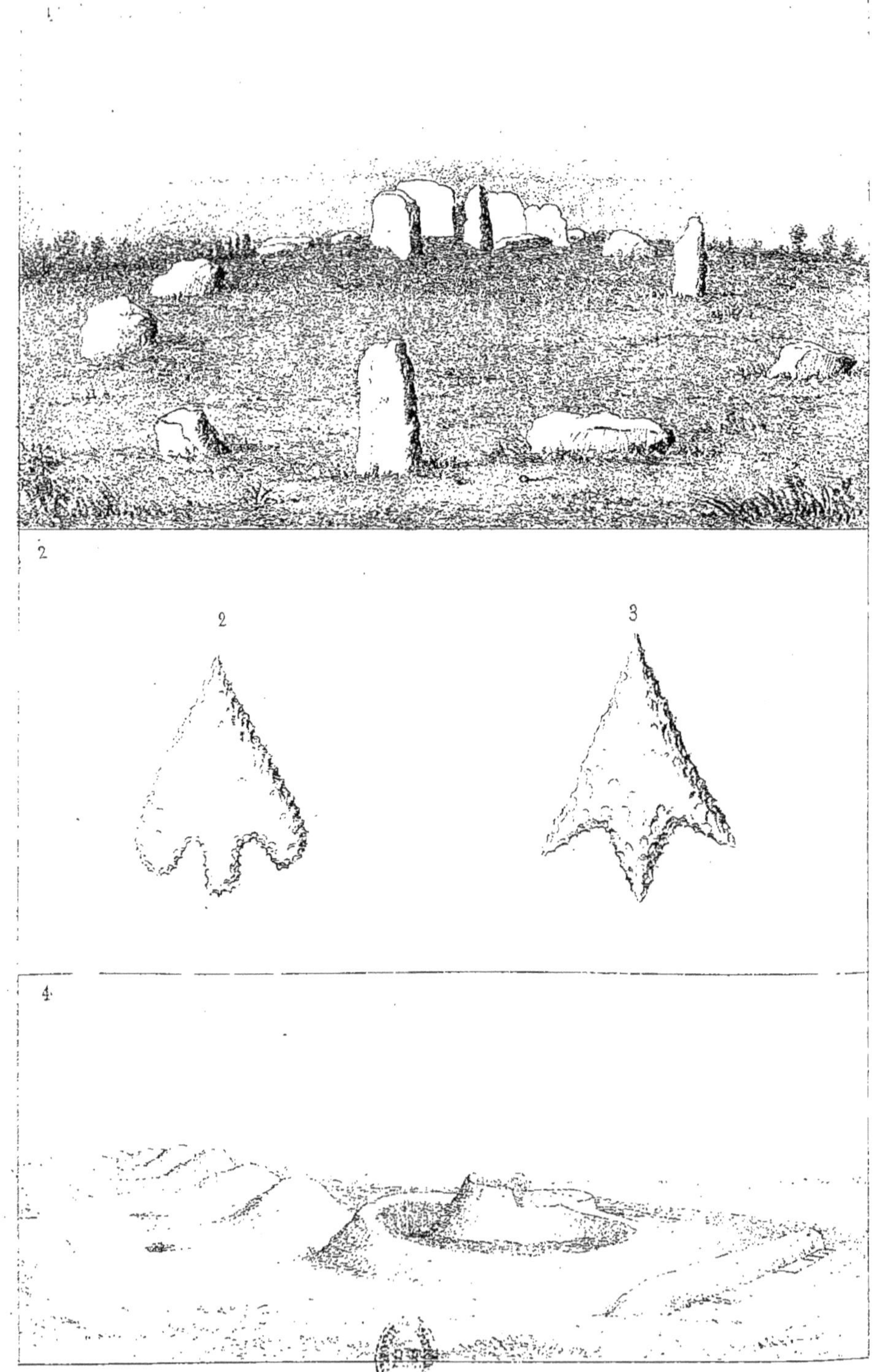

1. Dolmen de Couronne blanche (P¹ Auverné. 2.3. flèches en silex prov¹
au dolmen _ 4 Ligne de retranchements et château en terre d'Abbaretz.

PETIT-AUVERNÉ

Canton de Saint-Julien-de-Vouvantes.

Période celtique.

Dolmen de Couronne-Blanche. (Section du Tertre.) Crom-lech ?

La route qui va du Petit-Auverné à la Barre-David traverse le village de la Provôté ; de ce point en suivant un vieux chemin qui descend aux vallées de la Janvraie, on arrive à un large carrefour où se trouve une croix en pierre nommée dans le pays la Croix de la Grée. Je traversais un soir les pièces qui remontent au-dessus de ce pâtis, lorsque arrivé au sommet de la côte, je me vis tout entouré d'une légion de roches blanches, bizarrement disséminées sur la surface des champs. Les unes étaient debout, les autres couchées à terre ; en m'avançant je vis qu'elles formaient une sorte de ronde autour d'un dolmen dont les pierres étaient d'un blanc pur et éblouissant. Au delà de cette enceinte, deux buttes élevées en forme de tumulus se détachaient en noir sur le soleil couchant. — Je profitai des dernières lueurs du jour pour examiner un peu ma trouvaille.

Tout à l'entour du monument les terres avaient été nivelées par la charrue, et les tables du dolmen n'étaient plus en place. Cependant, les blocs de pierre amoncelés dans la chambre avaient dû protéger ce qui se trouvait à l'intérieur, et je me promis d'y faire des fouilles. Je fus confirmé dans ce dessein par la trouvaille d'une jolie flèche en silex jaune, très aiguë à la pointe et terminée par deux ailerons un peu

---

en Auverné. J'ai eu plusieurs boulets de cette provenance, le travail en est fort grossier. Il est évident qu'à l'époque où l'on se servait de canon, on avait d'autres systèmes de défense et d'autres modes d'extraction pour le minerai que cette longue coupure à double talus. (Voir les trous de mine de la Côte de fer à l'ouest du même sillon.)

recourbés du côté du pied ; elle était sur un des sillons, presque au pied du dolmen.

Fouilles du dolmen, 14 février 1879.

Un cercle de 55 mètres de tour (¹) formé par des pierres en quartz blanc de formes allongées, entoure le dolmen. Cette belle couronne blanche, dont les fleurons sont presque tous abattus mais encore en place , occupe le sommet d'une grande pièce désignée au cadastre sous le n° 627 de la section E. Une autre ligne où se voit un menhir de 1ᵐ55ᶜ de haut, vient doubler la première enceinte dans la direction du sud-est. Puis des roches éparses çà et là descendent des pentes de la butte, et viennent rejoindre les pièces des Ménis.

Malgré la disposition un peu circulaire des blocs qui entourent le dolmen, je crois devoir mettre un point de doute en les signalant comme cromlech.

ΛΛΛ Trois des menhirs de cette pièce sont encore debout, et l'on peut reconnaître pour tels bon nombre des roches allongées qui sont abattues. (Voir pl. VI.)

Le 14 février 1879, je commençai les fouilles du dolmen. Après avoir enlevé un remplissage de pierres enchevêtrées de ronces qui couvraient l'intérieur de la chambre, je trouvai une couche de 30ᶜ d'épaisseur, composée de terre végétale mêlée de charbon et de fragments de poteries sans caractère intéressant. Le long des parois de la chambre cette couche s'arrêtait au roc schisteux ; mais dans toute la partie centrale la roche avait été entamée, pour donner plus de profondeur à la sépulture. Une épaisseur de 10ᶜ de terre rougeâtre et compacte, très différente du sol environnant, remplissait cet espace. C'est dans cette seconde couche, à des profondeurs variables, que j'ai trouvé, avec l'aide de mon frère Georges, les différents objets désignés plus bas ;

(¹) Les gens des alentours ne donnent aucun nom à ces pierres ; j'ai cru devoir baptiser ce monument du nom de Couronne-Blanche, pour le désigner plus aisément.

des ossements brisés et devenus friables étaient mêlés à ces terres et réduits en petites parcelles. Puis des branches carbonisées paraissaient çà et là ; l'une d'elles, longue de plus de 40ᶜ, passait sous le premier montant près de l'ouverture, et venait ressortir en dehors du dolmen.

Tout au fond, une 3ᵉ couche composée d'argile jaune pâle, s'appliquait sur le roc de façon à en couvrir les inégalités. Nous reconnûmes bien vite l'utilité de cet enduit ; à mesure que nous l'enlevions, l'eau suivant la surface du rocher venait remplir le creux formé pour la tombe (1).

Objets recueillis dans la 2ᵉ couche.

△ 1º Une seconde flèche de 36 ᵐ/ᵐ de long, très hardiment taillée avec des ailerons écartés et une soye longue et conique ; elle était placée devant la jointure des deux montants du nord, à l'intérieur du dolmen. (Voir pl. VI.)

2º Un outil en pierre polie (psammite) assez bizarre de forme ; il est cylindrique d'un côté et taillé de l'autre en forme de manche carré.

3º Une lame en silex jaune, bien coupante et présentant trois méplats à la partie supérieure et sur l'autre une surface unie ; longueur 58 ᵐ/ᵐ. Des silex tranchants, d'autres émoussés et retouchés par petits éclats sur les bords.

4º Un broyeur en grès rugueux de forme sphérique et un peu aplatie d'un côté par le frottement.

5º Des fragments de poteries très détériorés par l'humidité.

6º Des os brisés et les charbons indiqués plus haut.

△ Une hache en pierre polie, d'une roche assez rare (fibrolithe) et mesurant 9ᶜ de long m'a été remise par le propriétaire du champ où se trouve le dolmen.

Il est évident que le feu dont nous avons retrouvé les traces, avait été allumé avant qu'on ait dressé les pierres

---

(1) Des quatre pierres composant le dolmen (2 au nord, une à l'est, une au sud), 2 ont été en partie renversées depuis peu par des paysans qui espéraient trouver le reste de *notre trésor*.

u dolmen, puisqu'un des montants était placé sur un des bois réduits en charbon. Ce feu avait sans doute servi à durcir l'argile qui forme l'aire de la chambre.

Seconde partie. — Lorsque nous eûmes achevé ces fouilles, il nous restait à examiner l'enclos formé par les pierres qui prolongent au nord les parements du dolmen. Trois blocs irrégulièrement placés formaient une seconde loge qui n'a jamais dû être bien fermée. Là nous n'avons point retrouvé les différentes couches de l'autre partie du monument ; de longues pierres plates en schiste tégulaire couvraient obliquement le centre de cette cachette. Orientées du nord au sud, elles étaient repliées les unes sur les autres de façon à se rejoindre au milieu, et des cales symétriquement disposées à chaque bout les retenaient en place ; après avoir enlevé ces dalles, nous trouvâmes une épaisseur de terre végétale bien homogène et très fine, contenant seulement un silex taillé ; puis au fond, une pierre plate plus grande que les autres, longue de 1ᵐ 40 sur 45ᶜ de large, avec une échancrure de 12ᶜ taillée carrément sur un côté.

Il est évident que ces tables si bien disposées avaient servi à former une sorte de coffre pour recevoir une sépulture. Puis, les pierres d'ardoises ayant glissé les unes sur les autres, les ossements qui se trouvaient dans ce tombeau auront été écrasés sous le poids des dalles.

⚠ Menhir de la Pierre sonnante ([1]). — Section E du Petit-Auverné.

En partant du village de la Provoté, à 2 k. à l'est du bourg du Petit-Auverné, on trouve un chemin qui passe par la métairie de la Rouaudais et aboutit à un large carrefour nommé la *Grée de la Piette.*

Dans l'angle nord-ouest de ce carrefour, se voit un beau menhir en grès, de 2ᵐ 72 de haut sur 1ᵐ 50 de large à la base, et 83ᶜ d'épaisseur ; il est taillé en pointe et sur une

---

[1] Ce menhir est assez rapproché du dolmen de Couronne-Blanche.

de ses faces on voit une cavité arrondie de 20ᶜ de diamètre. Les gens du pays, les anciens seulement, prétendent qu'en appliquant l'oreille sur cette pierre on entend sonner l'heure. Aussi nomme-t-on ce menhir : la Pierre sonnante. (Voir pl. V, fig. 3.)

△ Menhir de la Sausaye. — Section F du Petit-Auverné. (G. de Lisle.)

Ce menhir est debout et mesure 2ᵐ 27 de haut sur 1ᵐ 15 de large, il est en grès, et la pièce où il se trouve occupe le nº 581 de la section F de la Sausaye.

△ ? A 10ᵐ de là, une pierre longue abattue a sans doute été dressée autrefois. Elle mesure 2ᵐ 07 en longueur.

De l'autre côté du chemin, une autre pierre de grès mesure 2ᵐ 80 sur 88ᶜ.

Près de là, on voit une chaussée en terre de 10 à 12 pieds de haut qui n'aboutit à aucun chemin.

Au nº 580 de la Sausaye, 2 grosses pierres, l'une abattue près de la haie du champ, de 1ᵐ 45 sur 90ᶜ. L'autre est piquée en terre et mesure 1ᵐ 15 sur 95ᶜ. Elles sont en grès.

Alignement du Moulin-Violet. (Section G.)

△△△ L'étang de la Forge-Neuve contourne un coteau aride que domine le Moulin Violet. Au mois d'octobre 77, je trouvai en chassant près de ce moulin, un alignement composé de 7 pierres rangées en droite ligne. Le champ où elles se trouvent figure au cadastre sous le nº 65 de la section G. de la Cantraie, et l'alignement occupe la partie sud du champ; sa longueur est d'environ 30ᵐ et il va de l'est à l'ouest. (Voir pl. V, fig. I.)

Le premier menhir en partant de l'ouest mesure 2ᵐ 15ᶜ de long sur 1ᵐ 22ᶜ de large et 30ᶜ d'épaisseur ; il est en quartz blanc, ainsi que les deux suivants dont le 1ᵉʳ a 3ᵐ 34ᶜ de long et 1ᵐ 58ᶜ de large ; l'autre s'élève de terre de 2ᵐ 28ᶜ ; sa circonférence est de près de 4ᵐ ; c'est le seul qui soit resté debout. Le 4ᵐᵉ est taillé grossièrement dans une roche psammitique, bizarrement contournée et semée de parcelles de quartz blanc. Cette pierre, très intéressante par le travail qu'elle dénote et par la nature de sa roche, puisque nous n'en connaissons pas d'analogue employée comme mégalithe, mesure 4^m 10^c de long sur 1^m 40^c de large.

Le 5e menhir est en grès quartzeux et un peu caché par les terres. Les 6me et 7me sont en quartz, l'un de 3^m 10^c de long sur 1^m 37^c de large; l'autre, le dernier à l'est, a 3^m 15^c sur 1^m 34.

Le 3e menhir est seul debout, mais ses compagnons en tombant ont conservé la régularité de leur première position. On dirait un front de bataille où un dernier soldat tiendrait tête à l'ennemi. Malgré cette fière contenance, il n'évitera pas le coup mortel. Les treuils et les chars de Louisfert sont tout prêts pour l'enlever.

Signalons, pendant qu'il en est temps encore, une pierre debout, à l'angle du champ qui fait face au n° 65. Puis au n° 98, le champ du Gros-Caillou, où se trouvait il y a une trentaine d'années un menhir de grande dimension qui a été brisé lors du tracé de la route neuve du Petit-Auverné.

⌒ ⌒ ? Dans le même triage et faisant suite à l'alignement dans la pièce n° 64 de la même section, on voit deux buttes de 8 à 10 pieds de haut sur 12^m environ de largeur à la base; l'une, la plus à l'est, a été découronnée et l'on en a extrait d'énormes pierres employées depuis à des constructions; de gros blocs de quartz, à demi enfouis sous les terres, paraissent encore au sommet. L'autre est un peu plus élevée et n'a pas été touchée; il est difficile de se prononcer sur la nature de ces tumulus. Les fouilles que nous comptons entreprendre sur ce point, nous renseigneront sans doute à ce sujet.

Période romaine.

⌒ ⌒ Près du dolmen de Couronne blanche, 2 tertres formés de terres mêlées de pierrailles, se dessinent très nettement encore malgré le passage de la charrue. Tout à l'entour et sur la hauteur même de ces buttes, j'ai recueilli des poteries romaines et des briques à rebord.

⎣⎦. Je dois signaler en terminant, des tombes assez primitives de forme, trouvées au sud de la Riantaie, dans une pièce triangulaire qui borde au midi la route de Petit-Auverné à la Barre David ; ces tombes étaient formées de palis en ardoise.

⎣⎦ J'ai vu, un peu au N. du bourg, des tombes semblables ; 4 pierres d'ardoise posées de champ, supportaient un couvercle de même pierre. Au lieu d'être petites comme celles du Val en Grand-Auverné, elles ont assez de longueur et de largeur pour contenir un corps. La pièce où elles se trouvent, porte le nom de Champ des Huguenots, et tout auprès se voit une grange avec fenêtres taillées en ogive qui passe pour avoir servi aux prêches des protestants.

Un souterrain assez profond, et qui, dit-on, vient aboutir à la cure, a été retrouvé en partie, il y a quelques années, dans une prairie au-dessus du bourg.

Cantons et lieux dits : les Roches, la Pile, la Combe les Tertres, les Combettes, les Grands Fossés, la Grée, les Gats, le Pas-Romai.

PETIT-MARS

Canton de Nort. — Sanctus Petrus de *Parvo-Martio.*

△ En 1842, il a été trouvé dans un marais appartenant à M. Attimon, une quantité assez considérable de briques à crochets, et un mur solidement bâti de forme demi-circulaire, dont l'axe avait plus de 10 m. Ce mur a 3 m. d'épaisseur et le ciment employé dans sa construction est aussi dur que la pierre elle-même. Comme il se trouve au rez de terre, il est recouvert par les eaux tous les ans, ce qui ne semble pas l'altérer.

De ce point au bourg, il y a un vieux chemin pavé; des briques à rebord se voient aussi sur les remblais du chemin du bourg. (Note manuscrite de M. Verger.)

Cantons et lieux dits : la Pierre, le Tertre rouge, la Bosse, la Bussonière, la Chaussée.

PUCEUL.

Canton de Nozay. — Sanctus Martinus de *Puceolio*.

Période celtique.

◇ P. Des coins en bronze, réunis en masse, ont été trouvés à Puceul, il y a plus d'une quinzaine d'années ; je n'ai pu obtenir de renseignements précis sur cette découverte, signalée par M. Alexandre Bertrand.

Période gauloise.

⬜ Des fortifications, composées de retranchements en terre et de larges fossés ont été signalées près de la maison du Souchay, à l'ouest du bourg.

Période romaine.

Une voie romaine connue dans le pays sous le nom de Levée de Saumur, traverse le territoire de Puceul, à 1,500 m. environ au sud du bourg ; je l'ai suivie entre la route de Saffré et les nouvelles constructions du Tertre. Sur le chemin du Rôs qu'elle traverse, elle forme un bourrelet pierreux que le passage des charrettes n'a pu détruire ; de ce point, elle se dirige à l'ouest vers le moulin de la Rouaudière en servant de chemin sur une partie de ce parcours. On parle d'un trésor caché sous les grosses pierres de cette voie et contenant *près d'une barrique d'argent* renfermée dans un vase entouré de cercles d'argent ?

A l'est, la levée se dirige vers le Pont de pierre où elle est encore assez visible.

Cantons et lieux dits : le Luc, les Marterais (souterrains) le Pas, le Châtelier.

ROUGÉ.

CANTON DE CHATEAUBRIANT. — Ancien titre. Ecclésia de Rubbiaco. Condita rubiacense du Cartulaire de Redon. — *Rugiacus* en 1125.

Période gauloise.

Roches Saint-Joseph.—Des roches élevées sur le sommet des *Follets de la Houssaye*, sont qualifiées par M. Cotteux (¹) de « follets jadis souillés par les abominations barbares... de grotesques fétiches gaulois. » Maintenant que la disposition primitive de ces pierres a été bouleversée, il est difficile de savoir si sous ces épithètes nous devons chercher de simples et inoffensifs menhirs.

A la Minière, de longues galeries creusées par l'exploitation du minerai de fer, font songer à ces travaux souterrains que les Gaulois, au dire de César, étaient si habiles à construire. Le minerai ainsi exploité à une certaine profondeur, est bien plus abondant qu'à la surface du sol. (Extrait d'*Histoires et Légendes de Châteaubriant.*)

Période romaine.

Ogée signale des douves et retranchements dans le bois de la Garenne en Rougé.

M. Goudé fait passer en Rougé, par les villages du Verger et de la Salle, la voie romaine venant de Blain, par Pont-Veix.

Cantons et lieux dits : le Rocher, la Grotte, Langue-Dun, la Motte, la Grée, la Minière.

(¹) Voir la Roche Saint-Joseph, en Rougé. (Imprimé à Redon chez Chauvin.)

RUFFIGNÉ

CANTON DE CHATEAUBRIANT.

Période celtique.

△ M. H. Fornier, de Rennes, possède une hache en pierre polie de la commune de Ruffigné. La forêt de Teillay, située en grande partie sur le territoire de cette commune, a une fontaine célèbre dite de la Peigné. Une légende assez répandue dans le pays, parle d'un guerrier diabolique dont les apparitions effraient encore les habitants des villages voisins.

Période romaine.

Une voie antique passant par les villages de Bonneval et de Bourgneuf conduisant à Rougé par le Verger et la Salle, est indiquée avec un point de doute dans *Histoires et Légendes de Châteaubriant.*

Cantons et lieux dits : la Roche, la Grèz, la Haute-Ville.

SAFFRÉ

CANTON DE NOZAY.

Période celtique.

△ P. Des haches en pierre polie ont été trouvées sur cette commune par un habitant du village d'Augrain.

Période romaine.

◇ R. En descendant le chemin qui longe les douves du château, j'ai trouvé dans les pièces qui sont sur la droite, à 300^m environ du bourg, des fragments de poteries romaines, des briques à rebord, et de nombreux silex éclatés.

Dans des travaux qui furent faits sur ce point pour l'extraction du sable, on découvrit, il y a 5 ou 6 ans, les restes d'un établissement gallo-romain et de nombreuses tombes de cette époque. M. A. Leroux a décrit ces fouilles dans les Bulletins de notre Société (1875 et 1877). Au-dessous de la terre végétale, épaisse de 40° en moyenne, se trouve le dépôt de sable en exploitation. Des vases en terre grise et rouge, des coupes en verre, une bague, une lame et des clous en fer très oxydés, ont été mis à découvert par les ouvriers occupés à ces travaux, et recueillis par M. A. Leroux. Ces objets étaient placés immédiatement au-dessous de la ⌐⌐ terre végétale, dans des fosses alignées cinq par cinq et mesurant de 3 à 5 mètres de long sur 30 de large.

Des murs gallo-romains avaient été signalés, il y a une quinzaine d'années, à l'ouest de Saffré.

A une demi-lieue au nord-ouest du bourg, j'ai vu une voie romaine désignée dans le pays sous le nom de la *Levée de Saumur ;* elle forme un large bourrelet pierreux dans les champs qu'elle traverse, et de nombreuses scories de fer marquent encore son parcours au milieu des sillons. Les grandes pierres qui étaient placées sous le stratumen ont été enlevées et employées à macadamiser les chemins voisins, notamment celui de Saffré à Joué qui est parallèle à la voie sur une partie de son parcours.

☐ Des retranchements en terre connus sous le nom de Château-Robert ont été signalés dans la forêt de Saffré (?).

Cantons et lieux dits : la Pierre-Rouge (sur une butte à peu de distance du Luc), la Haie, les Tertres, le Châtelier.

SION.

CANTON DE DERVAL.

C'est par erreur qu'Ogée, Marteville, Bizeul, Leboyer, Talbot et Guéraud, l'abbé Goudé et la *Bretagne contemporaine* indiquent en Sion l'alignement du *Moulin Galot* ; il est situé dans la commune de Lusanger et nous l'avons décrit à l'article de cette commune.

☐ d¹ Dolmen de Pir-Han (ruiné.) Section de la Noë Sion.

Dans les annotations du dictionnaire d'Ogée, on trouve mentionnés pour la commune de Sion, « 5 énormes blocs siliceux disposés circulairement, avec un dolmen au centre. » La *Bretagne contemporaine* répète la même note et les indications manuscrites de M. Moisan, ancien curé de Sion, précisent la position de ce monument.

Ces notes m'ont été communiquées avec une grande bienveillance par M. l'abbé Josnin, alors vicaire en cette paroisse, et qui a bien voulu me servir de guide lorsque j'ai visité les restes de ce monument.

A 2 kilomètres de Sion, sur la route qui conduit de ce bourg à Fougeray, on trouve sur la main gauche, une petite lande où se croisent plusieurs chemins. En se dirigeant de là vers le Bignon on arrive, après avoir dépassé le premier champ, à une pièce étroite et triangulaire, inscrite au cadastre sous le n° 510, de la section R de la Noë.

Cinq masses de pierres quartzeuses, irrégulièrement disposées et séparées les unes des autres de 1 m à 1 m.50 c., entourent une longue pierre de grès, très unie sur sa face interne, placée de champ et reposant sur le roc qui a été légèrement creusé pour la recevoir. Cette pierre mesure 2 m. 64 c. sur 1 m. 50 c. de haut et 0 m. 75 c. d'épaisseur. C'est la paroi méridionale du dolmen. (Voir pl. V, fig. 2.)

La pierre qui lui faisait pendant se trouve maintenant à une demi-lieue de là, au pied d'un monument élevé en l'honneur de la Vierge, au bord de la route de Treffieuc. Elle est de même grandeur et également aplatie et régurière.

M. le docteur Chatellier a eu l'obligeance de me transmettre quelques détails sur la position première de cette pierre ; elle devait soutenir au nord la table du dolmen, disparue depuis longtemps.

Malgré le noble but que l'on se propose en détruisant ces vestiges d'un *culte sanguinaire*, ces entreprises ne sont pas toujours favorisées du ciel. Dans le transport de la grande pierre du dolmen de Pir-Han, au moment où le convoi archéologique prenait le détour d'une rue dans le bourg de Sion, un homme fut écrasé contre les maisons, par une brusque oscillation de la pierre. Je crois bien que ce pauvre dolmen n'avait jamais vu couler autant de sang.

⚐ La Grande-Roche. — Au sud du bourg de Sion, de l'autre côté de la rivière se trouve le village de Tremblaye. Le chemin qui conduit de ce village au vieux Lusanger est coupé à 900 m. environ de la Tremblaye par un chemin de lande conduisant à la Perdriais ; à l'angle nordest du croisement de ces deux voies, nous trouvons dans la pièce de la Grosse Roche une pierre debout dont la hauteur atteint 2 m. 85 c. Elle mesure 1 m. 60 c. sur une face et 1 m. dans le sens de l'épaisseur, elle est en quartz et un peu plus massive de forme que les menhirs ordinaires ; au pied se trouve une pierre abattue de 1 m. 65 c. de long.

Pierres de la Grée à midi. — Près du moulin de la Grée à midi, section N. de Sion, on voit un peu à l'est du moulin et des maisons de la Grée trois pierres plates et couchées sur le sol. Elles sont en quartz et placées en ligne comme une couverture d'allée couverte. L'une d'elles mesure 3 m. de long. La 4e, la plus à l'est, a été enlevée par les soins de M. Chatellier et dressée au sud du monument de la Vierge sur la route de Treffieuc. Plus à l'ouest de la Grée, une autre pierre debout vient d'être enlevée et rapprochée d'une croix sur le bord du chemin.

⚐ La Pierre des Huguenots. — N° 42-46 section G du Châtelier. Au sud du village de la haute Noë, sur la route de Sion à Châteaubriant, dans un taillis séparé du village par une longue pièce de terre, j'ai vu en 1879, un menhir en grès quartzeux de 1 m. 65 c. de haut ; il mesure en largeur 1 m. 30 c. et 1 m. d'épaisseur.

⚠ ? Aux environs, près du moulin de Champ blanc, une pierre dressée nommée la Roche-Grise, sert de limites à d'anciennes divisions territoriales.

⚠ Une autre pierre près du même endroit, en remontant vers la Riodais, est nommée la Haute-Pierre.

⚠⚠ d¹. Enfin plusieurs menhirs, placés aux environs du bois de Claray et transportés de nos jours au bord de la route de Treffieuc au monument dédié à la Sainte Vierge sont signalés dans *Histoires et légendes de Châteaubriant*.

△ Trois haches en diorite ont été trouvées, à ma connaissance, sur le territoire de Sion.

Période romaine

△ Au village des Grèz on découvrit en 1875 une statue gallo-romaine en plomb représentant la VÉNUS IMPUDIQUE.

O⊔ Beaucoup de monnaies romaines et des sarcophages en calcaire coquillier furent découverts en même temps dans les travaux exécutés pour le tracé d'un chemin vicinal. (Voir procès-verbal de la Société archéologique, 6 décembre 1875, communication de M. Orieux.) Je ne connais aucun village du nom des Grèz en Sion ; à peu de distance de la limite de cette commune se trouve le hameau des Grées, en Saint-Aubin-des-Châteaux.

La voie romaine connue sous le nom de *Chaussée à la Joyance* passe au coteau de la Chaussée, près du village du Châtelier en Sion ; de là elle se dirige vers le village de la Chapelle, en Saint-Aubin.

Cantons et lieux dits : la Roche Grise, le Tertre, la Grée du Bourg, la Maladrie, la Motte, le Châtelier, la Chaussée.

SOUDAN

CANTON DE CHATEAUBRIANT. — *Solzennum.*

Période celtique.

On m'indiqua dernièrement, dans cette commune, une

cachette formée par de grosses pierres placées les unes
sur les autres, et qui, d'après la tradition du pays, devait
renfermer un trésor. Bien que ces trésors se réduisent souvent à peu de chose, ils ne sont pas à dédaigner, surtout
pour l'archéologue habitué à se contenter de menus cailloux et de silex éclatés. Je me rendis donc le 7 février 1881
au point indiqué. Une large esplanade domine en cet endroit le fond uni et peu mouvementé des terrains qui
s'étendent au sud de Soudan. Au centre de ce plateau, je
trouvai une sorte de cella ou d'abri, un peu triangulaire de
forme, et plus étroite à l'entrée que vers le fond ; cette
chambre mesure 2ᵐ 10 de profondeur sur 1ᵐ 50 de large
dans la partie adossée au rocher. Sa hauteur, assez irrégulière, est d'environ 1ᵐ 55. Le fond et la paroi du nord sont
formés par la roche brisée à angle droit en cette partie ;
mais les pierres qui servent de couverture et un énorme bloc
placé de travers au midi, ont été mis là intentionnellement.

Cette cachette ne ressemble nullement à nos dolmens, et
les terres du fond étaient trop fraîchement remuées pour
que je crusse à propos d'y faire des fouilles.

⊓ ?   A 30 mètres de là, une table de dolmen un peu
soulevée à l'ouest et accompagnée d'une autre pierre dis-
posée de la même façon, présente, à mon avis, beaucoup
plus d'intérêt que la chambre au trésor que nous venons
de décrire... Ce sont sans doute ces pierres qui ont valu à
la commune de Soudan la mention inscrite au Dictionnaire
des Gaules : un dolmen ou allée couverte en ruine. — La
plus grande des deux pierres est en roche noire mélangée
de filons de quartz, elle mesure 1ᵐ 75 sur 1ᵐ 68 et 35c
d'épaisseur.

L'endroit où sont placées ces tables, est parfaitement
dans les conditions choisies d'ordinaire par les constructeurs
de dolmens.

Au cadastre cette butte est désignée sous le nom *du
Tertre*, Section E de la commune de Soudan.

Dans les bois de la Chopinière, au sud-ouest de ce point, on voit une pierre de grandes dimensions, de même nature que celles du Tertre et également en mauvais renom dans les traditions du pays.

Les souvenirs diaboliques attachés à ce canton, et motivés sans doute par la présence des mégalithes dont nous venons de parler, ont persisté jusqu'au XIIe siècle. Une charte de 1130 constate, à deux reprises différentes, la mauvaise influence du démon et de ses ministres. Voici le texte de cette charte copiée au 24e feuillet du cartulaire de Ny d'oiseau : « *Fundata est ecclesia in medio illius terræ, ideo scilicet ut locus qui diù diaboli fuerat, Deo et beatæ Mariæ....... sacraretur,* — et plus loin : *Locum in quo diabolus et ministri ipsius regnaverunt.* »

△ Trois haches en pierre polie, taillées dans une roche dioritique, ont été trouvées sur le territoire de cette commune.

Période romaine.

☐ 2 Deux camps romains entourés de talus en terre et de douves existaient il y a peu d'années encore, à 1 k. nord-est du village du Tertre. Ils ont été détruits par les travaux de culture ; mais leur emplacement est encore reconnaissable, et le nom de *petit* et de *grand Châtelier* conservé à ces camps les désigne encore très clairement. Près ⊔ de là, dans une pièce nommée le *Cimetière*, existait un édifice religieux dont les soubassements n'ont pas encore tout à fait disparu (¹).

J'ai vu, en février 1881, un large retranchement en terre, assez élevé et se dirigeant du nord au sud en ligne parallèle à la route de Soudan à Saint-Julien-de-Vouvantes, près du lieu dit la Métairie.

Une voie romaine allant de Candé à Bain passait par Soudan et par Beré où se trouvait une station.

¹ Voir. *Histoires et légendes de Châteaubriant.*

1. Alignement du Moulin Violet (P.t Auverné) ___ 2 Dolmen ruiné de Piellan. S.on
3. Pierre sonnante de la Crée (P.t Auverné) _ 4 Alignement de la Croix des

Cantons et lieux dits : la Roche d'André, la Vieille Ville
lc Tertre, la Chaussée.

SOULVACHE.

CANTON DE ROUGÉ. — *Rugiacus* dans une charte de 1125.

Période romaine.

Une tradition très accréditée dans le pays, parle d'une
ville disparue et qui aurait autrefois été édifiée sur le territoire de cette paroisse. Cette ville devait être située au
nord du bourg actuel, dans un marais où l'on voit encore
une tour dont le sommet est écroulé. La base de cette tour
repose sur une butte élevée de 8 m. au-dessus du sol, et
qui affecte la forme d'un tumulus. Les habitants du pays
racontent que cette ville a été engloutie par un tremble-
ment de terre.

▢ On voyait, il y a quelque temps, les restes d'un
camp retranché, à peu de distance de ce point; il est possible que la butte qui supporte la tour, ait formé jadis une
sorte de *Castellum*, servant à protéger le camp.

Cantons et lieux dits : la Ville, le Tertre, la Grée, le
Pâtis de la Grée.

SAINT-AUBIN-DES-CHATEAUX.

CANTON DE CHATEAUBRIANT. — *Sancti Abini de Castris.*

Période celtique

ΔΔ 2 menhirs, au n° 564 de la section B du cadastre.
Du bourg de Saint-Aubin, je pris un chemin qui se dirige vers l'ouest, et vient passer le long du mur du cimetière ; en suivant ce chemin pendant 4 ou 500 mètres, je

trouvai sur la droite une pièce de terre dont une partie seulement est cultivée ; ce champ se nomme la pièce de la *Douère* ; des broussailles, des taillis recouvrent le côté qui borde le chemin. Au milieu de ce fourré, j'aperçus d'abord une haute roche en poudingue ferrugineux de 4 m. 20 c. de haut sur 2 m. 80 c. de large à hauteur d'homme ; son épaisseur est d'environ 80 c. Un trou profondément creusé à la base a donné lieu dans le pays à une légende assez répandue. On prétend qu'en mettant l'oreille devant ce trou, on entend sonner l'heure. D'autres cavités plus petites, formées par le désagrègement des parcelles de grès, se voient sur le côté sud de ce menhir.

A vingt pas de là, le long du sentier qui borde la pièce, une pierre debout en roche de couleur rougeâtre mesure 2 m. 10 c. de haut sur 1 m. 42 c. de large.

Du point où sont situés ces deux menhirs, on découvre une vue assez étendue sur la vallée de la Chère, la forêt et l'étang de la Hunaudière.

⊐ ? 2 tables de pierre avec bassins au N° 52 de la section D de la Davais.

Vers le sommet d'une butte, en face du bourg de Saint-Aubin, mais de l'autre côté de la rivière, on voit au-dessus d'un bois de pins qui couronne le sommet de la côte, une large table de grès quartzeux soulevée de terre comme une pierre de dolmen. Elle mesure 4 m. 60 c. de long sur 3 m. 40 c. à 3 m. 45 c. de large, et 60 à 70 c. d'épaisseur. Des cavités assez profondes sont creusées sur le dessus de la roche.

Un peu plus bas, une autre pierre plate de même nature de 5 m. 10 c. sur 3 m. 30 c. de large, appuyée dans la partie au nord sur des blocs de moyenne grosseur ; sur sa face extérieure trois cavités ovales de 20 et 35 c. de profondeur, qui sont évidemment de formation naturelle.

La commission de Géographie de l'ancienne France (Société anthropologique, janvier, 1880,) indique pour Saint-

Aubin-des-Châteaux, deux pierres diverses qui doivent se rapporter à celles que nous venons de décrire.

△ Trois haches en pierre polie (diorite), ont été trouvées dernièrement dans cette commune.

Période romaine.

Le nom de Castrum que l'on trouve dans l'ancienne désignation de cette paroisse (Sancti Albini de Castris, de Castellis, charte de 1183, de l'Abbaye de Meilleraye), rappelle sans doute l'existence de Chastelliers ou camps retranchés, comme on en voit encore quelques traces au sommet de la butte ☐ (Section D.), de l'autre côté du ravin qui passe à l'est et au pied du bourg ; ces retranchements ont une forme un peu circulaire. Un tronçon de voie romaine est signalé, entre le village de la Goustière et la forêt de Dommaiche ; à peu de distance de ce point, au village de la Chapelle, M. l'abbé Goudé a reconnu des vestiges très apparents de cette voie sous les ronces et les amas de pierres qu'on enlevait pour empierrer les chemins. De là, elle se dirigerait vers le château de la Daviais, suivant Bizeul. Au contraire, elle remonterait au nord vers le village du Péré et le gué de Chère, suivant M. Goudé.

Cantons et lieux dits : la Foliais, le Tertre-Rouge, les Grées, le Perron, la Motte.

SAINT-JULIEN-DE-VOUVANTES

CHEF-LIEU DE CANTON. — *Sanctus Julianus de Veantis*, en 1271, dans le pouillé de l'abbaye de Saint-Florent (livre rouge, fᵒ 95).

☐ ? Un oppidum aurait jadis protégé la position occupée maintenant par l'église et une partie du bourg de Saint-Julien. Cette assertion a été consignée dans plusieurs notices, et les notes manuscrites laissées à la Bibliothèque de Nantes par M. Verger, mentionnent ce fait, sans toutefois donner aucune preuve matérielle à l'appui. Saint-Julien occupe une position très forte à l'angle d'une vallée et d'un ravin ; cette opinion n'a donc rien que de très vraisemblable.

Les fontaines miraculeuses de Saint-Julien se trouvent à quelques cents mètres du lieu dit la Haute-Folie.

Cantons et lieux dits : les Grées, la Haute-Folie, la Mottaie.

SAINT-MARS-DU-DÉSERT

Canton de Nort. — *Ec. Sancti Medardi de Deserto.*

Période celtique.

△ Des haches en pierre polie ont été trouvées sur le territoire de cette commune ; ce fait est consigné dans un mémoire de M. Athénas.

On a extrait des marais qui bordent l'Erdre, des poutres équarries, des outils et des pierres à aiguiser ?

Cantons et lieux dits : la Galochette, la Pile, le Tertre, la Butte, la Grée.

SAINT-VINCENT-DES-LANDES

Canton de Derval. — *Sanctus Vincentius de Landis.*

Période celtique.

△ 2 haches en diorite trouvées en Saint-Vincent.

△△ Deux beaux menhirs en quartz blanc, l'un très effilé au sommet, de 2^m 60 de hauteur, l'autre terminé carrément, de 2^m 40.

Situés à l'extrémité occidentale de la commune de Saint-Vincent-des-Landes, à 3 k. sur la route qui conduit de ce bourg à Lusanger, ils ont été transportés au Calvaire de

Louisfert, où je les ai vus le 4 avril 1878. Ils sont plantés l'un à gauche, l'autre à droite du demi-cercle formé par ce monument. Le point qu'ils occupaient primitivement se nomme le Rocher, et se trouve à l'angle formé par la route de grande communication n° 55 et le chemin qui conduit à la Noë-Fré.

☐ A 1 k. du bourg de Saint-Vincent dans la direction de l'est, au taillis du vieux château, un tertre entouré de douves.

Dans la lande de Henvoux, au nord de la commune et près de la route de Châteaubriant à Derval, à un lieu appelé Haute-Folie se trouve une excavation d'où l'on a retiré quelquefois des pièces de bois équarries, ce qui fait dire que là jadis existait un château. (Note manuscrite de M. V.)

Cantons et lieux dits : la Butte, le Rocher, la Haute-Folie, le Perré, la Grée, la Minière, la Barre, la Madeleine.

TREFFIEUC

CANTON DE NOZAY.

Des retranchements en terre m'ont été signalés au sud de cette commune, dans les taillis désignés sous le nom de Bois d'Indre. (A vérifier.)

Cantons et lieux dits : le Haut-Rocher, la Pile, les Tertres.

LES TOUCHES

CANTON DE NORT. — *Sanctus Melanius de Tuscheis.*

△ Le Mont-Juillet (mons Julii) situé sur le territoire de cette commune, passe pour avoir été occupé par les troupes de Jules César. Au mois de mai 79, je trouvai sur les versants de cette butte, non pas des débris romains comme je m'y attendais, mais de nombreux silex éclatés et taillés ; les uns sont couverts d'une patine blanche assez épaisse, d'autres, en silex gris opaque, ressemblent au silex de la Mayenne.

Les bouleversements nombreux que la culture des vignes et l'exploitation des carrières ont fait subir à cette butte, rendent les recherches fort difficiles sur ce point. Mais il est évident que cette colline élevée de 52 m. et dégagée de toutes parts, a dû servir de point de défense bien avant l'occupation romaine.

Cantons et lieux dits : les Rochettes, le Mont-Juillet, le Tertre, les Buttes, la Chaussée, la Châtelière.

VILLEPOT

CANTON DE ROUGÉ. — *Villa Cocta* (anciens titres).

△ *Période celtique.* — Nous avons vu trois haches en pierre polie trouvées sur le territoire de cette commune ; elles étaient toutes trois en roche dioritique.

Cantons et lieux dits : la Folie, la Grande-Grée, la Barre, la Haye.

VAY

CANTON DE NOZAY.

△ Dans mon exploration de la commune de Vay, j'ai trouvé :

△ 1° un menhir situé à peu de distance de la route de Puceul (section K, dite de Lugagnac, N°ˢ parcellaires 320 et suivants). En partant du bourg de Vay on voit, à 1200 m. environ sur la route de Puceul, une petite croix plantée au bord d'un chemin de ferme qui conduit à la Drouauterie (à l'est de la route). Dans l'angle formé par ce chemin et la grande route j'aperçus, (en avril 81), une grande pierre debout, piquée sur le versant d'une butte que traverse la route.

Ce menhir est en poudingue ferrugineux ; très élancé de forme, il mesure 2 m. 96 c. en hauteur sur 1 m. 13 c. de large ; en coupe il présenterait une section presque carrée.

On m'a nommé cette pierre la *Pierre qui tourne.*

△ 2° De l'autre côté de l'étang de Clegruc, un fermier a trouvé en creusant un fossé une hache en pierre polie, de plus de 18 c. de long et coupée carrément à son extrémité. Près de là, mais de l'autre côté de la limite de la commune, j'ai trouvé une *hache à tête*, en diorite grise, de 13 c. de long.

Période gauloise.

Les grands retranchements de la *Frontière* traversent Vay de l'est à l'ouest avec une inclinaison assez forte vers le nord dans la seconde moitié de leur développement.

▢ Nous les retrouvons presque à la limite des deux communes de Nozay et de Vay, au sud de la borne 43 de la route de Nozay, dans un taillis situé en face de la maison de la Vallée. De ce point la ligne vient couper obliquement la route, et reparaît au nord sous la forme de gigantesques talus en schiste rouge.

Les Fosses Rouges (section H du cadastre). ▢ Ces talus que la culture a un peu entamés sur les bords, mesurent 10 à 12 mètres de hauteur, ils se dressent de chaque côté d'une large excavation dont la longueur est d'environ 50 mètres.

Ces buttes, nivelées çà et là par la charrue, se continuent en droite ligne jusqu'à la hauteur de la borne 44 ; on les aperçoit encore de la route. Mais à partir de ce point, je n'ai plus rien trouvé dans le prolongement de ces lignes ; en vain j'ai exploré à droite et à gauche, les buttes et les vallons, les taillis et les champs, interrogé les anciens du pays, je n'ai pu découvrir qu'un talus d'une quarantaine de mètres en longueur, flanqué de deux douves, qui coupe de biais la butte de Clegruc, près de la chaussée de l'Étang (taillis de la Jupinière, section B du cadastre).

Ce talus est formé de pierrailles ; il mesure 5 m. de large sur 1 m. 50 c. de haut et ses douves ont environ 2 m. 50 c. à 3 m.

Ne trouvant plus rien au delà jusqu'au Gâvre, et ce petit rempart me semblant assez insignifiant, je rebroussai chemin vers le point où s'arrêtent les *Fosses-Rouges.*

Là, le fermier de la Cour en Pibourdel m'apprit qu'une partie des talus avait été rasée, il y a 30 ou 35 ans ; il se souvenait fort bien de les avoir vus et me montra les pièces qu'ils traversaient (N° 72 de la section H dite de Boin) ; leur direction obliquait sur le tracé des autres buttes et tendait vers le nord-ouest en suivant le versant qui domine la coulée de Pibourdel. Le nom des champs qu'occupaient ces talus est très significatif; on les appelle encore les *Fosses-Rouges.*

Le même fermier m'indiqua le prolongement de ces défenses de l'autre côté de la Cour, à l'Hôtel Jagueny (que l'état-major nomme, je ne sais pourquoi, *Jaheu*). J'écoute très volontiers les renseignements de ce genre, d'abord parce que les gens qui ont vu ce pays en lande étaient fort à même de bien connaître ces remparts ; puis parce qu'il est presque toujours facile de vérifier leur dire. — Je me rendis donc à l'Hôtel Jagueny, situé à 5 ou 600 m. du dernier prolongement de la *Frontière*. Là, je trouvai un large rempart de terre, désigné sous le nom de *Château des Douves.*

☐ De hauts talus couverts de taillis se dressent au milieu des prés, à quelques pas à l'ouest du village. L'endroit qu'ils occupent dessine un quadrilatère inscrit au cadastre sous le N° 475 de la section F. Cette défense est bien intacte sur deux de ses faces ; des remparts en terre très larges et mesurant 3 m. à 3 m. 50 c. en hauteur, sont bordés de douves régulièrement taillées, de 2 m. 50 c. d'ouverture. Les deux côtés de ce triangle mesurent environ 50 m.; on peut suivre par les clôtures qui leur font suite, le tracé de l'enceinte; les talus du nord-est, qui ont été nivelés, avaient sans doute moins d'élévation, le terrain remontant de ce côté.

Ces retranchements diffèrent par leur régularité de l'ensemble des ouvrages que nous avons vus en Nozay et en Abbaretz ; toutefois dans ces deux communes nous avons remarqué des châteliers de forme très régulière. Cette circonstance, jointe aux indications que l'on me donna sur la continuation de ces défenses un peu au nord de l'Hôtel Jagueny, m'engagea à poursuivre dans cette direction.

Laissant à l'ouest le lieu dit la Motte je remontai vers la ferme du Houx, située au-dessus du Château des Douves; là, dans une pièce encore en lande mais entourée de fossés, je vis un rempart en terre de 3 m. à 3 m. 50 de large sur 1 m 50 de haut, et qui traversait du sud au nord la pièce N° 27 de la section G dite de Boyenne (à l'ouest des maisons du Houx). Ce talus, effacé par la culture dans la direction du sud, se dirige au nord vers une vallée humide qui sert de limite entre les arrondissements de Saint-Nazaire et de Châteaubriant. On voit encore très bien la ligne suivie par ce rempart à travers une grande pièce cultivée qui fait suite au N° 27 ; le fossé a une élévation très forte à l'endroit où il coupe le retranchement, et de gros blocs de pierres paraissent dans la section du talus.

Ces détails sembleront par trop minutieux; mais si minces que soient ces indices, il est bon de les recueillir, car ils s'effacent chaque année.

Un peu au delà et toujours dans la même direction vers le nord-ouest, je trouvai dans une lande de l'autre côté du ravin, un talus peu élevé, avec un contrefossé; cette ligne se replie à l'ouest, à quelques cents mètres de son point de départ, et se perd au sortir de la lande sous les terres labourées, dans la direction de la *Barre d'agué* ou du *gué*, en

Marsac ; c'est là, à une très petite distance du point où nous sommes arrivés, que nous retrouverons la suite de la grande Frontière. (Ar^t de Saint-Nazaire.)

Entre les deux routes de Héric et de Blain, à l'est des maisons de la Baquetière, existe, dit-on, un retranchement en terre, entouré de larges fossés.

Cantons et lieux dits : la Rochette, la Motte, la Grée, la Chaussée, les Châteliers.

Période romaine.

Une voie romaine, encore visible à certains endroits (section A dite de Tarreau), longe la partie Est de la commune de Vay à 3 k. du bourg. Passant au-dessous des villages de Haut-Luc et de Bas-Luc, dans une coulée, elle coupe la route de Vay, disparaît dans les pièces labourées qui bordent la forêt du Gâvre, et reparaît plus loin sur la lisière même de cette forêt; elle est bordée en cet endroit de larges fossés. On me l'indiqua ensuite plus au nord, près d'un bouquet de pins où se voient de grosses pierres de quartz blanc. Là, elle atteint la croix qui marque le point de jonction des communes de Vay, Marsac, Gâvre et Conquereuil.

Nous la retrouverons dans ces communes, à l'inventaire de l'arrondissement de Saint-Nazaire.

L'Arche (Grand-Auverné), 30 mai 1881.

TABLEAU

Des Monuments primitifs, stations, découvertes, etc., de l'ARRONDISSEMENT DE CHATEAUBRIANT.

COMMUNES.	DOLMENS.	MENHIRS.	ALIGNEMENTS.	STATIONS	DÉCOUVERTES *.	DÉCOUVERTES D'OBJETS réunis.	TUMULUS MOTTES.	SÉPULTURES primitives et romaines.	MONNAIES.	RETRANCHEMENTS
Abbaretz										□
Casson						◇ P				
Chapelle-Glain (la)						△ P				
CHATEAUBRIANT				◇ R	12 △ P 1 △ OR	▽ B		⊔	○ G ○ R	
Derval		△ D			8 △ P 3 △ B				○ G ○ R	□ □
Erbray					△ P					□ □
Fercé					5 △ P					
Grand-Auverné		△△△ △ D		◇ P ◇ R	5 △ P			⊔	○ G ○ R	□
Héric							⌒			
Issé							⌒			□
Jans										
Juigné										
Louisfert			1 Alig.t D		2 △ P					
Lusanger		△△△	1 Alig.t							
Meilleraye	⊓				△ B					
Moisdon					2 △ P					□
Mouais					△ P △ B					
Nort								⊔		
Noyal					△ R					
Nozay	⊓ ?	△△ ?			△ on	△ P				□
Petit-Auverné	⊓	△△△△△△	1 Alig.t		△ P		4 ⌒	⊔		
Petit-Mars				◇ R						
Puceul						△ B				□
Rougé										□
Ruffigné					△ P					
Saffré				◇ R	△ P					
Sion	⊓ D	△△△△△△			3 △ P △ R			⊔	○ R	
Soudan	⊓ D				3 △ P			⊔		□ □
Soulvache										
Saint-Mars-du-Désert					△ P					
Saint-Aubin-des-Châteaux		△△			2 △ P					□
Saint-Julien-de-Vouvantes										□ P
Saint-Vincent-des-Landes		△△ D			2 △ P					
Trefieux										□ D
Touches (les)					△ P					
Villepot										
Vay		△			△ P					□ □

* La lettre P indique un objet en pierre, hache en pierre polie, etc. — La lettre B, objet de bronze. — La lettre G, objet gaulois. — La lettre R, objet romain. — La lettre D, après un dolmen ou un menhir, indique que ce monument a été abattu ou détruit.

CANTON DE SAINT-NAZAIRE

ARRONDISSEMENT DE SAINT-NAZAIRE

ARRONDISSEMENT DE SAINT-NAZAIRE

NOTES PRÉLIMINAIRES

L'arrondissement de Saint-Nazaire se divise en deux zones : l'une à l'ouest, très découpée par les échancrures du littoral et par les contours des immenses marais de Donges et de Pontchâteau ; l'autre à l'est, faisant suite au pays de Châteaubriant et séparée de la première par la pointe du sillon de Bretagne et le cours supérieur du Brivet.

La région de l'ouest est la plus riche de la Loire-Inférieure, au point de vue archéologique ; cela tient à certaines causes que nous allons essayer d'exposer.

Nous avons remarqué que d'un bout à l'autre de la Bretagne, les antiquités dolméniques étaient beaucoup plus abondantes le long des côtes que dans l'intérieur des terres. Il serait facile de suivre sur une carte le long ruban de dolmens qui s'étend de la pointe du Raz jusqu'à la Vendée ; mais, sans remonter aussi loin, prenons-le à partir du golfe du Morbihan jusqu'au point où il pénètre dans l'arrondissement de Saint-Nazaire.

Je suppose que deux archéologues partent de Vannes et se dirigent vers Mesquer, sur la limite de notre département ; l'un prend à droite, explorant les communes les plus rapprochées de la mer ; l'autre à gauche, plus à l'intérieur des terres.

Le premier aura dix communes à parcourir et trouvera, chemin faisant, plus d'une trentaine de dolmens.

Le second passera par 10 communes également, et ne trouvera pas un seul dolmen.

En effet, de Vannes à Mesquer, par la région maritime, nous avons : Séné, 6 dolmens, Arzon, 4 dolmens et 8 menhirs, Saint-Gildas-de-Rhuis, 2 dolmens et 5 menhirs, Sarzeau, 7 dolmens et 4 menhirs, Surzur, 2 dolmens et 3 menhirs, Ambon, 2 dolmens et 1 menhir, Damgan, 1 menhir, Muzillac, 1 dolmen, Billiers, 2 dolmens, Penestin, 6 dolmens, et 2 menhirs ; en tout, 32 dolmens et 24 menhirs.

Tandis qu'en suivant le parcours opposé, nous rencontrons Theix, Sulniac, Berric, Questembert, Limerzel, Péaule, Marzan, Arzal, Camoël, Férel, où il n'existe pas un dolmen et seulement 2 menhirs.

Je crois notre ligne côtière de mégalithes suffisamment établie par ces chiffres ; maintenant, si nous la suivons sur notre territoire, nous voyons un fait bizarre se produire : après être descendue jusqu'à l'embouchure de la Loire, cette ligne se redresse vers le nord et remonte dans l'intérieur des terres. Par les communes de Saint-André-des-Eaux, Saint-Lyphard, Herbignac, Missillac, Sainte-Reine, Crossac, Besné et Donges, elle décrit une courbe de près de vingt lieues, entourant de ses mégalithes les immenses tourbières de Montoir et de Saint-Joachim.

Pourquoi cette déviation dans la zone archéologique, si fidèle jusque-là à suivre le bord des côtes ? Si la ligne des dolmens se détourne ainsi de son rayon, ne serait-ce point parce qu'autrefois les immenses bas-fonds de la Brière formaient comme une sorte de golfe où la Loire et la mer venaient confondre leurs eaux, et qui offrait aux riverains les mêmes avantages que le littoral ? Supprimons,

par la pensée, les alluvions que le courant de la Loire a
déposées depuis des siècles à l'embouchure de ce golfe, et
les deux mètres de racines entrelacées et de détritus végétaux qui composent la couche sans cesse croissante de cette
tourbière, nous n'avons plus alors qu'une large baie parfaitement navigable. A mon avis, la courbe que fait la ligne
des dolmens pour entourer la Grande-Brière est une forte
présomption en faveur de l'existence de ce golfe, à une
période relativement récente. Il devait former alors, entre
le sillon de Bretagne et la presqu'île guérandaise, une mer
intérieure de plus de vingt mille hectares, toute parsemée
d'îlots et découpée sur les bords par de larges promontoires.

Cette magnifique perspective a séduit un de nos excellents collègues, M. Edouard de Kersabiec ; il a fait navi-
guer sur cette mer oubliée les flottes des Vénètes et les
vaisseaux de Brutus. — Depuis, et malgré les très vives contradictions opposées à ce système (¹), MM. René Kerviler
et Gustave Blanchard sont venus appuyer de leurs savantes
études la théorie nouvelle.

Nous ne pouvons, en parlant de l'arrondissement de
Saint-Nazaire, passer sous silence cet intéressant problème.
— Depuis de longues années, les partisans du système
morbihannais se sont appliqués à démontrer que le récit
de César s'accordait pleinement avec la configuration du
golfe du Morbihan. — De leur côté, les tenants du système
guérandais ont prouvé, les textes en mains, que la topographie de la Grande-Brière concordait exactement avec la
description du combat naval de Brutus.

Dans les deux camps, nos savants interprètes ont fait
preuve d'une haute érudition et d'une égale bonne foi. Il
est impossible d'accumuler plus de citations, de compulser
plus de preuves écrites et de faire rendre aux vieux textes
plus de sens qu'on ne leur en a fait rendre.

(¹) Voir *César chez les Vénètes*, par M. E. Orieux.

Je conclus de là que le texte et l'examen des localités ne suffisent pas pour trancher ce différend.

Il reste un dernier moyen : c'est de traiter la question au point de vue purement archéologique, je veux dire par l'étude des vestiges anciens, des armes et des objets propres à nous faire reconnaître le théâtre de cette guerre suprême des Vénètes contre les Romains.

Quant à l'érudition, je n'espère point vivre assez longtemps pour lui voir terminer ce débat. Depuis bientôt deux mille ans que cette fameuse lutte a été entamée, le temps a si bien enchevêtré la trame des renseignements écrits que nul ne peut se flatter de conserver toujours sur ce point la même opinion scientifique. Rien d'étonnant à cela: les renseignements laissés par les historiens et les géographes sont de la plus désespérante brièveté. En outre, ils sont écrits à des dates assez différentes, ce qui augmente encore la confusion par des désaccords sans nombre. Ajoutez à cela la nature ondoyante de cés longues phrases latines qui se tordent sous les piqûres de nos virgules modernes, comme des serpents sur des charbons ardents, et se retournent tout d'un coup contre celui qui les manie.

Aussi, que d'opinions différentes sur le même sujet ! que d'interprétations contradictoires pour le même paragraphe !

Ces tiraillements sans fin ont si bien disloqué la carte de notre vieille Armorique, qu'elle est aujourd'hui comme un tableau mouvant où Vénètes et Sammites, Namnètes et Curiosolites s'agitent, se pressent, s'étalent, suivant la main qui les mène et l'œil qui les examine.

Donc, sans négliger les ressources fondamentales des données historiques, il serait bon, ce me semble, de les appuyer par des preuves archéologiques aussi nombreuses que possible. Pour cela, il est nécessaire de grouper dans une vue d'ensemble toutes les découvertes faites autour et à l'intérieur de cet immense golfe de la Brière et de voir si on retrouve mêlées à ces débris quelques traces du grand combat des Vénètes.

Dans ce but, nous avons noté avec soin dans le cours de cette étude les trouvailles faites aux alentours des marais de Donges, de Montoir et de Pontchâteau. M. Gustave Blanchard, qui a collectionné avec tant de succès les antiquités des bords de la Brière, a bien voulu nous transmettre une liste détaillée des objets qu'il a recueillis. Les belles trouvailles de M. Kerviler à Penhouët, les collections de MM. Méresse, Hocmard, Muterse et de Kerdavy forment un riche contingent qui permet d'apprécier le développement industriel de l'ancien archipel de la Basse-Loire.

J'ai dit en parlant de la presqu'île guérandaise que ce côté de notre département avait été tout particulièrement exploré par les archéologues du comté Nantais, et que les travaux de nos prédécesseurs, les renseignements donnés par nos collègues, avaient bien préparé le terrain pour nos recherches. Je dois citer ici les noms de MM. de Kersabiec, Verger, Dr Foulon, A. Martin, Kerviler, G. Blanchard, Desmars, Ch. Marionneau, abbé Gallard...; les études de MM. Bizeul et Ledoux m'ont guidé pour les indications des voies romaines, aujourd'hui presque partout effacées par les défrichements; quant aux stations romaines, les noms des lieux sont de bons indices pour les retrouver. Il y a aussi une autre méthode qui n'est malheureusement applicable qu'à un petit nombre de points, mais qui donne d'excellents résultats. Comme je la crois nouvelle, je vais en donner tout au long la recette.

Il est à remarquer que presque tous les calcaires de la Loire-Inférieure présentent des traces de l'occupation romaine : Arthon, où l'on a découvert un aqueduc et d'importants vestiges de l'industrie des conquérants; Saffré et la villa retrouvée par M. A. Leroux, sur le bassin même d'un terrain tertiaire; Blain, si riche en débris romains; Campbon, Fégréac, Saint-Aignan, Machecoul, les Cléons en Haute-Goulaine, etc., sont des exemples frappants de cette coïncidence.

Or les gisements calcaires sont très rares et très disséminés dans notre département où ils forment comme de petites taches de quelques hectares seulement quelquefois.

Comment les Romains ont-ils eu assez de perspicacité pour trouver ces localités perdues dans l'immense variété de notre sol ?

De nos jours, un géologue qui découvrirait ici un bassin calcaire serait à bon droit très fier de sa trouvaille. Nous devons donc une certaine admiration à ces pionniers qui ont jalonné, il y a bientôt deux mille ans, la carte de nos terrains tertiaires.

Le motif de cette prédilection des Romains pour le calcaire est facile à saisir. On sait quelle masse énorme de ciments et d'enduits ils employaient pour leur construction. Les débris de la moindre villa nous montrent des entassements de mortier et de chaux qui prouvent qu'on ne ménageait pas alors cette matière. Il fallut donc que nos conquérants se missent en campagne et cherchassent de côté et d'autre les points où se trouvait un sol calcarifère bon à exploiter.

Je livre cet indice aux archéologues et aux géologues : station calcaire, station romaine.

Dans nos explorations sur l'arrondissement de Saint-Nazaire, nous avons recueilli un grand nombre d'armes en pierre, haches, silex, bronzes, etc. (C[on] G. et P. de Lisle.)

Ces trouvailles et celles qui nous ont été indiquées sont notées avec un soin qui paraîtra minutieux ; mais il est à remarquer que le nombre des observations de ce genre est jusqu'ici fort restreint pour la Loire-Inférieure ; de plus, ces renseignements sont indispensables pour faire con-

naître les ressources archéologiques de telle ou telle
contrée et pour donner une carte exacte des antiquités
de notre département.

Autant que possible, j'ai usé dans mes indications du
pronom personnel, de ce *moi* haïssable en toute occasion,
sauf peut-être en celle-ci. Je l'ai fait à dessein, parce que
c'est la seule façon d'affirmer qu'à telle date précise, l'existence de tel monument a été constatée. C'est en quelque
sorte un vidimus appliqué aux mégalithes et aux antiquités de notre pays.

ASSÉRAC

Période celtique

⌒ Un tumulus sur le territoire de cette commune
signalé par M. de Courcy. (*Guide de Bretagne.*)

△▽ Une cachette contenant cinq haches en pierre polie
a été découverte, il y a quelques années, par un ouvrier
qui travaillait à une carrière ; elles ont été recueillies par
l'instituteur d'Assérac. Une autre hache a été découverte
par le sieur Garreau (mai 1882).

Pen-bé, le cap de la tombe.

Période romaine.

◇ J'ai trouvé en Assérac les débris d'une station
romaine, à l'est de la route de Tréhiguier, sur le bord de
l'étang de Pont-de-Fer ; briques à rebords, poteries, etc.
(1876.)

○ Une pièce d'or de Tibère a été trouvée à la Vieille-
Roche par le sieur Père (1828). — □ Près de la
Vieille-Roche, on voit encore les vestiges d'un ancien
camp appelé le Vieux-Château (voir *Lycée Armoricain*).
Depuis cette époque (¹), la partie d'Assérac qui touchait à
la Vilaine a cessé de faire partie de cette commune.

(¹) 1828.

L'*aureus* de Tibère appartient à M. Chomard de Kerdavid (note de M. Blanchard).

Lieux dits : Pen-bé, la Bosse, la Motte, Pont-d'Armes.

AVESSAC — *Aviziacum.*

Période celtique.

Mon ami et collègue, M. le Cte de L'Estourbeillon, m'a donné les notes suivantes sur la commune d'Avessac.

⌐ « *Le Grain de sable du Juif errant.* » Sur le bord du bois des Jaunais, près du village de Castonnez, à 3 kilomètres à l'est du bourg d'Avessac, on voit une énorme pierre plate, soutenue par cinq autres plus petites. La table, orientée est-ouest, mesure près de quatre mètres carrés ; les supports sont affaissés et comme écrasés sous cette masse. Les gens du pays désignent ironiquement cette pierre sous le nom de Grain de sable du Juif errant.

« A quelques centaines de mètres plus loin, sur un petit coteau dominant le ruisseau de l'Ihel (*nunc gué Hamon*), près du Pont-ès-Chevaliers, se trouve une longue file d'énormes blocs de quartz orientés de l'est à l'ouest ; elle part du sommet du coteau et vient mourir sur le versant ouest, au bord même du ruisseau. Cette curieuse éminence s'appelle encore et porte dans tous les titres du moyen âge le nom significatif de « Pas-de-Guen », que nos paysans prononcent Pas-de-Guin.

△△△ Au nord de l'étang du Moulin-Neuf, sur le coteau de Trioubry, se présentent en trois endroits différents de nombreux blocs de quartz de grandes dimensions, qui présentent le caractère d'alignements. Les plus remarquables sont ceux qui se trouvent au sommet du coteau, près des ruines de l'antique chapelle de Trioubry, et plus loin à l'est, à mi-côte, presque au-dessus de la fontaine Saint-Méen, où l'on va encore en pèlerinage.

⌒ Je ne connais point le tumulus signalé par M. Desmars, à 3 k. 500 au sud-ouest d'Avessac, près de la Champagne; je doute même que ce tumulus existe, du moins près de cette ferme que j'ai souvent visitée et aux environs de laquelle je n'ai rien aperçu. Mais il s'en trouve un près de la Madeleine, sur le coteau qui domine le village d'Aubrais; il a été plusieurs fois cité, notamment par M. Maudet de Penhouët. (La Commission des Gaules, et la nouvelle sous-commission des monuments mégalithiques reproduisent la même indication en plaçant, par erreur, ce tumulus en Avessac, tandis qu'il se trouve sur le territoire de Saint-Nicolas-de-Redon.)

☐ Il existe encore en Avessac des débris de retranchements, d'énormes fossés qui doivent remonter à une haute antiquité; ils se trouvent aux environs du village de ☐ Gâvresac, à quatre kilomètres au sud-est du bourg; près de là, à la Hunaudière, puis à Combras (1.500 m. au ☐ sud d'Avessac) et au Perray-Julienne.

Période romaine.

◇ A la Bodinière, j'ai vu des fragments de briques et de poteries romaines, des scories de fer et des débris de murailles sur plusieurs points du coteau. La butte s'appelle encore Kermagouër, la ville ès murailles.

« Je n'oserais me prononcer sur l'existence d'une voie romaine en Avessac; mais les débris qu'on a trouvés à Saint-Clair, à Pen-bé en Plessé, à Estival, à la Bodinière, à Trioubry et à Rénihel en Avessac, à Montnoël, à Couëdé en Guémené et à Massérac, en un mot, tout le long d'une grande ligne allant de Saint-Clair (*castrum seium*) à Beslé, me portent à croire à l'existence d'une voie ancienne dans cette direction. »

M. de l'Estourbeillon signale ensuite les *lieux dits :* Gohmen (la vieille pierre), Roz houan (le tertre des fées), la Grée du Val, la Haie, sur la route d'Avessac à Guémené.

BATZ

Période celtique.

⌳ Le menhir que l'on voit au sud du bourg de Batz, entre la chapelle Saint-Michel et la mer, a reçu les noms les plus variés : la Pierre-Longue, le Tombeau-du-Diable, le menhir Saint-Michel, etc. Il est fixé dans un creux du rocher sur le haut de la falaise, au-dessus du trou du Diable ; sa hauteur est de 2ᵐ 40 sur 1ᵐ 20 ; il a 40ᶜ d'épaisseur (1871). Un trésor est, dit-on, caché à sa base (?).

⌳ Un autre menhir, situé à l'ouest de Batz, a été signalé il y a environ une dizaine d'années. Je n'ai vu en cette commune d'autre pierre debout qu'un bloc piqué dans une vasière de marais salants, au nord de Kervalé.

△ *Découvertes.* — Plusieurs haches en pierre polie ont été trouvées près des villages de cette commune; citons une belle hache en fibrolithe blanche, de 11ᶜ de long, trouvée à Kermoisan. (Collection G. et P. de Lisle.)

BESNÉ. — *Insula Vindunita.*

Période celtique

⌐⌐ D. *La Pierre à Berthe.* — On m'a montré, près du bourg de Besné, dans le champ qui longe le mur du nord du cimetière, et à 50 mètres environ de la route de Pontchâteau, l'emplacement d'un grand dolmen nommé la Pierre à Berthe. Trois montants, élevés de terre d'environ 1ᵐ et supportant une large table de granit de 2ᵐ 50 de long sur 11ᵐ 15 de pourtour, formaient une sorte de loge ouverte au sud-ouest ; l'entrée avait 1ᵐ 50 de large. M. Verger, qui nous a transmis ces renseignements, rapporte que les gens du pays avaient une grande confiance dans la vertu thérapeutique de cette roche, et que les personnes atteintes de douleurs venaient de fort loin se frotter contre les granits du dolmen. Ce traitement assez dur pouvait bien être très efficace ; mais, au grand désespoir des goutteux, un nommé X, propriétaire du champ, fit dispa- • raître ce dolmen, il y a environ 30 années. On lui avait assuré qu'un trésor était enfoui sous cette pierre. Il fit jouer la mine, brisa et renversa le monument, creusa, creusa encore, et, enfin, découvrit une sorte de *tombeau*, mais de trésor point.

Les pèlerins qui visitaient la châsse de saint Friard allaient, dit-on, faire à genoux le tour de ce dolmen.

△ D. *La Pierre à Gâche.* — Dans le bourg de Besné, on voyait, il y a une vingtaine d'années, une pierre de 2^m de haut, très régulièrement usée à 35 c. du sol. D'après la tradition du pays cette pierre servait autrefois à amarrer les navires qui abordaient à Besné (insula-vendutina). (Renseignements de M. le recteur de Besné.)

Le Trépied du Diable. — On désigne sous ce nom les trois menhirs de la partie sud de Besné : le Perron, la Pierre et le menhir du Plessis. Si l'on pouvait creuser juste au milieu de l'espace compris entre ces trois pierres, on trouverait un beau trésor ; c'est du moins ce qui m'a été assuré par un habitant du village de la Savinais. Malheureusement il manque un des points de repère, abattu depuis plusieurs années ; d'ailleurs la base de ce triangle a plus de 2.000 m., ce qui rendrait les recherches assez difficiles.

△ D. — *La Pierre.* — Menhir détruit; près du village de ce nom, sur la route de Besné à Prinquiau, était une des jambes de ce trépied.

△ *Menhir du Perron.* — Dans la Gagnerie du Perron, j'ai vu, en juin 1878, une roche grise, arrondie, piquée debout près du sentier qui traverse le milieu de la Gagnerie. Cette pierre mesure $1^m 95$ de haut; sa plus grande largeur est de 80^c. Ce menhir n'a pas encore été cité. Une hache en pierre polie (diorite), d'un très joli travail, a été trouvée près de là et m'a été remise par le sieur P. Bordel.

△ *Menhir du Plessis.* — Tout à l'extrémité sud de la commune de Besné, sur le bord des marais, se trouve le domaine du Plessis. Un chemin parallèle à la façade du château est relié à l'avenue du Plessis. A 15ᵐ de ce chemin, dans la gagnerie qui est à l'ouest de l'avenue, j'ai vu et dessiné un très beau menhir de granit. Sa forme est assez bizarre ; il s'élargit à 1ᵐ environ au-dessus de terre, puis il se rétrécit brusquement vers la pointe. Sa hauteur est de 3ᵐ 25 ; il mesure 2ᵐ 28 de large de l'est à l'ouest, et 50 c. dans l'autre sens. C'est le 3ᵉ menhir du Trépied (juin 1878).

La Cuisine du Diable. — L'île d'Herren est un peu à l'est du bourg, dans les marais ; on y voit d'énormes roches bizarrement creusées en bassins ; ce sont les marmites, poêlons, chaudrons, cuillères et fourneaux du diable, au dire des gens du pays. Depuis quelques années, les casseurs de pierre ont presque entièrement bouleversé ce ménage.

DÉCOUVERTES D'ARMES DE PIERRE.

29 △ Dans nos excursions sur le territoire de Besné (1878 à 82, G. et P. de Lisle), nous avons recueilli un certain nombre de haches en pierre polie :

1° Une hache en fibrolithe, veinée de blanc laiteux et de marbrures noires et brunes, très mince et à bords parallèles, comme les haches de même roche des tumulus vannetais, et terminée carrément. Longueur, 5 c. 5. Provenance : le bord des marais, près des maisons de la Davelais.

2° Hache en fibrolithe blanche, tachetée de grains verts ; longueur, 7 c. 5. Celle-ci est épaisse et d'un type tout différent de celui de la précédente. Provenance : les Evenaux. Elle nous a été remise par le sieur Mouenard. Il est à remarquer que les haches plates en fibrolithe sont presque toujours taillées dans le sens de la longueur des fibres et présentent un réseau de veines allongées et contournées imitant les fibres et les nœuds du bois. Les haches épaisses de la même substance ont, au contraire, les fibres coupées transversalement, ce qui leur donne un aspect tout différent des autres ; elles sont massives, larges au tranchant et souvent entamées sur les côtés par des rainures longitudinales.

3° Hache en diorite, de 9 c. 5; trouvée au Pingliaud, sur le bord du marais.

4° Hache en aphanite, grise à la surface et très compacte de grain ; long., 10 c. 5. Provenance : La Touche ; trouvée par le sieur Loreau.

5° Hache en diorite ; 7ᶜ de long.: La Martinière ; remise par le sieur Frocrin.

6° Fragment d'une très grande hache, brisée du côté du tranchant : La Davelais.

7° Fragment d'une hache en eurite : La Davelais.

8° Hache en diorite: même provenance.

9° Hache en fibrolithe blanche, brisée (partie de la crosse); une rainure creuse sur le côté: La Massonnais ; remise par le sieur David.

10° Hache en diorite, à bords droits ; longueur, 7ᶜ : le bourg de Besné.

11° Hache de 18ᶜ, en diorite ; trouvée au Gros-Chêne.

12° Jolie hache en silex veiné de brun et de jaune miel, assez plate ; longueur, 7ᶜ.

13° Fragment de hache en diorite, côté de la crosse.

14° Hache en diorite, à surface rugueuse ; le tranchant seul est luisant; longueur, 10ᶜ 5. Provenance : le bourg de Besné (maison en face du champ du dolmen).

15° Hache en fibrolithe, très singulière d'aspect ; elle est tachetée de rouge, de noir et de blanc; des fibres soyeuses traversent ce réseau de mouchetures (déterminée par

M. Lory). Longueur, 8ᶜ. Provenance: la Nicollaie, au sud de la commune de Besné.

16° Hache de 9ᶜ, grise, tachetée de grains verts et de feldspath. Provenance : l'Hommaie ou la Homenaie.

17° Hache en aphanite, tranchant dévié ; longueur, 15ᶜ. Provenance : le Tillaud.

18° Hache en diorite; longueur, 7ᶜ ; trouvée près du bourg de Besné.

19° Hache en aphanite, tranchant large et bien coupant ; largeur, 7ᶜ ; provenant de la carrière du Perron et trouvée par le sieur Danière.

20° Hache en diorite, de 8ᶜ 5 ; trouvée dans le marais de Besné, par Friard-Leroux.

21° Hache en éclogyte grenatoïde verdâtre ; longueur, 9ᶜ : La Noë.

22° Hache extrêmement allongée de forme ; 3ᶜ 5 de largeur médiane sur 14ᶜ de longueur ; diorite. Provenance : la Morandais ; trouvée par le sieur Halgan.

23° Fragment de hache en roche lamelleuse, très dure et très altérée ; trouvée au Gros-Chêne (sud-est de la commune de Besné).

24° Une hache très cylindrique de forme, longue de 13 centimètres; diorite ; elle a été trouvée au nord de Besné, au village de la Criaudière. Collection P. du Boischevalier.

25° Petite hache en diorite, de 5ᶜ 5 ; même provenance, même collection.

26° Moitié d'une hache en diorite, côté du tranchant ; elle a été trouvée par le sieur Jouallan, de la Criaudière ; même collection.

27° à 29. Trois haches, trouvées sur le territoire de la même commune, sans provenances bien déterminées, nous ont été remises en 1879. Les 26 haches des nᵒˢ 1 à 23 et 27 à 29, font partie de notre collection.

1
2

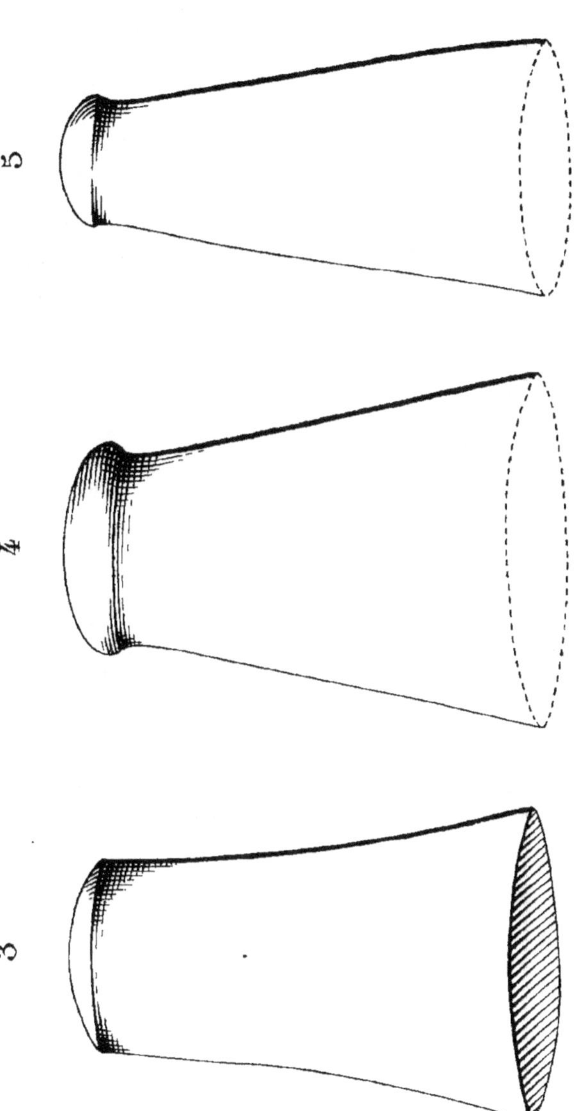
3
4
5

Découvertes de bronze.

△ Plusieurs haches en bronze ont été trouvées à l'extrémité sud-est de la commune de Besné. Une belle hache à talon, *emmanchée dans un bois de la longueur d'un manche de pioche,* a été trouvée dans les marais, près du village du Gros-Chêne, par le sieur Moinard. Elle est aiguisée au tranchant et munie d'une belière sur le côté ; le manche n'a pu être conservé. (Georges de Lisle.)

◊ Près du Gros-Chêne, également, un paysan découvrit une masse énorme de culots de bronze presque tous informes.

Période romaine.

△ Les débris de l'industrie romaine ne sont pas rares en Besné. Des briques à rebord, des tuiles et des poteries romaines ont été rencontrées sur beaucoup de points de cette commune.

Lieux dits : Pierre-Plate, le Perron, les Trois-Pierres, le Tertre, la Chaussée.

BLAIN

Castrum Blaen, du Cartulaire de Redon.

Époque celtique.

△△ ? — Deux menhirs ont été signalés dans cette commune par le Dr *de Topographie des Gaules ;* la nouvelle sous-commission des monuments mégalithiques reproduit à peu près la même mention. Je ne veux point détruire d'un trait de plume deux mégalithes si bien notés, espérant que l'insuffisance de mes recherches m'a seule empêché de les découvrir. Toutefois, j'ai exploré cette commune sur le terrain et sur les notes de son excellent antiquaire, M. Bizeul ; je n'ai trouvé, pouvant se rapporter à cette indication, que les pierres de Rochefou : « Le nom de

Rochefou s'applique à deux masses de roches, dont l'une est dite le Grand, l'autre le Petit-Rochefou. » (Bizeul.) Mais, en réalité, ces roches ne sont point du tout des menhirs ; la chapelle Saint-Roch, construite sur le Grand-Rochefou, suffirait pour ôter le moindre doute à cet égard. Telle était aussi l'opinion de Bizeul. En tout cas, ces pierres sont situées à 2 kil. 1/2 au S.-O. de Blain, sur le bord de la route, en face des bois de la Groulais.

⌒ Un tumulus de 3 à 4 mètres de haut sur 140 à 150 mètres de tour existait, il y a 40 ans, près du bourg de Blain, de l'autre côté de l'Isac, dans la prairie qui est prise entre le château et la route de Bouvron. Il se trouvait tout juste à l'endroit où l'on a bâti la culée du pont qui traverse le canal. Ce travail a fait disparaître l'éminence de terres rapportées et la partie nord du tumulus ; mais l'autre moitié du monument a été rasée sans qu'on ait fouillé au-dessous de la surface du sol. Des recherches sur ce point pourraient donc être fructueuses, car dans les tumulus postérieurs à l'époque des dolmens, la sépulture est souvent au-dessous du tertre qui servait à marquer la place du mort. Bizeul, le savant archéologue de Blain, était bien placé pour surveiller ces travaux ; aussi nous a-t-il laissé sur ce sujet des renseignements assez détaillés, dont nous sommes heureux de profiter. « Le tumulus, nous dit-il, était un amoncellement de terre et de pierres. Ces dernières, qui y étaient placées par couches, ont été extraites dans le grand coteau méridional de la rivière d'Isac et sont en grès quartzeux. Elles n'étaient liées par aucun ciment et ont été apportées telles qu'elles sont sorties de la carrière. Cependant, on croirait qu'il en a été fait un certain choix, car elles sont presque toutes de la grosseur et même de la forme des pavés ordinaires. Sur l'un des bords du tumulus, on a remarqué une petite place où le feu avait évidemment rougi la terre argileuse qui était à sa portée, et on a recueilli quelques charbons qui s'y étaient conservés. » Cette tombe était connue sous le nom de Pic-du-Capitaine, et a été rasée en 1842.

Nous avons, au Musée de Nantes, divers fragments de terre cuite d'une forme très bizarre et qui provenaient des fouilles de ce tumulus. Ces objets sont catalogués au n° 11, avec la mention suivante : Lampion ou coupe de terre rouge... Pied de lampion provenant de Blain. Voici ce que dit à ce sujet M. Bizeul : « J'ai recueilli, dans les terres du tumulus, seulement trois fragments en terre cuite d'un objet que je ne sais trop comment qualifier, n'en ayant pas rencontré d'analogue dans aucune collection. C'est une sorte de chandelier dont la patte est arrondie et dont la partie supérieure, de même grandeur que la patte, et arrondie comme elle, porte à son centre une ouverture en cône renversé, de plus d'un pouce de diamètre et d'environ deux pouces de profondeur. La patte et la partie supérieure, qu'on pourrait peut-être nommer bobèche, ont un diamètre égal de trois pouces et demi. La tige a à peu près deux pouces de diamètre. Je n'en connais pas la hauteur, que n'ont pu me donner les fragments brisés et incomplets que je décris. Au reste, l'argile qu'on a employée est fort grossière, et annonce un produit de la céramique gauloise, bien que la cuisson en soit parfaite. » Ces objets sont en terre grossière légèrement vernissée; on en a découvert de semblables sous le tumulus de Touvois (Loire-Inférieure); ces lampions, placés dans des sépultures gauloises, rappellent les lampes funéraires des tombes grecques et romaines.

△ Une flèche en silex, trouvée à Blain et donnée par M. Bizeul, est déposée dans la 1re vitrine du Musée de Nantes.

△ J'ai vu, en octobre 1882, trois haches en diorite, de 9 à 12^c, trouvées à Blain.

▽ *1re découverte de bronzes*. — Une magnifique trouvaille de bronzes, qui remonte déjà à quelques années, m'a été signalée à Blain, par M. Lefort, horloger. Des haches,

au nombre de plusieurs centaines (400 environ), ont été déter-
rées et peu à peu vendues à Nantes et dans d'autres villes ;
ces haches, très oxydées, étaient de la forme dite à talon.

⚲ *2ᵉ découverte de bronze.*— Celle-ci nous est signalée
par M. Bizeul. Le lieu de la découverte, l'île aux Lièvres,
sur la rivière de l'Isac, est à l'est de la commune
de Blain, sur le territoire de Puceul, « mais à plus de deux
lieues du bourg de ce nom, près duquel il faut bien se
garder de l'aller chercher ». Faute d'avoir connu cette
recommandation, je n'ai pu donner à l'article Puceul aucun
renseignement sur cette magnifique trouvaille ; elle est
trop importante pour que je n'y revienne pas ici.

L'île aux Lièvres, sur l'Isac, est située entre la Cheva-
leraie au nord et le château du Dréneuc au sud. En no-
vembre 1828, lors des travaux du canal de Nantes à Brest,
les ouvriers occupés au creusement des terres de l'île dé-
couvrirent un vase en argile rempli d'objets de bronze.
M. Bizeul, qui nous a conservé la relation détaillée de cette
trouvaille (*Les Nannètes*), indique le point précis du dépôt :
Nº 89 du plan du canal, entre les profils 22 et 23 du premier bief, versant de la Vilaine. Nous transcrivons, en
l'abrégeant, une partie de ces notes et en les traduisant un
peu, car les dénominations de matars, etc., seraient maintenant incomprises.

Haches : 5 entières. Celle qui fut envoyée à M. l'amiral
Halgan est une hache à ailerons de 12ᶜ 5, avec belières.

4 fragments : hache plate, sur le modèle des haches en
pierre ; hache à ailerons et haches à douille.

Pointes de lances : 2, à douilles se prolongeant jusqu'à la
pointe (11ᶜ).

Epées : 6 fragments appartenant à 2 épées à nervures ;
fragments de poignées.

Poignard : 1 poignard de 10ᶜ de long avec échancrures
près de la soie ; déposé au musée de Nantes. La soie est
plate et taillée carrément.

1 racloir avec belière au dos ; longueur du coupant, 6 à 7°.

2 anneaux cylindriques et 1 bouton.

Enfin deux objets, à mon avis, d'un intérêt très grand et décrits en ces termes par M. Bizeul : « Une sorte de bossette échancrée d'un pouce 5 lignes de diamètre. — Fragments de mors de bride. » Je verrais là des objets assez semblables aux pièces découvertes en septembre 81, parmi les bronzes de la trouvaille de la Prairie de-Mauves, et dont on connaît seulement quelques exemplaires en France.

△ Une hachette, une pointe de lance en bronze et un pommeau percé de 2 trous de rivets ont été trouvés à Blain et donnés au musée de Nantes (1856).

Périodes gauloise et romaine.

☐ Le Camp de la Massaie. — A 2 kil. de Blain, sur la route de Redon, se trouve la terre de la Massaie : une enceinte circulaire entourée de douves et mesurant plusieurs centaines de mètres de circuit est signalée près de là par M. Richer.

☐ Un camp de forme ovale, ou plutôt une sorte d'oppidum défendu par des fossés profonds alimentés sans doute par l'Isac, existait encore en 1859 dans la commune de Blain ; il joignait l'enceinte actuelle du château, et le chemin qui conduit de ce point au Grand-Port traversait ces retranchements que la culture a peu à peu fait disparaître. — Richer, Bizeul.

☐ Un autre camp, de petites dimensions, situé à 3 kil. au nord du bourg de Bouvron, près de la voie romaine de Blain, vers Saint-Nazaire, est indiqué dans les études de Bizeul.

O Un statère gaulois en or, trouvé à Blain, est déposé au musée de Nantes ; tête couronnée de cordons perlés et surmontée du Sus Gallicus : un génie couché sous le cheval androcéphale, au revers.

Blain avait une importance considérable à l'époque gallo-romaine ; aujourd'hui, on y découvre encore des débris de constructions et de poteries romaines sur une étendue de près de 70 hectares. Sept voies partaient de ce centre dans les directions de : Nantes, Rennes, Vannes, l'embouchure de la Loire, la presqu'île de Rhuis, le Maine, l'Anjou. Elles ont été suivies et décrites avec soin par M. Bizeul. Notre savant antiquaire croyait retrouver dans sa ville de Blain (Belen) les restes de l'antique Corbilon de Pythéas et de Strabon ! Aucune localité de notre département n'a été mieux étudiée que ce coin de terre ; la bibliothèque publique de Nantes possède les archives de cette commune et de nombreuses notes manuscrites de Bizeul.

Depuis la mort de cet infatigable chercheur, on a découvert bon nombre d'antiquités gallo-romaines auprès de Blain. Voici les renseignements qui m'ont été transmis sur place, en juin 1881 :

Trois puits, dont l'orifice s'ouvrait à une assez grande profondeur au-dessous du sol, ont été mis à jour lors des travaux exécutés pour la fondation de la maison de M. Luneau, propriétaire (à l'ouest de la rue qui conduit au château). Dans l'un de ces puits, on a trouvé de nombreux débris d'ossements et de coquilles formant un conglomérat extrêmement dur ; au-dessous de ce dépôt se trouvait une coupe en terre noire, bien intacte et enfoncée dans une vase épaisse, puis un plat en terre samienne et les fragments d'une coupe ornée de dessins. Ces puits étaient disposés en triangle ; l'un d'eux n'a pu être fouillé.

Les travaux du chemin de fer ont enlevé une forte épaiseur de terre au-dessous de Blain. Dans ces terrassements, j'ai aperçu de nombreuses briques romaines, des poteries ; différents objets en métal trouvés par les ouvriers ont été remis à M. Faubin.

On découvre souvent dans la ville même de Blain des débris de construction, des tuiles gallo-romaines entassées en grand nombre.

Parmi les objets romains provenant du territoire de cette commune, signalons :

Une tête de bélier ou landier, en terre cuite, donnée par M. de Jauzé au musée de Nantes.

O En 1857, 40 médailles romaines découvertes à Blain et offertes par M. Bizeul au musée de Nantes ([1]). Voici la description de 4 d'entre elles :

1° Un aureus d'Antonia, sœur d'Auguste. Au revers, une guirlande reliant deux torches allumées.

2° Marciane, sœur de Trajan. Au revers, Marciane assise avec un enfant debout. Pièce fourrée.

3° Antonia, moyen bronze. Droit : Antonia. — Revers, Claude, debout.

4° Denier fourré d'Adrien. N°ˢ 283 à 286. (Catalogue de M. Parenteau.)

Des forges anciennes, dont l'existence est signalée par des scories de fer, couvrent une grande étendue de terrain au Bois-Foué.

Cantons et lieux dits : La Roche, les Buttes de la Laie, les Grottes de Grenet, le Tertre à la Biche, le Rochais, les Grisons, le Moulin de la Roche, la Folie, le Massacre, le Mortier de la Bataille, la Mortrais, la Fosserie, les Forges, le Pavé, Henleix, le Perray, la Chaussée.

BOUÉE

Période celtique.

La Galoche. — Section D du plan cadastral de Bouée.

Un menhir de 1ᵐ 50 de haut sur 45ᶜ de diamètre à la base

([1]) On a également découvert à Blain des monnaies d'Auguste, Tibère, Claude, Néron, Vespasien, Domitien, Nerva, Trajan, Adrien, Antonin, Valérien et Maximien.

et 34ᶜ à la partie supérieure. Il a la forme d'un cône tronqué et se trouve dans un champ nommé les Rudesses. (Renseignements de M. L. Le Guénard, instituteur.)

Période romaine.

La voie romaine de Blain à Savenay se prolongeait jusqu'à la Loire, à la *Ville de Rohars,* en passant par différents points relevés par M. Ledoux de Savenay.

Lieux dits. — La Roche-Tannerie, les Rochettes, le Perron, le Moulin-Rochoux, le Chatelier, le Tertre, le Haut-Chemin, le Gué.

BOUVRON

Période romaine.

☐ Le *chastel,* enceinte fortifiée de 50ᵐ sur 40, au sud et joignant le village de Chastel, à 1 kilomètre au midi du bourg de Bouvron. Bizeul, qui l'a signalée dans son étude sur les voies romaines, décrit ainsi la voie qui traverse la commune de Bouvron et va de Blain vers Saint-Nazaire : « A 500 mètres du bourg, sur une petite lande, les vestiges de la voie sont assez apparents pour qu'on puisse mesurer sa largeur qui est de 12 mètres entre les contre-fossés ou rejets, larges eux-mêmes de 3 mètres. L'épaisseur de l'agger et des rejets n'est pas de plus d'un pied, et elle disparaîtra au premier défrichement de cette lande (1844).

« Ce fragment, dont la direction est nord-sud, est coupé par la route de Bouvron à Fay et n'est pas éloigné d'une croix en granit d'une forme ancienne ; il sort d'un bois taillis et, après avoir traversé une petite lande, il entre dans divers enclos et se dirige vers le village du Chastel. »

La voie passait ensuite auprès des villages de la Déharais et du Landron et sortait sur la lande de Moëre, à 2 ou 300 mètres à l'est du village de Sardéac : Bizeul a suivi cette ancienne voie sur la lande jusqu'à l'endroit où elle vient couper la route de Nantes à Vannes, c'est-à-dire sur une longueur de plus d'une lieue.

☐ Au nord du bois de Moëre et vers le milieu de la lande de Moëre, le même auteur indique un retranchement de 2 mètres de haut sur 6 de large à la base, placé à peu de distance de la voie; il se prolongeait sur une longueur d'environ 200 mètres.

La voie romaine coupe la route de Vannes à 400 mètres environ à l'ouest de la borne 31.

Cantons et lieux dits : Le Pas, le Chastel, le Châtellier, Malabry, la Haie.

CAMPBON

Période celtique.

Les *pierres bises*, désignées sous le nom de monuments mégalithiques, de débris celtiques, ne sont que de simples têtes de rochers, sans intérêt pour l'archéologue. Elles sont situées à l'ouest du bourg de Campbon, entre la Ducheraie et Crincouët.

△ Des haches en pierre polie ont été trouvées près de là (Desmars).

Période romaine.

△▽ A 3 kilomètres au nord de Campbon, la route qui conduit à Guenrouët traverse le village de Magoüet, près de la chapelle Sainte-Barbe. Une station romaine est indiquée sur ce point par M. Desmars; on y trouve des fragments de poteries, des tuiles et briques à rebords. *Terrain calcaire.*

Lieux dits: La Butte, la Bosse, la Charnaie, le Châtellier, le Petit-Châtellier, la Grand'Ville, la Forge, le Grand-Pas, la Chaussée.

CHAPELLE-DES-MARAIS

Période celtique.

△ Nous avons trouvé, sur différents points de cette commune, des haches en pierre polie. L'une d'elles, en fibrolithe rougeâtre, mesure 6 c. 5 de lońg.

Un certain nombre d'armes en pierre ont été collectionnées par M. ***, ancien maire de la Chapelle-des-Marais.

△ Une découverte d'objets en bronze de la dernière période est signalée dans cette commune par M. Chantre.

Périodes gauloise et romaine.

○ 3 monnaies gauloises, deux en or, une en électrum, ont été trouvées dans la commune de la Chapelle-des-Marais ; l'une d'elles, à 3 mètres de profondeur sous la tourbe.

1re or ; au droit profil à droite, orné de cordons perlés enlaçant une petite tête. Une croix formée de 4 rayons près du front. Au bas un V.

Revers : cheval androcéphale, avec le génie au bras étendu assis sous le cheval.

2e Electrum. Tête avec les cordons perlés descendant sur les épaules.

Revers : cheval androcéphale, la main ouverte des Pictons.

3e or : droit, profil tourné à droite, avec cordons perlés et une petite tête humaine.

Revers : cheval à tête humaine, roues du char et auriga. Sous le cheval, le génie ailé est couché (Bizeul).

○ En avril 1867, une magnifique trouvaille de monnaies romaines a été faite près du bourg de la Chapelle. Le sieur Pierre-Marie Ferrand découvrit, en bêchant les terres du Clos-Neuf, un vase en terre blanchâtre contenant près d'un millier de pièces du III⁰ siècle. Ce sont pour la plupart des monnaies de Gallien, Claude le Gothique, Tacite, Emilien, Aurélien. Des empereurs des Gaules Victorinus, Posthume, Tétricus père, Tétricus fils, et un petit bronze de Marius. Ces pièces sont actuellement au musée archéologique de Nantes. (N⁰ 292 du *Catalogue*.)

CHAPELLE-LAUNAY

Période celtique.

△ Une hache en pierre polie, longue de 7 c. (diorite), et une autre de 11 c., trouvées près du bourg par M. P. du Boischevalier.

Période romaine.

Une voie romaine est signalée à l'ouest de Savenay par M. Ledoux ; très visible sur une longueur de 200 mètres, (à 1 kil. de Savenay), elle venait passer à 250 mètres du bourg de la Chapelle-Launay.

Une autre voie, partant de Blain, est indiquée sur le territoire de cette commune par M. Bizeul. Elle traverse de l'ouest à l'est, de la métairie de la Forêt, sur la limite de Savenay, au village de la Haye-Ferrière. Elle était très apparente et encore très solide en 1842, aux environs de la Forêt.

Cantons et lieux dits : La Montagne, la Tranchée, le Hanlais, la Rue d'Appé, la Voie Ferrée, la Haie-Ferrière, la Ville-Neuve, les Mazeries.

CONQUEREUIL.

CONCORATIUM, BÉNÉDICTINS.

☐ Les retranchements de Conquereuil, connus sous le

nom des *Grands Fossés*, forment un énorme camp dont le pourtour est encore visible actuellement sur une longueur de 5,300 mètres environ.

La forme générale de cette défense est un trapèze dont le petit côté fait face au nord-est.

I. Cette partie mesure 2,200 mètres ; son point de départ est un peu au-dessous du chemin des Sauniers (vieux chemin de Derval) ; elle passe par la butte du Feuillet, traverse dans toute sa largeur le n° 61 de la section E du cadastre, et vient couper le chemin de Fougeray à Conquereuil, pour se terminer à l'angle nord-ouest de la pièce du Poucet, n° 88 de la même section. Les talus de cette ligne ont, à certains endroits, une élévation plus forte que sur les autres côtés, principalement dans la partie qui domine des bas-fonds très humides, en face du village des Mortiers.

II. Le côté occidental se replie à angle droit sur cette base et va rejoindre les bords du ruisseau de Castillac ; à 700 mètres de son point de départ, la ligne est coupée par le nouveau chemin de fer de Châteaubriant à Redon, tout juste à la barrière du chemin vicinal de Conquereuil à Bréhain. Un peu après, la ligne de défense entre dans la section H et oblique légèrement vers l'ouest ; elle traverse toute la grande pièce désignée au cadastre sous le n° 345, passe le chemin de Bécot à Conquereuil et se dirige vers le ruisseau de Castillac, affluent du Don, en traversant les pièces n°s 303 et 304 de la section H. Dans ce parcours, elle est marquée tantôt par un bourrelet arrondi au-dessus des andes, tantôt par une traînée blanchâtre et stérile dans les champs de labour.

III. La ligne du côté de l'est commence presque au point de jonction des routes de Conquereuil à Pierric et de Châteaubriant à Redon ; elle passe un peu à l'ouest du moulin de Périgaud et descend vers l'étang du Mortier du Faux (n° 72, section E). Là, elle fait un coude en se redressant vers l'est, et se dirige vers l'angle nord-ouest de la section H, au lieu dit le *Champ de la Pierre*. Près de l'étang du Faux, le talus a 4 m. de large sur 2 m. à 2 m. 20 de hauteur; il est flanqué, à l'est, d'une douve de 1 m. 50 de large. Des excavations irrégulièrement creusées s'alignent en dehors de la douve, tout auprès d'une voie romaine dont nous parlerons un peu plus loin.

En descendant vers le Don, à l'est de Conquereuil, les terres, cultivées depuis du temps déjà, empêchent de suivre le prolongement de ces fossés; mais il est bien probable que cette rivière et son affluent le Castillac formaient la base de cet immense système de défense.

Reprenant la pointe nord-ouest de ce retranchement, je trouve, à une faible distance à l'ouest de Bréhain, une immense excavation creusée de main d'homme, et que l'on connaît aux environs sous le nom de *Ville de Coëtma*. D'énormes talus en terre forment un bourrelet de chaque côté de cette excavation; puis les bords se resserrent et les deux talus se prolongent en côté d'une douve jusqu'à l'étang de la Renoulière en Pierric.

La *ville de Coëtma* a été, dit-on, engloutie dans cet énorme creux; mais aux grandes fêtes on entend encore les cloches sonner au fond des eaux. Un paysan m'a montré un endroit très profond, recouvert maintenant d'une croûte flottante formée par l'enlacement des racines de rouches, et où se trouvent des pieux enfoncés en terre à une très grande profondeur; on les suit avec une perche sans arriver jusqu'à leur pied.

⌒ Sur le côté ouest de cette excavation, j'ai vu une butte arrondie, de 8 à 10 mètres de diamètre sur 1 m. 50 d'élévation, sous laquelle on a découvert, il y a quelques années, un énorme vase en terre noirâtre, rempli d'un métal très décomposé. (15 mai 1881.)

On peut expliquer la légende de Coëtma par ce fait, que là se trouve un bassin de calcaire éocène, exploité sans doute du temps des Romains, et que les eaux auront recouvert malgré le fossé d'écoulement l'établissement des conquérants a disparu, et ses débris ont sans doute donné lieu à la fable d'une ville engloutie. Il est à remarquer; ainsi que nous l'avons dit en commençant, que presque tous les calcaires de la Loire-Inférieure présentent des traces de stations romaines.

J'ai vu, près de l'étang du Mortier du Faux, à 300 mètres environ sur la droite de la route de Conquereuil à Pierric, une voie romaine qui remonte en droite ligne vers le nord. Elle coupe, en cet endroit, la moitié d'un vieux chemin de lande passant un peu à l'ouest du moulin Périgaud. On voit fort bien les rangées de pierres qui étayaient en côté les bords de l'empierrement, composé de cailloux brisés, et qui longent en droite ligne le milieu du chemin. Dans cette partie, la voie est séparée des Grands-Fossés par une série de cavités oblongues, irrégulières, et parallèles aux talus. Dans le prolongement de cette voie, connue dans le pays sous le nom de la Roanne, on m'a indiqué une autre voie qui se bifurque à 1,500 mètres environ au nord de la route de Redon, et suit en partie les limites de Pierric avec la commune de Guémené; elle se dirige sur la Vilaine.

Lieux dits : la Haie, la Mortais, la Ville-aux-Fèves.

CORDEMAIS

Portus Cordimensis, charte de 1123.

Période romaine.

Quelques vestiges de la voie romaine de Savenay vers Nantes sont signalés en cette commune par M. Ledoux; ces restes sont très apparents sur un talus de fossé près du village de la Noë (la Noue sur les cartes d'état-major), situé au nord-est du bourg de Cordemais. — Voir au bulletin de la Société Archéologique de Nantes, année 1878.

Lieux dits : La Cave, les Caves de Maleville, les Rochettes, la Folie, la Folaine, le Tertre, le Gâts, l'Ile, la Motte, la Haie Mériais, la Chaussée.

COUËRON

Période celtique.

△ Quelques haches en pierre polie ont été trouvées en 1878 aux environs de la gare.

△? Des menhirs détruits ont été signalés en cette commune par M. Spal ; ce renseignement consigné dans un mémoire de notre bulletin de 1868 n'est peut-être basé que sur les noms de certaines pièces de terre : la Pierre-Blanche, près de la Galonnière, la Roche-Droite, au nord de la commune, la Pierre-Levée dans le clos du Bréligout.

Période romaine.

◇ Des substructions gallo-romaines ont été découvertes dans le clos des Salles, à 200 mètres de la chapelle Saint-Martin. Verger cite des monnaies romaines trouvées dans les terres de ce clos de vigne ; ce point est assez élevé et domine le cours de la Loire.

La voie de Savenay à Nantes traverse la partie nord de cette commune parallèlement à la route de Vannes, mais à 2 kilomètres plus au sud. La voie sort de la commune de Saint-Etienne près de Saint-Savin, passe aux Quatre-Chemins, puis auprès des ruines de la chapelle Saint-Blais et vient couper la route de Couëron à Sautron. A partir de ce point, elle se relie au chemin n° 16, au-dessous de Brimberne, « vis-à-vis la métairie de Landbourne », d'après M. Ledoux qui nous a laissé ces renseignements. (Voir Société Archéologique, 1878.)

⊔ A la Ville-au-Chef, près de Mortrais, on a trouvé des tombes composées de dalles en pierres d'ardoise et contenant des armes brisées. La Ville-au-Chef est à peu de distance du passage de la voie romaine.

Cantons et lieux dits : Le Rocher, la Roche-Guillet, la Pierre-Tamis, la Pierre-Levée, la Combe, le Tombeau de Trévellec, les Bosses, le Tertre, la Montagne, les Roches, le Tertre du Bachelier, le Tertre-Tombé.

LE CROISIC

Période celtique.

△ Dans les terres en face du rocher du Grand-Autel, une hache en pierre polie et des silex travaillés (1879).

△ *Menhir de la Pierre-Longue.* — Cette pierre est piquée sur la côte méridionale de la presqu'île croisicaise, à 1500 mètres au sud-ouest de la ville et tout près d'un ancien corps de garde de douane. C'est un bloc de granit de forme quadrangulaire et terminé par une pointe en forme de pyramide ; sa hauteur est de 2 m. 40 et le développement de ses quatre côtés de 3 m. 30. — On raconte qu'autrefois les femmes du pays venaient, à certains jours de l'année (¹), danser autour de cette pierre au lever du soleil.

Cette roche sert de point de repère aux marins de la côte, et pour empêcher qu'elle ne soit abattue, on l'a entourée d'une maçonnerie circulaire en gros moellons. Ce travail lui ôte un peu de son apparence celtique ; mais après tout, et malgré les nombreux auteurs qui ont cité ce mégalithe, je ne voudrais pas affirmer que ce soit bien un menhir.

(¹) Le 15 août, d'après Bizeul.

Période romaine.

La découverte d'une médaille de la famille Pomponia est consignée dans Morlent ; cette trouvaille remonte à 1756.

Lieux dits : Le Mené, la Rochelle, la Pierre-Longue, la Motte.

CROSSAC

Croachac.

Période celtique.

Le territoire de Crossac est découpé en plusieurs îlots, maintenant entourés de marécages par suite de l'exhaussement de la tourbe et des dépôts vaseux ; mais chaque hiver les eaux reprennent leur ancienne place et dessinent encore les contours mouvementés de ces îles, qui formaient jadis de véritables points de défense, très favorables aux établissements des tribus primitives de nos contrées.

J'ai minutieusement exploré cette commune et j'y ai vu plusieurs monuments mégalithiques dont un seul, je crois, est connu. Commençons par ce dernier.

Dolmen de la Barbière. — (Section C du cadastre, n° 2314, dit la Gagnerie des Pierres.)

En suivant la route qui conduit de Donges à Crossac, à 1 k. environ avant d'arriver à ce dernier bourg, on aperçoit à droite du chemin, sur le sommet d'une butte assez élevée, un magnifique dolmen dont le profil grandiose se détache en plein sur le ciel ; de hautes pierres dressées comme des colonnes soutiennent un énorme bloc de 16 pieds de long qui forme l'architrave de ce Parthénon celtique. Une teinte grise couvre ces roches, et tout à l'entour des ajoncs et des bruyères étendent leur tapis velouté sur les pentes du mamelon. Une petite croix de granit, taillée sans doute dans quelques débris du monument, domine cette ruine païenne et étend ses bras protecteurs au-dessus de cette tombe primitive. En m'approchant du sommet de la butte, j'aperçus les débris d'une allée couverte faisant suite au dolmen, et, tout à côté, une petite cella formée de quatre pierres debout dont la couverture a été abattue. Le tertre qui supporte ce monument est une éminence naturelle ; mais il est très évident que l'on avait entassé au sommet un monceau de pierres brisées et de terre qui devait recouvrir le dolmen et former en cet endroit un véritable tumulus. Ces déblais sont encore en masse considérable sur le versant du nord, et je ne serais point surpris que l'on trouvât, en fouillant à cette place, quelque caveau latéral protégé par ce recouvrement.

Passons maintenant à la description technique de ce beau dolmen. La longueur totale du monument, de l'est à l'ouest, est de 12 mètres environ ; au couchant se trouve la grande crypte composée de 4 supports et de la table.

Les supports ont en moyenne 1 m. 20 à 1 m. 30 de haut.

La table mesure 5 m. de long sur 2 m. 90 de large ; elle recouvre une chambre de 2 m. 70 de long sur 2 m. 10 de large et 1 m. 52 de haut. Le sol est légèrement creusé au centre.

La petite chambre adjacente de 1 m. 80 sur 90 c. était moins élevée ; ses quatre piliers n'ont guère qu'un mètre de haut ; 2 blocs dont l'un mesure 2 m. 70 sont abattus près de là et devaient servir à recouvrir cette partie du monument.

Une longue pierre brisée par le milieu et soutenue par un montant fiché en terre marque le prolongement de la galerie. La table est longue de 4 m. 95 sur 1 m. 50. Un autre bloc de 2 m. 50 est abattu au sud de cette pierre.

Une légende assez récente se rattache à la pierre de la Barbière. Cette galerie couverte a servi de maison à une pauvre femme qui a vécu près de dix ans abritée sous cette roche; des talus en terre fermaient les vides qui existent entre les supports, et l'intérieur de la chambre était meublé comme une petite chaumière; on y voyait un lit, des chaises, des coffres, un rouet, etc. La bonne femme reçut là les derniers sacrements et y mourut il y a 50 ou 60 ans. Ces faits m'ont été racontés par une fermière du village voisin, et la même version est rapportée, dans le dictionnaire d'Ogée, par M. l'abbé Albin, desservant de la paroisse, qui avait donné les derniers sacrements à cette femme, sous le dolmen de Crossac.

⌐⌐ *Dolmen de Pierre-Levée* (au cadastre n° 950 et suivants de la section D du Ros., 5ᵐᵉ feuille).

Un dolmen, connu dans le pays sous le nom de la Pierre-Levée, a été en partie détruit lors du tracé de la route de Crossac à la Guesne (chemin de grande communication n° 4). La paroi de l'ouest est seule restée debout; elle se compose :

1° D'une large pierre de granit orientée S.-N., mesurant 1 m. 10 de haut sur 1 m. 54 en largeur et 20 à 25 c. d'épaisseur. Le montant qui lui faisait pendant était éloigné de plus de deux mètres, au dire des fermiers qui ont défriché cette pièce de terre, ce qui donnerait d'assez belles dimensions à la table couvertière.

2° Une pierre debout ou support mesurant 1 m. 28 de haut sur 65 c. fait suite au 1ᵉʳ montant ; je croirais assez que ces pierres, telles que je les ai vues (23 juin 1881), ne sont plus dans leur position première ; malgré les affirmations des gens du pays, il me semble qu'elles ont été relevées assez nouvellement, peut-être lors des travaux de défrichement de la lande.

3° Une longue pierre abattue et à demi enfouie en terre parallèlement au premier support.

Les ruines de Pierre-Levée se trouvent au bord de la route de Donges à Crossac, sur le penchant d'une petite éminence située dans l'ancienne lande de Pierre-Levée (aujourd'hui défrichée), entre le village de Lanché et le quatrième moulin en partant de la Guesne, presque en face des ruines du château de Lorieux.

△ *Menhir de Pierre-Levée.* — Section G du cadastre, 7ᵉ fᵉ, nᵒ 2286. — Ce menhir m'a été indiqué par M. de la Ville-Bouesnet, propriétaire du taillis du Bois-Hoël ou de Pierre-Levée, situé à 4 ou 500 mètres au nord-est de Crossac, entre la route de Donges et celle de Pontchâteau. Le bois est grand, très fourré et il n'est certes point facile de relancer ce vieux granit caché sous les ramées. Tout ce que je puis dire, pour guider les archéologues dans cette épineuse recherche, c'est que le menhir est situé à l'extrémité nord-est du taillis de Pierre-Levée (à 35 mètres environ de la lisière du bois), vis-à-vis une échancrure formée par un pré qui avance à angle droit et entre de 10 mètres dans le taillis. Le menhir de Pierre-Levée est en granit et sa hauteur est de 2 m. 68 ; il mesure 1 m. 50 en largeur. Epais de 90 c. du côté est, il a seulement 60 c. dans la partie qui regarde l'ouest.

☐ *Dolmen des Rochettes.* — Section B, nᵒ cadastral 853. Gagnerie des Rochettes.

En août 1879, je vis dans un petit taillis situé à droite de la route de Crossac à Besné, à 500 mètres environ au nord du village de la Haie, une allée couverte composée de deux larges tables et de 7 supports. Au sud, trois autres montants fichés en terre, mais privés de leur couverture, indiquent la place d'une autre chambre dolménique. Ce monument est englobé dans une petite butte formée sans doute par les restes du tumulus et recouverte par des pousses de taillis et des racines ; pour le trouver, le plus facile est de suivre la route de Sainte-Reine, et, à 800 mètres environ de Crossac, de prendre à droite dans une sorte de gagnerie où cette butte couronnée de broussailles est assez apparente.

La 1ʳᵉ table, à l'ouest, a 2 m. 36 sur 1 m. 53 de large ; elle est plate et mesure 28 c. d'épaisseur moyenne. Une large pierre à demi enfoncée dans la terre ferme le fond du dolmen ; sa hauteur est de 30 c. sur 1 m 08 ; au nord, deux supports jetés hors d'aplomb et un autre au sud de 78 c. de haut entourent cette pierre.

La 2me table, longue de 2 m. 18 sur 1 m. 15, est soutenue par 3 supports, 2 au sud, un au nord. Le 1er au sud mesure 63 c. de haut sur 70 de large.

Tous ces blocs sont en granit et l'ensemble de l'allée couverte mesure environ 5 m. 80.

20 △ *Découvertes de haches en pierre.* Nous avons trouvé en Crossac une vingtaine de haches en pierre polie, dont beaucoup d'une taille assez grande. Citons :

Une hache-marteau de proportions gigantesques et d'un beau travail. Cette masse, dont le poids dépasse 8 livres, est taillée en forme de marteau de forgeron ; les deux faces planes parallèles sont reliées par un trou évasé en forme de cône ; le tranchant et les angles sont légèrement arrondis, le frappoir est plat et large. Diorite. Longueur, 19 c. 5 ; largeur, 11 c. Trouvée à la Guérivois (septembre 1879, G. de Lisle).

Une hache en diorite, de 30 c. de long ; le tranchant est arrondi en côté et très petit. Trouvée à la Haute-Haie.

Hache de 23 c. de long., en diorite, trouvée à la Brionnière par le sieur P. Olliveau.

Très grande hache brisée à la pointe ; l'Hôtel-Guérif.

Hache en diorite, de 19 c. 5, trouvée à Cambénéac par le sieur Pré.

Hache ébauchée, très irrégulière ; le tranchant seul est poli ; même provenance.

Une autre de même provenance trouvée par le sieur Tual.

Hache en aphanite, de 8 c. 5, trouvée à la Buissonais.

Hache ébauchée à grands éclats, bien polie au tranchant ; longueur, 21 c. ; diorite. Provenance : le Pilet.

Petite hache de 5 c. 5, en diorite, trouvée à Cunta.

2 haches dont une brisée, trouvées à la Cossonnais par

M. P. du Boischevalier ; celle qui est entière mesure 6 c. de long.

4 haches plus ou moins incomplètes ; moitié d'une très grande hache de forme cylindrique trouvée près du bourg de Crossac, en 1879.

Hache très plate en eurite, longue de 9 c. 5, trouvée à la Fournais (1879). Collection G. P. de Lisle.

DÉCOUVERTES DE BRONZE.

Le Brivet qui traverse la commune de Crossac est bien le cours d'eau le plus riche de toute la Bretagne pour les trouvailles de bronze. Ce petit fleuve, dont M. Kerviler a retrouvé l'ancienne embouchure sous les alluvions de Penhouet, a déjà fourni aux collectionneurs de très nombreux objets de bronze, des armes, des outils, des bijoux ; d'une extrémité à l'autre de son cours, des épées de bronze ont été repêchées dans les vases épaisses qui lui servent de lit.

△ Dans une de nos excursions aux alentours du Brivet, j'ai recueilli une très belle épée de bronze du type le plus parfait de la dernière époque. Un homme de la Guesne, en pêchant des anguilles, avait pris cette lame entre les dents de sa fouine et l'avait ramenée à terre. Près du point où elle a été trouvée, on voit encore aux basses eaux des pilotis en bois très dur, et autour de l'un de ces pieux se trouvait enroulé un large ruban de bronze dont un morceau seulement s'est détaché.

L'épée, qui fait partie de notre collection, mesure 60 c. de long. La lame est élargie vers le second tiers de sa longueur (4 c. 5). Une côte centrale part de la poignée et s'efface un peu vers le milieu de l'arme ; elle est accompagnée de chaque côté de filets gravés en creux au pointillé.

La soie plate et fuselée se termine par un élargissement

horizontal destiné à fixer le pommeau ; un rebord entoure la soie qui est percée d'un évidement longitudinal pour recevoir les rivets ; deux autres trous de rivets placés de chaque côté des crans qui échancrent la base de la lame servaient à consolider la poignée. On voit encore la trace du demi-cercle formé par le recouvrement de cette poignée.

△ Un homme du même village nous a remis une hache en bronze, de la forme dite à talon, trouvée dans une douve des marais qui entourent le château de Lorieux. Cette hache a été martelée ; elle porte sur le côté une belière solide et sa longueur est de 14 c. (1874).

⟨△⟩ Une splendide découverte, faite également au bord du Brivet, lors de la construction du pont de la Guesue (1842), est en partie déposée au musée de Nantes. Elle se compose de 53 objets.

1° Une épée de bronze longue de 63 c., admirablement conservée ; la lame s'élargit vers le 2e tiers (4 centim. 1/2), puis se termine par une longue pointe effilée. Une nervure centrale très accusée prend naissance au-dessous de la soie et se prolonge en s'amincissant jusqu'à la pointe. Au lieu d'être attaquée par l'oxyde, cette belle épée est recouverte d'une teinte sombre comme toutes les pièces de ce genre trouvées dans les eaux tourbeuses.

La poignée, ou plutôt la soie, décrit une légère courbe vers le centre, puis s'élargit en double croissant au-dessus des crans ; un rebord saillant l'entoure et devait servir à border la poignée d'os ou de bois que 7 rivets fixaient à la soie ; 3 de ces rivets sont restés en place, 2 en côté et un au centre.

2° Une hache à douille, aiguisée au tranchant, longue de 15 c.

3° Une ciste en bronze de 21 c. de haut, en forme de creuset, avec 4 trous près du bord pour recevoir les anses. Le diamètre est de 23 c. à l'orifice, de 12 c. à la base. (De l'époque des tumulus du 1er fer.)

4° 3 anneaux en bronze dont l'un est carré en forme d'agrafe.

Enfin une épée de fer et différentes armes du même métal citées plus loin. (Période gauloise.)

△▽ 2° découverte de bronze ; l'Ile-des-Eaux.

Une cachette contenant divers objets en bronze a été mise à découvert dans les marais tourbeux qui bordent l'Ile-des-Eaux (1823-1828). Parmi les pièces qui composaient ce lot, sept ont été achetées par le collectionneur Transon et décrites par Athénas.

1° 2 haches à talon.

1 hache à douille.

1 poignard ou conteau, long de 15 c. sur 3 c. de large, avec une soie de 3 c. percée d'un trou de rivet.

1 épingle de 24 c. de long, terminée par un anneau de 9 c. de diamètre.

1 gouge en bronze avec douille.

L'Ile-des-Eaux est située tout à l'extrémité méridionale de la commune de Crossac, entre la Guesne et l'île d'Her ; elle est contournée au nord par le Brivet.

△▽ 3° découverte de bronze.

Il y a quelques années, le sieur T... travaillait à transformer en prairie un petit marécage situé près de la mine de plomb (l'Ile-des-Eaux), lorsqu'il découvrit sous terre un certain nombre d'objets en bronze, presque tous en forme de pointes de lance et de coins à douille. Le poids total de cette trouvaille est d'environ 2 kilogrammes.

△ Une épée en bronze a été trouvée sur la même île, du côté sud, dans la partie où se trouve une jetée dans la direction de l'île d'Her. Elle était enfoncée à 2 mètres sous la tourbe. Sa forme est à peu près la même que celle de l'épée que nous avons décrite précédemment. Mais la soie est percée d'un évidement rectangulaire très allongé dans lequel sont restés trois rivets de bronze. Longueur 65 c.

Cette épée a été trouvée il y a un siècle bientôt (1785) et a été recueillie par M. le docteur Ollivaud.

△ En 1879, une hache de bronze à talon a été trouvée par M. Paul du Boischevalier, près de la Cossonnais ; elle mesure 17 c. de long.

Période gauloise.

Des bracelets gaulois en or ont été trouvés au sud de cette commune, près du village de la Ménagerais.

I. — En 1850, un cultivateur de ce village découvrit un grand anneau en or de forme cylindrique qu'il vendit 1000 francs.

II. — En 1865, un autre bracelet en or fut trouvé près de là, dans la tourbe. Celui qui l'avait découvert apprécia d'abord assez peu sa trouvaille, et ce bijou resta plusieurs jours accroché aux racines d'un saule ; mais la pluie ayant nettoyé la vase qui le recouvrait, notre homme vit reluire de l'or et cette découverte fut bientôt connue au loin.

Napoléon III, très archéologue, on peut du moins lui rendre cette justice, acheta ce bracelet 2500 francs et le donna au musée de Saint-Germain ; il est formé d'une tige ronde de 19 c. de long, arrondie en cercle presque fermé, ayant seulement 0.025 $^{m/m}$ d'ouverture ; son poids est de 314 grammes.

Le dictionnaire des Gaules signale une trouvaille du même genre à Candos (Landes) et émet quelques doutes sur l'usage de ces anneaux comme objets de parure.

Près du pont de la Guesne, on trouva, en 1842, avec les bronzes déjà cités, une magnifique épée en fer ressemblant à celles du Hallstadt, mais avec une lame droite ; elle mesure 95 c. de long. La soie est carrée, surmontée de deux antennes recourbées et terminées par des boutons de bronze. La base de la poignée vient coiffer le sommet de la lame et, au-dessus, des enroulements en bronze sont fixés dans la soie ; la lame mesure à elle seule 87 c. De chaque côté de la nervure centrale, trois rainures gravées en creux rappellent la disposition des lames de bronze, mais ici la lame est droite et large seulement de 3 c.

Des fers de flèche très oxydés, des coutelas en fer et différents objets d'une époque plus récente ont été découverts dans les mêmes travaux.

Période romaine.

◇ J'ai vu les restes d'une station ou villa romaine, au nord du village de la Guérivais en Crossac, près de la rive droite du Brivet. Briques à rebord, poteries, etc. Près de là, dans une haie qui traverse les prairies sur le bord du marais, une pierre de granit, aplanie à la partie supérieure et creusée en forme d'auge, mesure 85 c. de long sur 55 ; la cavité, de forme rectangulaire sur les bords, est cintrée en dedans; sa plus grande profondeur est de 8 c. A l'orifice, elle mesure 45 c. sur 27. Tout autour, des briques romaines jonchent le sol. Cette pierre, assez singulière de forme et dont la destination me semble problématique, appartient au sieur Tual de la Guérivais.

▢ Château de l'Angle. — Au sud-ouest du bourg de Crossac, un tertre arrondi et couvert de rocaille est entouré par les marais; il porte le nom de château bien qu'il n'y ait sur ce point aucune trace de construction; on y voit seulement quelques gros blocs de pierre. Si cette île a été un lieu de défense, comme son nom le fait croire, ce ne peut être qu'à une époque très primitive.

Le château de Lorieux, sur la gauche de la route de Donges, à 2 k. 300 m. au sud du bourg de Crossac, est entouré par des bas-fonds marécageux. Il reste encore quelques pans de mur et des constructions de l'ancienne forteresse du moyen âge. Bizeul admettait (avec un point de doute) que la fondation de ce château pouvait remonter à l'époque romaine ou, tout au moins, au temps des invasions du V⁰ siècle.

G. D L'Ile-des-Eaux passe pour avoir été anciennement fortifiée. Les habitants de cette île ont trouvé, en creusant des fossés au bord des marais, des murs en briques qui semblent avoir fait autrefois le tour de l'île. Je n'ai rien vu, sur ce point, que les restes d'une chaussée assez large, mais qui peut être de date récente.

Lieux dits : La Chaussée, la Bosse-las, la Haie, les Pierres, taillis de Pierre-Levée.

DONGES

Période celtique.

Nous avons exploré avec beaucoup de soin, depuis plusieurs années, les terres de la commune de Donges. Au lieu des quatre mégalithes cités par la Commission de Topographie des Gaules, nous connaissons aujourd'hui une quinzaine de monuments sur le territoire de cette longue commune; ce sont, en commençant par le nord :

Tumulus de la Guesne : section cadastrale A, dite de Révin, n⁰ 144. Tout à l'extrémité nord de la commune de Donges se trouve le village de la Guesne, séparé du bourg par 9 kilomètres, coupé en deux par le Brivet et par la limite de Crossac, et, de plus, traversé par la route de Donges à la Roche-Bernard. Sur la droite de cette route, à 2 ou 300 mètres au sud de la Guesne, on aperçoit dans un champ une butte arrondie sur laquelle poussent çà et là quelques chênes étêtés: c'est le tumulus de la Guesne. La circonférence de ce tertre est d'environ 100 mètres; là, sous un fouillis de ronces et de broussailles, nous avons trouvé une allée couverte, orientée nord-ouest, sud-est, et dont la longueur totale est de 16 mètres.

La première pierre en partant du sud-est est debout

sur le versant de la butte et semble former de ce côté la clôture de la galerie. La première table, placée obliquement par rapport à l'axe de l'allée, mesure 1 m. 20 de long sur 1 m. 32 de large. La troisième mesure 1 m. 65 sur 70 c. ; deux supports à gauche et à droite. La quatrième, de 1 m. 40 sur 95 c., est soutenue par deux montants.

La sixième table mesure 1 m. 45 sur 90 c.; entre la quatrième et la sixième, un bloc abattu et couché sur le côté devait former la cinquième table du monument. La septième table est posée sur deux supports : sa longueur est de 1 m. 75 et sa largeur de 80 c.

Puis viennent deux montants parallèles, sans table. La huitième pierre couvertière n'a qu'un seul support; elle mesure 1 m. 55 sur 1 m. 15 ; enfin, une neuvième pierre, posée sur le sol, ferme l'autre extrémité de la galerie; elle est placée de biais comme celle de l'autre côté, mais dans le sens opposé.

En somme, huit tables et treize supports composent ce monument.

Les tables de cette galerie, au lieu de se toucher pour former le toit, sont au contraire largement séparées ; la moyenne des intervalles entre les travées est de 75 c. Cette disposition, jointe à l'étroitesse des tables et au peu d'élévation des montants, donne à la galerie l'aspect d'une rangée de bancs en pierre, alignés dans le sens de leur largeur. C'est bien là un de ces monuments grossiers, composés de matériaux mal choisis et mal disposés, comme nous en avons vu de nombreux exemples de ce côté de la Brière.

Les fouilles, ou plutôt les sondages que nous avons faits au tumulus de la Guesne, ne nous ont donné aucun résultat intéressant. Des haches en pierre polie ont été trouvées précédemment sous ces roches.

A 2 ou 300 mètres de là, les magnifiques trouvailles de bronze du Pont de la Guesne.

En descendant vers le sud, juste en face de la croisée des routes de Montoir et de Donges, on trouve, à 1,500 m. vers l'ouest, la propriété du Bois-Rouaud. Près de là sont les pierres du Haut-Rouaud, qui nous ont été signalées par M. Kerviler; je les cite donc rapidement sans crainte d'être incomplet, car je les laisse en bonnes mains.

La Petite Pierre.

Cette pierre est un large plateau de granit et ressemble à une table de dolmen; mais bien qu'un peu soulevée de terre, on n'aperçoit dessous aucun support. Elle mesure 5 m. 30 de long sur 2 m. 40 de large et 1 m. 20 d'épaisseur. A la surface, quelques rangées de cupules alignées, dont le diamètre va en augmentant progressivement. Cette pierre occupe les nos 46-51, section N de Canzac.

La Grosse Pierre, ncs 73-76, section N de Canzac. (1re feuille.)

A 150 mètres plus à l'ouest, une série de blocs, les uns couchés, les autres debout, forment un ensemble difficile à déterminer. Toutefois, en regardant du sommet de la plus longue pierre (3 m. 15 sur 1 m. 05), on peut, avec beaucoup de bonne volonté, retrouver là comme une sorte de cromlech détruit, entourant un menhir abattu. Je comptais bien garder pour moi cette opinion très risquée, mais en cherchant au cadastre le numéro occupé par ce monument, je vis qu'il portait le nom significatif de la *Couronne.* De plus, les gens du pays désignent sous le nom de Petites Pierres la plus grande de ces roches, l'énorme table du bas de la pièce, tandis qu'au contraire, ils nomment la Grande Pierre les blocs beaucoup plus petits que nous essayons de classer. Cette antithèse est si frappante que je me fis répéter plusieurs fois ces noms, croyant toujours que nos bonnes gens se trompaient. Malgré tout, je marquerai de plusieurs points de doute le cromlech en question.

☁ *Tumulus de la Garenne.*

Un troisième monument se trouve presque dans le prolongement de la ligne des deux autres, c'est le tumulus du Bois-Joubert, désigné au cadastre sous le nom du tertre de la Garenne, section N de Canzac, n° 34. Il occupe le sommet d'une pièce buttée au-dessus des marais ; sa forme est difficile à saisir, l'inclinaison du terrain venant se confondre avec les pentes du tumulus. Il mesure approximativement 20 m. de diamètre et 2 m. 50 d'élévation. Des fouilles ont été faites sur ce point, il y a quelques années, par Mme F.; des poteries et divers objets ont été recueillis dans ces fouilles. Une de ces poteries est décorée de dessins en dents de loup.

Le puits pratiqué au sommet montre la composition de cette butte : des terres noirâtres mélangées de quelques pierres de faible dimension. Mais, dans la partie est, un fossé est venu couper un quart environ du tumulus, et ce travail a mis à jour deux pierres dont l'une est encore debout comme un menhir et mesure 1 m. 16 de haut ; la seconde est abattue et longue de 1 m. 53. Le cultivateur qui a pratiqué cette coupure pour égaliser le bord de son champ, nous dit avoir remarqué des pierres couchées horizontalement, supportées par d'autres debout et formant à peu près comme ces conduits qui servent de ponts entre les routes et les pièces (vu en octobre 1879). Ce tumulus pouvait donc avoir plusieurs chambres sépulcrales.

Un joli celt en roche verte et serpentineuse, trouvé dans les terres du tumulus, nous a été cédé par un paysan du village voisin.

Δ *Menhir de Condé*, la Galoche de Gargantua, section 4, dite de Tréveneuc.

A l'ouest de la route de Donges à Crossac, presqu'en face de la terre de la Loirie, se trouvent les maisons de Condé. A quelques cents mètres au nord de ces maisons s'étend une vaste gagnerie, bordée en côté par des bas-fonds. (Pièces n°s 370-72 de section L.) On aperçoit de loin un superbe menhir piqué dans ce champ; au sommet, il est divisé en trois mamelons arrondis et bien détachés; sa hauteur est de 3 m. 47; il est large de 1 m. 50 de l'est à l'ouest et son épaisseur est de 46 c. Granit à gros grains. La pièce de terre porte le nom de Gagnerie de la Rochette. (Vu le 28 septembre 1879.)

Tumulus des Pierres.

☐ Un peu après la borne III, à gauche de la route de Besné, on aperçoit une agglomération de roches sur le sommet d'une petite éminence située tout à l'extrémité d'une gagnerie. Là, parmi les blocs dispersés et les matériaux d'une carrière, nous avons retrouvé les débris d'une allée couverte, en partie exploitée pour l'entretien d'une route. Par bonheur, cette carrière a récemment changé de maître ; acquise par M. Hardy, elle dépend actuellement du domaine de la Lande et n'est plus ouverte que pour les archéologues. Le 22 septembre 1879, nous commencions à déblayer l'intérieur de cette ruine : ce travail mit à découvert une série de compartiments carrés formant la croix, et dont les parois étaient marquées çà et là par des supports presque tous privés de leur table. Au sud et à l'ouest, deux dolmens terminent encore le chevet et le bras gauche du monument. La première de ces tables mesure 2 m. 20 sur 90 c. d'épaisseur ; elle est soutenue par trois supports, deux à l'est, un à l'ouest, dont l'écart intérieur donne 80 c. dans le haut, et 1 m. 20 dans le bas. Le premier des supports de gauche mesure 60 c., le second 45 c. ; le montant de l'ouest a 70 c. de large. La hauteur totale de cette chambre déblayée des couches de terre entassées à l'intérieur est de 90 c.

Le dolmen de l'est est composé d'un quartier de roche arrondie, d'une pesanteur formidable. Cette masse énorme reposait sur des montants assez grêles qui ont fléchi mais tiennent encore la roche un peu soulevée, de façon à permettre de fouiller la partie qu'elle recouvre. La troisième table se trouvait à la croisée des chambres; elle a été jetée à bas en 1878; ses dimensions sont de 2 m. 10 sur 1 m. 20.

A première vue, cette construction semble d'une barbarie toute primitive : d'énormes roches aussi épaisses que larges, et qui certes n'auraient jamais dû quitter la terre, sont soutenues en l'air par de maigres piquets de granit : une chaloupe retournée et enfoncée sur ses mâts donne à peu près le profil de cette superposition. Cependant, un examen plus attentif nous force à reconnaître un certain mérite architectural dans l'agencement de ces pierres. Evidemment les matériaux sont mal choisis, mais c'étaient peut-être les seuls dont on pouvait disposer. Là, comme dans le dolmen de la Roche, le problème à résoudre consistait à faire tenir une charge énorme sur deux points d'appui assez faibles ; pour arriver à ce résultat, nos constructeurs ont posé obliquement leurs montants, de façon à les rapprocher au sommet en les contrebutant l'un par l'autre ; de plus, ils les ont placés très près du centre de la table, évitant de cette manière le roulement qui se serait inévitablement produit si les supports avaient été plus distancés, comme dans les dolmens ordinaires. Cette disposition laissait déborder largement de chaque côté la pierre couvertière, ce qui permettait d'étayer ses bords par un blocage en pierres sèches, qui soutenait ainsi une partie de la pesée et maintenait fortement en place les montants intérieurs. Enfin, dernière précaution, une couche compacte et résistante montait jusqu'aux deux tiers de la hauteur du monument, laissant tout au plus 40 c. de passage entre le plafond des couvertures et le niveau de ce remplissage. Aussi tous les objets que nous avons recueillis se trouvaient très au-dessus du sol, vers le milieu de la hauteur des montants.

En commençant par le côté ouest, nous avons trouvé, dans le compartiment formé par ces pierres, un couteau

Tumulus et allèe couverte de la Roche (Donges) vue et plan.

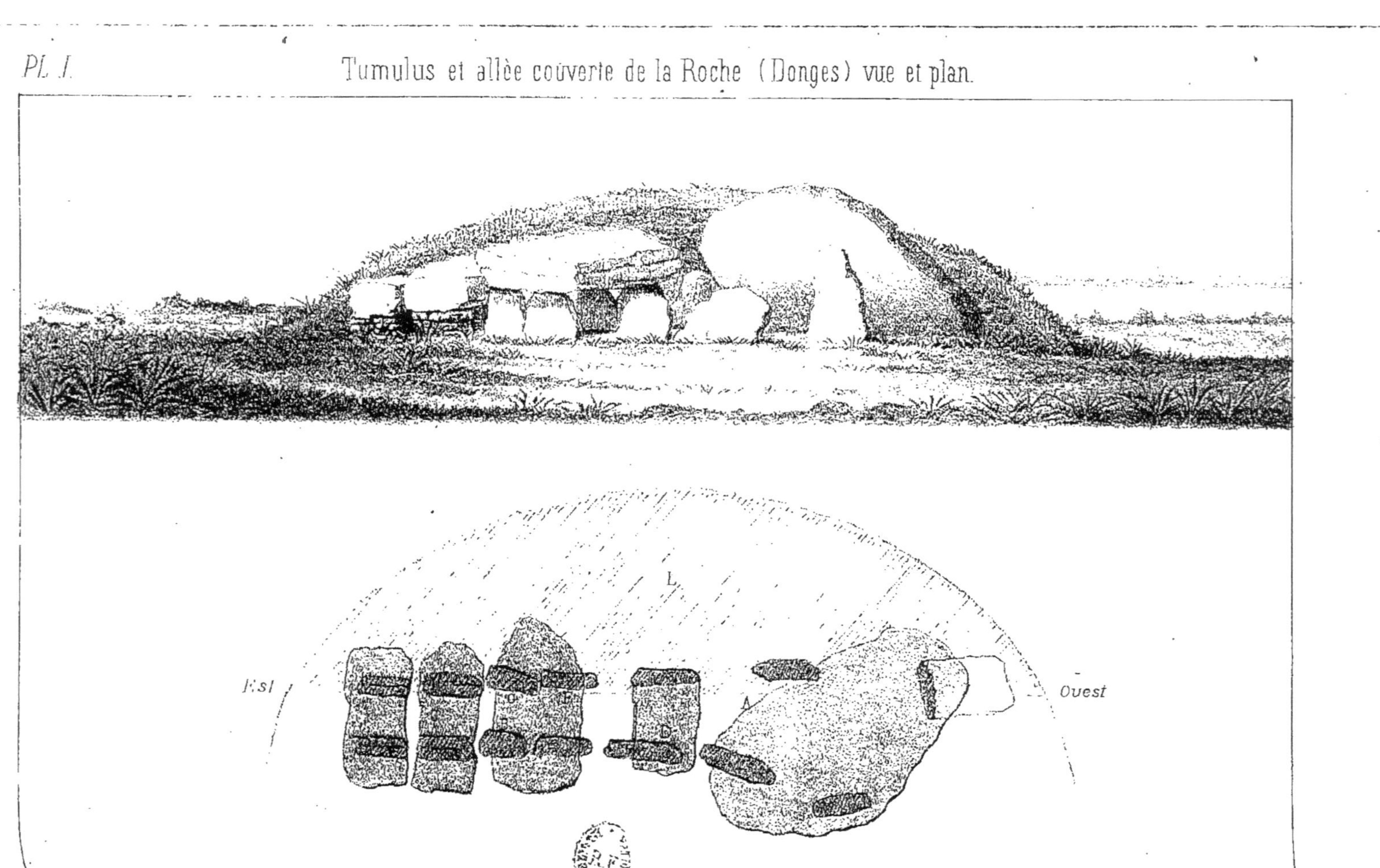

en silex translucide jaune, de 105 $^{m/m}$ de long, uni à la partie convexe et largement éclaté sur le dessus.

Puis, à un mètre environ plus à l'est, une pierre en grès dur dont la forme et les aspérités rugueuses rappellent assez la coquille d'un oursin ; elle mesure 9 c. de diamètre sur 5 c. 1/2 de haut ; c'est une sorte de molette ou de broyeur.

Entre les pierres qui forment la partie nord du dolmen, une petite rondelle en terre cuite de couleur rouge, mesurant 34 $^{m/m}$ de diamètre sur 8 $^{m/m}$ d'épaisseur et percée au centre d'un trou de 7 $^{m/m}$. On désigne habituellement ces disques sous le nom de fusaïoles ou pesons de fuseau, et l'on suppose qu'ils servaient de volants pour faire tourner les fuseaux des fileuses préhistoriques ; mais ces rondelles n'ont certainement pas assez de poids pour cela.

Un très beau percuteur en quartz orangé, entouré d'une couronne de petits éclats qui témoigne d'un long usage, 85 $^{m/m}$ de diamètre.

Un polissoir en grès, très usé.

Les fragments d'un vase mince, en terre rougeâtre, très uni, et dont le bord est replié à l'intérieur.

Un grand couteau en silex noir, de 13 c. de long sur 3 c. 5 de large ; il était collé en côté d'un montant. C'est, du reste, la place habituelle des pièces de ce genre.

Les débris d'un vase en terre rouge marqué de traces de feu ; un autre fragment avec des dessins sigillés. Une moitié de rondelle semblable à la première.

Des silex éclatés.

Un galet très allongé et une dent de cheval.

Une amulette en pierre polie percée d'un petit trou sur un côté seulement ; elle est en quartz blanc veiné de noir, marbré et brillant comme les galets de Préfailles.

⊓ *Tumulus de la Roche*. Section I de Trélagot, n° 1301 et suivants.

En suivant la route qui conduit au château de Martigné,

on trouve une vaste gagnerie au milieu de laquelle s'élève le moulin Prieur. Presqu'en face de ce moulin, sur la gauche de la route, se trouve une butte de terre coupée dans la longueur par une rangée de pierres inégalement disposées; à l'ouest, une large pierre plate posée de travers sur un montant mesure 4 m. 10 sur 3 m.; elle forme la couverture de la chambre; 3 autres tables de moindres dimensions alignées dans le prolongement de celle-ci complètent la galerie.

Au mois d'août 1879, nous avons fouillé cette allée couverte (G. et P. de Lisle, voir tome XX du bulletin). Dans le fond, sous une couche de pierre et de terreau, se trouvait une épaisseur de 30 à 40 c. d'une terre ocreuse, sèche et compacte ; puis une argile jaune pâle étendue dans toute la longueur du monument formait l'aire de ce tombeau.

Du côté de la crypte, dans l'épaisseur du mortier rapporté, se trouvait un vase en pâte grossière inégalement poli à la main et très brisé. Auprès, un grand vase en forme de tulipe, orné de dessins en dents de loup, avec des incrustations d'une pâte blanche, assez semblable au gypse (fig. I pl. II). Puis une très jolie pendeloque triangulaire en agate, d'un poli et d'une transparence admirables. Une rainure éclatée servait à maintenir un cordon pour suspendre cette amulette ; arrondie sur deux de ses côtés comme le tranchant des haches de pierre, elle est coupée à angle droit sur l'autre face et les bords en ont été adoucis par des facettes taillées en biseau. Près de là, un couteau en silex de 12 c. sur 3 bien coupant et présentant trois méplats grossièrement détachés de la partie supérieure et un seul éclat sur l'autre face.

Sous un des supports de la partie nord, un vase en terre noire, très bizarre de forme (fig. 5 pl. II); en coupe, ses bords présentent deux angles bien accusés, l'un rentrant, l'autre sortant. Il est orné de grands carreaux en damier

formés de compartiments pointillés sur un fond uni (fig. 5,
pl. II).

Sous la deuxième table de la galerie, une pierre en forme
de coin, polie et usée par le frottement, percée de 2 trous
de 22 m. sur 04 c. de profondeur. C'est une sorte de polissoir en granit, et les trous ronds placés en face l'un de
l'autre devaient servir à le retenir en main (fig. 2, pl. II).

Dans l'étroit passage entre les supports et la table de la
seconde travée, un couteau en silex translucide taillé à
arête vive sur le dessus.

Près de cette lame, un vase en forme de calice, d'une
terre rouge et lustrée, orné de cinq bandes de dessins alternés. Ces dessins paraissent faits à l'aide d'une bande
de tissu végétal appliqué sur la terre (voir pl. II, fig. III).
Ce vase est d'une parfaite conservation.

Sous la troisième table, les fragments d'un vase de
grandes dimensions et portant des rayures profondes, horizontalement tracées.

Plus loin, sous la dernière table, une énorme jatte en
terre poreuse et mal cuite.

Çà et là de nombreux débris de charbons, des morceaux
de poterie et des éclats de silex. Dans les terres du tumulus,
un fragment de poterie samienne. (*Voir fouilles du tumulus
de la Roche. Société archéologique, 1881.*)

Les Pierres du Carrelet.

△△ D Dans la gagnerie où se trouve le tumulus de la
Roche, deux pierres de granit de près de 3 mètres de long
et carrées de forme sont abattues parallèlement. Elles sont
indiquées comme menhirs par M. Verger.

⊓⊐ D Une autre pierre couchée à plat sur le sol et
située à 3 kil. à l'est de Donges, dans les marais du Gué,
est signalée par le même auteur, comme provenant d'un
dolmen ruiné.

⊓ *Dolmen de la Vacherie.*

Avant d'arriver à la station de Donges, les voyageurs qui

suivent la ligne de Saint-Nazaire à Savenay, aperçoivent au bord de la voie une énorme pierre soulevée comme une trappe et appuyée sur des montants placés de biais. C'est le dolmen de la Vacherie séparé maintenant de son menhir que nous retrouverons un peu plus loin.

Les palissades du chemin de fer entourent ce dolmen d'une double haie de pieux aigus, et aux deux bouts de ce parc, des cantonniers et des garde-barrières surveillent attentivement le ruban de sable confié à leurs soins. Aussi ce monument est-il connu seulement de vue par les voyageurs du train de Saint-Nazaire, et bien peu, je crois, ont eu le privilège d'en approcher.

Fouilles du dolmen de la Vacherie, octobre 1879.

Après bien des démarches, on nous permit d'aller, sous bonne escorte, mesurer et dessiner dans sa cage ce géant abattu. Puis, la bienveillance administrative augmentant, nous commençâmes, le 3 octobre 1879, les fouilles de ce tombeau mégalithique. Le monument de la Vacherie se compose d'une énorme table de granit très unie à la face intérieure et d'une épaisseur moyenne de 60 c. ; elle mesure 4 m. 67 c. en longueur et 2 m. 65 c. vers le milieu de sa largeur ; un montant vertical, haut de 1 m. 90, supporte à l'ouest le bord de cette pierre dont l'extrémité opposée s'appuie sur le sol. En déblayant les alentours de cette gigantesque trappe, nous avons retrouvé deux autres montants au nord et au sud ; l'un d'eux, aplati et court, est renversé sous le bord de la table ; l'autre, allongé comme un menhir et rejeté en dehors, traverse le fossé qui borde intérieurement la voie ferrée. Evidemment, ce grand dolmen n'est que la chambre d'un monument funéraire, autrefois précédé d'une allée couverte ; mais les traces de cette galerie ont complètement disparu.

La première couche de terre contenait un mélange de charbon et de poteries récentes dont nous avons bientôt connu l'origine : lors des travaux de construction du chemin de fer, une cantine avait été installée sous le dolmen, et ces débris provenaient de cette occupation provisoire. Au-dessous de ces terres, à une profondeur de 40 c. environ, se rencontrait une couche sableuse et compacte qui semblait formée de parcelles de granit désagrégé. Lorsque nous eûmes brisé cette croûte, les terres apparurent mélangées çà et là de traces de charbon ; puis des poteries brisées d'une pâte grossière et semées de grains de quartz, l'une d'elles marquée sur le bord d'une série de coches faites avec le doigt ; des silex translucides taillés en éclats allongés et recouverts d'une couche de cachalong assez épaisse.

Une hache-marteau, en diorite verte, percée d'un trou d'emmanchement et très svelte de forme. Les deux côtés de cette hache sont évidés entre la pointe et le centre, de façon à ménager de l'épaisseur autour du manche tout en donnant plus de pénétration au tranchant. Les faces supérieures et inférieures présentent aussi deux rainures allongées tracées dans l'axe de la pierre. Pour obtenir le trou central, on a creusé de chaque côté de la pierre deux cavités qui se sont rejointes vers le centre et forment ainsi deux cônes renversés se pénétrant l'un l'autre. Le centre de cette douille ne mesure que 17 $^{m}/^{m}$, tandis que le diamètre extérieur dépasse 3 c.; la hache est brisée par le milieu et épointée. (Voir fig. 4, pl. II.)

Un peu au-dessous de cette hache-marteau, nous avons recueilli un morceau de phyllade, marqué de rayures obliques.

En dehors de ces objets, nous n'avons plus trouvé que des fragments de poteries plus récentes, entre autres un goulot d'amphore romaine en terre jaune. Du reste, ce mélange d'objets romains ne nous surprit que médiocrement : déjà, en 1850, on avait trouvé sous cette pierre une pièce d'or à l'effigie d'Antonin. (C[tion] de M. Anthime Ménard.)

Tel est le contenu et le contenant de ce dolmen. Il est assez étonnant et surtout très heureux que cette pierre soit restée debout sur le passage du chemin de fer ; comment le dragon rouge, stigmatisé par Brizeux, a-t-il épargné ce vieux tombeau ? C'est que, doublement favorisé, il avait pour maître un éloquent défenseur, M. Anthime Ménard, et pour adversaire un conservateur sincère, M. E. La Peyrade.

Naguère, on classait ce monument dans la catégorie surannée des demi-dolmens ; en réalité, ce n'est qu'un dolmen à demi ruiné. Cette classe de mégalithes, vigoureusement battue en brèche dans nos annales par le savant W. Luckis, est maintenant tombée en désuétude. C'est une mesure trop radicale : il y a des *demi-dolmens* qui n'ont jamais été des dolmens entiers, et j'en ai signalé quelques-uns dans une brochure ayant pour titre la *Bretagne primitive* (Saint-Brieuc, 1882).

Menhir de la Vacherie. — La Galoche de Gargantua.

Δ. Au moment où le train venant de Savenay se ralentit pour arriver à la station de Donges, on aperçoit sur la gauche un grand menhir piqué dans la prairie qui borde la Loire. Cette pierre se reliait sans doute au dolmen de la Vacherie que nous venons de décrire, et qui en est maintenant séparé par la voie.

On voit souvent, du moins en Bretagne, des menhirs plantés en avant des tumulus, comme une sentinelle immobile veillant à la porte d'un tombeau. Ces aiguilles de pierre, dont la pointe montre le ciel, devaient rappeler aux vivants le chemin que la mort ouvre à l'âme immortelle. Un usage semblable s'est conservé dans nos cimetières bretons, où l'on voit des peulvens grossièrement taillés, des lechs placés auprès des tombes chrétiennes, comme les menhirs anciens auprès des dolmens.

La hauteur de cette pierre est de 4 m. 75 ; elle est large de 1 m. 60, à hauteur d'homme et épaisse de 48 c. du côté de l'est. Elle a été creusée au sommet comme par un trou de mine et cette rainure était destinée à recevoir la base d'une croix en fer qui fut brisée par la foudre, en 1780, au rapport d'Ogée. Un fragment cassé en biseau est abattu à ses pieds.

Pendant que je prenais les mesures de cette belle aiguille de granit, un paysan me conta que dans le pays on appelait cette pierre la Galoche de Gargantua, et « qu'autre-« fois la grosse roche arrondie et plate qui recouvre le « dolmen de la Vacherie était posée sur la galoche et lui « servait de pièce. Mais il advint qu'un jour, Gargantua « qui était au pays de Retz avisa de l'autre rive cette gi-« gantesque amusette et se mit en devoir de l'abattre. Il « prit pour cela ses palets, qui sont des meules en pierre « de grison, trois fois grosses et lourdes comme nos meules « de moulins, et les fit voler par-dessus la grande lieue « d'eau saumâtre, qui coule en cet endroit. S'ils tombèrent « croix ou pile, on n'en sait rien encore, mais un fait bien « certain, c'est qu'au dernier coup la pièce fut enlevée de « dessus la galoche, puisqu'on la voit maintenant juste à « l'endroit où elle est tombée ». D'après la légende du pays, toutes les tables des dolmens que nous avons retrouvées çà et là ne sont que les palets égarés du grand jeu de Gargantua. Près de la route de Saint-Joachim, on voit une pierre qui est connue sous le nom de la Gamelle de Gargantua.

△ D *Menhir de la Pierre. Section 6.*

A 3 kilomètres à l'est de Donges, sur le chemin de Savenay, se trouve la chapelle Bonne-Nouvelle, et, en face, les pièces du village de la Pierre. Un de ces champs porte le nom très significatif de la Roche-Levée (au cadastre n° 1176 de la section de la Mégretais); là se trouvait, il y a 30 ou 35 ans, une pierre debout, de près de six pieds de haut et dont la place m'a été montrée par un habitant des maisons voisines, le sieur Danet, qui se rappelait parfaitement ce menhir (juin 1878).

Quelques haches en pierre polie trouvées aux environs nous ont été cédées par l'entremise de M. A. Viaud.

Dolmens de Bargonet, près de la butte de Sem, section E d'Erun.

☐☐ D Ces dolmens ont été signalés d'abord par Ogée, qui indique près de Sem « plusieurs grosses pierres soutenues par d'autres » et destinées à la sépulture des chefs. Nous les retrouvons aussi dans les études de M. Verger sur le département : deux dolmens situés dans la gagnerie de Bargonet, près de la butte de Sem. Mais nous ne les retrouvons plus sur le terrain parce qu'ils ont été brisés et exploités de 1834 à 1835.

◇ La butte de Sem est à 4 kil. 500 au nord-est de Donges ; nous avons trouvé sur le sommet de la butte et les versants de l'ouest de nombreux éclats de silex dont beaucoup portent les traces d'un travail intentionnel ; les uns sont taillés en couteaux, d'autres en pointes, d'autres en grattoirs. Ce sont pour la plupart des fragments enlevés sur des rognons de jaspe qui se trouvent en grand nombre sur cette butte. Quelques-uns cependant, translucides et recouverts d'une patine blanche, ressemblent davantage aux silex crétacés des stations de Saint-Géréon et de la Varenne, et appartiennent au type du Moustier.

△ Près de là, nous avons recueilli une hache polie, de 72 $^m/_m$, en diorite, noire (village de la Sensie).

Quatre autres avaient été trouvées peu de jours avant par des ouvriers qui travaillaient au terrassement de la nouvelle route de Prinquiau, qui vient entamer la butte de Sem ; malheureusement elles avaient été recouvertes par des remblais et il nous fut impossible de les retrouver ; à l'autre bout de la butte, à Gaverly, un petit celt en pierre grise, chez le fermier David ; un autre plus grand avait été recueilli par le même près de la taille du Perron.

Menhir d'Erun.

Λ D Le côté sud de cette pointe est très découpé sur

les bords et semé çà et là de grosses roches. Nous indiquerons seulement une longue pierre de granit semblable à un menhir abattu (nᵒˢ 551-552 de la section E d'Erun). Elle mesure 5 m. 75 de long sur 1 m. 45 de large et 90 c. d'épaisseur ; elle est terminée par une meule en granit de 60 c. de diamètre sur 27 c. d'épaisseur ; cette meule est presque entièrement détachée et forme comme la tête un peu inclinée de ce géant.

A Er, un rocher porte l'empreinte des meules qui ont été détachées du granit ; d'autres sont seulement tracées sur la pierre.

⌐⌐ D ? Un peu au sud de l'embranchement de la route de Besné, le chemin de grande communication nᵒ 4 (de Donges à la Roche-Bernard) laisse à l'est une gagnerie située en face du village de l'Angle-Moisan. A l'extrémité de cette pièce de terre, nous avons vu, sur un tertre couvert de ronces et d'arbres rabougris, sept blocs de pierre dont une table à demi soulevée et appuyée sur des roches debout. Le plus grand de ces blocs mesure 1 m. 70 sur 1 m. 30 ; près de celui-ci, une autre pierre de 1 m. 62 sur 80 c. (1ᵉʳ février 1880).

Au cadastre, ce champ porte le nᵒ 657 de la section C de Redureau.

Un lech a été signalé en cette commune, près du village du Souchay. Un monument du même genre existait autrefois en St-Sébastien et avait été indiqué par M. Bizeul.

DÉCOUVERTES DE HACHES EN PIERRE.

44 △ Dans nos excursions sur la commune de Donges (1878-1882), nous avons recueilli 44 haches en pierre, la plupart trouvées dans les terres par des cultivateurs.

1. Hache-marteau trouvée à la Loirie, en face du dolmen des Pierres. Longueur, 10 c. 5. Le frappoir est légèrement élargi comme le bouton des haches à tête. Le trou destiné

à recevoir le manche a été creusé de chaque côté à la fois, et cela à l'aide d'un outil arrondi ; ce travail n'ayant pas été terminé, il reste au centre une épaisseur de quelques millimètres et les deux cavités sont arrondies comme les valves d'un moule à balles.

2. Autre hache du même genre, mais à double tranchant et sans trou ; longueur, 13 c. Même provenance.

3. Fragment d'une autre hache-marteau de plus grandes dimensions ; épaisseur, 5 c.

4. Très belle hache-marteau brisée par le milieu ; elle est en diorite, jaspée de grains noirs et jaunes, et d'un beau poli. Le marteau s'élargit dans tous les sens. Cette pièce est aussi parfaite d'exécution qu'un objet fondu en métal. Provenance : la Ferdonnais.

5. Nous avons eu de Donges une cinquième hache-marteau, celle du dolmen de la Vacherie, citée précédemment.

6. Hache en roche serpentineuse verte, veinée de marbrures plus foncées. Longueur, 9 c.; provenance : Canzac.

7. Polissoir, formé d'une hache ordinaire avec le tranchant remplacé par une surface droite et bien polie ; longueur, 7 c.; même provenance.

8. Hache en diorite; longueur 7 c.; provenance : la Censive.

9. Hache en diorite ; longueur, 7 c. 5 ; provenance : Revin.

10. Hache en diorite ; longueur, 11 c.; provenance : Revin·

11. Hache en diorite ; longueur, 9 c. ; provenance : la Gravière.

12. Hache en diorite ; longueur, 9 c. ; provenance : la Ferdonnais.

13. Hache en aphanite ; longueur, 6 c.; provenance : tumulus de la Guesne.

14. Hache en diorite ; longueur, 11 c. 5 ; provenance : l'Angle-Moisan.

15. Hache en diorite ; longueur, 8 c.; provenance : le Moulin-Prieur.

16. Hache en diorite ; longueur, 9 c. 5 ; provenance : Donges.

17. Hache en diorite ; longueur, 8 c. 5 ; provenance : la Gravière.

18. Hache en diorite ; longueur, 8 c. ; provenance : le Bois-aux-Moines.

19. Hache en eurite ; longueur, 14 c. ; provenance : l'Angle-Moisan.

20. Hache en diorite ; longueur, 10, c. ; provenance : Tumulus de la Roche.

21. Hache en aphanite ; longueur, 11 c. ; provenance : Tréveneuc.

22. Hache brisée, côté du tranchant ; la Locheraie.

23. Hache en diorite, aplanie sur les côtés et le tranchant ; longueur, 10 c. ; provenance : Er.

24. Galet arrondi d'un côté et bien aiguisé au tranchant ; longueur, 10 m. 5 ; trouvé près du village de Billy, par le sieur Turquaud.

25. Hache en diorite, de 8 m. 5 ; même provenance.

26. Hache à large tranchant ; longueur, 9 c. ; trouvée à la Loirie.

27. Hache en diorite verdâtre, brisée ; même provenance.

28. Moitié de hache en roche d'un vert pâle, fibreuse et strillée de rayures plus foncées.

29. Très jolie hache, brisée par le milieu ; provenance : le Haut-Village.

30. Hache en petro-silex, pointe brisée ; provenance : la Charpentrais.

31. Hache en diorite ; provenance : Donges.

32. Hache en diorite, trouvée à Trélagot par le sieur Evin.

33. Hache en diorite, de 18 c. de long ; trouvée à la Gravière en 1879, par le sieur Balé.

34. Onze haches plus ou moins entières trouvées en septembre 1882 (collection G. P. de Lisle).

BRONZES.

Près du village de la Guesne, on a découvert à plusieurs reprises de très beaux objets en bronze. Le cours d'eau du Brivet qui forme la limite de Donges se trouvant à cet endroit entièrement compris dans la commune de Crossac, j'ai dû inscrire au nom de cette dernière commune les épées et les différentes pièces qui ont été draguées là.

Une découverte très intéressante a été faite près de là, à l'est de la Guesne. Une masse d'objets en bronze, des poignards, des rasoirs, une sorte de scie, etc., etc., ont été trouvés enfouis sous terre dans une cachette ; l'ensemble de ces pièces remplissait une jède ou panier à pain.

Nous avons eu de ce lot un petit poignard à soie plate et échancrée de deux encoches arrondies. Un rasoir dont le pied est terminé par une boucle; longueur, 13 c. Un autre rasoir brisé, côté de la lame.

M. Andouard, professeur de chimie à l'Hôtel-Dieu, a bien voulu nous analyser le bronze d'un de ces rasoirs. Il contient une très faible dose d'étain et pas de plomb ou des traces seulement.

Une magnifique épingle de bronze, longue de 21 c. et surmontée d'une plaque creuse destinée à recevoir une pierre, a été trouvée à 1 kil. du pont d'Er, par le sieur N... du village d'Er (G. de Lisle. 1879).

Une épée trouvée, en 1823, par des ouvriers occupés à creuser un canal. Elle était recouverte par une épaisseur de près de 2 m. de tourbe. Cette épée, reproduite dans le lycée armoricain, mesure 52 c. de long, mais elle est brisée vers le milieu de la poignée. Collection Transon, vendue et dispersée en 1847.

Une autre épée provenant des marais de Donges est déposée au musée archéologique de Nantes ; elle mesure 53 c. 5 de long ; six trous de rivets (3-3) sont percés à la base de la lame ; la soie plate et fuselée de forme est entourée d'un rebord saillant. Elle est évidée au centre par une rainure rectangulaire.

△ Une hache en bronze, de la forme dite à talon, a été trouvée, il y a peu d'années, aux environs du pont d'Er.

△ Une très belle pointe de lance en bronze, de plus de 30 c. de long. C^{tion} de M. C. Seidler.

Période romaine.

◇ Station romaine. — Le 10 mars 1881, j'ai trouvé, près des fermes du Tertre, à 3 kil. au nord-est de Donges, les débris d'une station romaine; sur plusieurs hectares de terre, au nord des maisons, le sol est jonché de briques à rebords, de tuiles brisées et de fragments de fines poteries en terre samienne.

○ Un cultivateur des environs du château d'Er (à l'ouest de la commune de Besné, tout à l'extrémité de la commune de Donges) a trouvé en 1871 une masse de monnaies romaines dont quelques-unes nous ont été remises.

L'ensemble de cette découverte se compose de monnaies de cuivre, la plupart des Gallien, Posthume, Victorinus et Claude. Parmi ces pièces, quelques-unes d'un plus grand modèle ont été remises à M. de Fleuriot, propriétaire du terrain. Enfin, dans la même trouvaille se trouvait une pièce à l'effigie de César, et une autre au type de Constantin I, soit une différence de date de plus de trois siècles.

Une monnaie de Valentinien II a été trouvée à Donges par M. Stéphane Halgan.

⌒ Un peu à l'ouest de l'église de Donges se trouve une motte ou éminence factice de 12 mètres de haut environ. Elle est presque complètement masquée par les maisons du bourg; on ne l'entrevoit que par une petite porte toujours soigneusement fermée à clef. Un calvaire a été planté sur cette butte il n'y a pas encore très longtemps.

⊔ A Er, des sarcophages en pierre dans la cour de l'ancienne abbaye.

△ Les travaux exécutés par la compagnie d'Orléans entre Savenay et Donges ont mis à découvert de grandes amphores romaines ; l'une d'elles est placée au musée de Nantes.

Section A. La Grée de la Bosse, la Grée de la Forgère, les Pierres-Longues, le Pont-des-Roches, la Combe, la Bussonais, le Rocher.

Section B. La Chaussée, le Cercueil.

Section C. Le Rocher, les Tanières, la Chaussée.

Section D. Le Tertre, le Pré-du-Trou, la Levée, le Tertre-Marin, le Rocher, la Grée, la Chaussée, la Cave.

Section E. Les Rochettes, l'Islette, le Perron.

Section G. La Bataille, la Jolie, le Tertre, le Haut-Tertre, la Pierre de la Loge, le Trésor, le champ de la Roche-Levée.

Section I. Vigne de la Pierre-Blanche, le Tertre-Gautier, la Poliette, les Rochettes, Triage de la Mort, les Caves, le Tertre.

Section L. Les Rochettes, le Tertre.

Section M. Les Pierres, le Rochereau, les Petites-Pierres, le Grand-Tertre, les Bossènes.

Section N. La Grosse-Pierre, la Roche, la Couronne, la Petite-Pierre, la Chaussée.

DREFFÉAC

△ M. Athénas, dans ses notes manuscrites, consigne la découverte de haches en pierre dans la commune de Drefféac.

△ Une hache en serpentine, trouvée dans le marais du Haut-Brivet, fait partie de la collection minéralogique du musée d'histoire naturelle de Nantes.

ESCOUBLAC

Les Pierres de Trévéday.

⬜ Ces pierres sont cachées sous un bois-taillis ; pour les trouver, de minutieuses indications sont, je crois, nécessaires. — A 2 kilomètres d'Escoublac, entre la borne 76 et la borne 77 de la route de Guérande, on voit, sur la droite, la métairie de Kerquesso et un peu plus au nord, les maisons de ferme du Boischevalier.

En partant de ces maisons, on suit un sentier qui se dirige à travers champs vers l'ouest et vient aboutir (à 200 mètres de la ferme) à une claie ouvrant sur un chemin creux. Il faut traverser le chemin et entrer dans le taillis ; à dix pas de là, sur la droite, on aperçoit sur la lisière du taillis une large pierre plate fichée en terre, et près d'elle, un autre bloc à demi enfoui sous la mousse.

La pierre debout me semble être un support de dolmen ; elle mesure 2 m. 50 en hauteur sur 1 m. 90 de large, et 45 c. d'épaisseur. La seconde, qui est légèrement soulevée de terre, est longue de 1 m. 76 sur 1 m. environ de large et 45 c. d'épaisseur. A mon avis, ce sont là les débris d'un dolmen. Des traces de cupules se voient sur ces pierres.

⬜ ? Débris de dolmen, signalés à la Grée-Guillaume par M. Kerviler (1877, Ass. bretonne). Je n'ai vu en cet endroit que la roche désignée sous le nom de la *Pierre-David.*

La *Pierre-David.* — Une roche creusée d'un trou rond de 10 c. de profondeur sur 20 c. de diamètre et traversée par une rainure en forme de fente, est connue dans le pays sous le nom de la *Pierre-David.* Elle est sur une hauteur, à 2 kil. au N.-O. du bourg, près de la Grée-Guillaume.

△ Un menhir est signalé en Escoublac dans la liste de la Société d'anthropologie (22 janvier 1880). Je me souviens d'avoir vu en cette commune une pierre debout, piquée au bord d'un chemin très raviné, au sud de la route de Guérande, mais il m'est impossible de préciser sa situation.

La station de Kerquesso où l'on a trouvé des haches en pierre polie, flèches en silex, pesons de fuseau en terre cuite et de nombreux silex travaillés, s'étend sur la limite de Guérande, et nous l'avons indiquée en cette commune.

Découvertes archéologiques. — J'ai vu plus d'une trentaine de haches en pierre recueillies sur le territoire d'Escoublac. M. Martin, instituteur, qui a étudié avec soin les antiquités de cette commune, a recueilli 24 de ces haches; elles sont presque toutes en diorite.

Autre hache en aphanite, d'une forme défectueuse, trouvée à la métairie du Bois. Moitié de hache en silex blanc et hache en diorite, de 7 c. de long, trouvées à Beslon. (Collection G. P. de Lisle.)

Période Gallo-Romaine.

Au champ de la Croix de Brény, un puits de 20 pieds de profondeur, percé dans le granit. On y a trouvé des fragments de verre opaque, des ossements et des cornes de cerf. Ce puits était fermé par une brique d'un mètre carré et très épaisse. (Communication de M. le docteur Foulon, 1868.)

A l'ouest du bourg, à la Grée et à Kerquesso, stations romaines. Poteries, briques et tuiles, fragments de murs romains.

Au sud-est du bourg, beaucoup de localités portent dans leur désignation de ville une trace des villas romaines; ce sont la Ville-Haspot, la Ville-aux-Fèves, la Ville-Joie, la Ville-Massori, la Ville-Halgan. Les briques romaines ne sont pas rares autour de ces points ; à Cuy, où devait passer la voie romaine dont le développement est brusquement tronqué par les dunes, on voit une marzelle de grande dimension, semblable à celles qui recouvrent certains puits funéraires.

Les restes d'une villa gallo-romaine ont été découverts il y a peu d'années près de Portnichet, dans la partie comprise en Escoublac.

Une tour du genre de celles désignées sous le nom de tours à signaux, est située dans une vigne au sud de Cuy ; tout à l'entour, on trouve des débris gallo-romains. (Découverte en août 1871, par G. de Lisle.)

Un retranchement en terre marque la place de l'ancien château du Bois d'Escoublac ; il est à 1 kil. au nord du bourg, près du manoir de la Saudraie. C'est un espace carré de 45 mètres environ de côté, entouré de larges douves et protégé intérieurement par des talus de 3 à 4 mètres de haut. A l'angle nord-est, le rempart est protégé par un petit contrefort extérieur. De grands arbres ont poussé sur les talus gazonnés de ce châtellier, et une chaumière enclose dans l'enceinte fait songer aux habitations fortifiées des anciens chefs de clans ; cette fortification peut remonter à une date plus reculée que celle qu'on lui assigne d'ordinaire. Une hache en pierre polie a été trouvée sur un des talus de l'enceinte.

Dans les dunes d'Escoublac, nous avons vu, en juin 1882, un pan de muraille romane solidement construite avec du ciment et de petites pierres. Près de là, une longue traînée de constructions disjointes et de moellons s'étend dans la direction de l'est. Ces ruines sont au midi d'Escoublac, entre la plus haute dune et la limite des propriétés de l'Etat.

Lieux dits : La Bosse, la Grée, les Maisons-Brûlées, la Masse, la Motte.

FAY

Une voie romaine venant de Blain vers Savenay est

signalée sur la limite de Fay et de Malleville ; un vieux chemin, désigné sous le nom de chemin romain, se voit aux environs de l'Epine. (Dictionnaire d'Ogée.)

Lieux dits : La Pierre, la Roche, le Châtel, la Haie, la Chaussée, la Ville-au-Duc.

FÉGRÉAC

A 3 kilomètres au nord-ouest du bourg de Fégréac et presque au bord du chemin de fer de Redon à Savenay, se trouve la butte Saint-Jacques, élevée de plus de 30 mètres, et qui a été désignée à tort sous le nom de tumulus. C'est un monticule rocheux, en partie exploité comme carrière.

Des substructions romaines, des murs en petit appareil cubique ont été mis à découvert. Tout aux alentours, des poteries, des briques romaines, se trouvent sous les terres, au bas de la butte.

M. Paul du Boischevalier a trouvé sur le sommet de ce monticule la moitié d'un grand couteau de dolmen en silex gris (1882).

La voie romaine de Blain vers Rieux passe au pied de cette butte, puis au village des Pastis. De nombreux débris romains sont signalés sur ce point et à la Rochelle par M. Marteville, qui indique le parcours de cette voie aux villages de la Coquelinaie, du Ménigat et du Pont-de-Flandres, sur la route de la Roche-Bernard. De là, elle se dirige sur l'étang du Boussay en passant près du château du Dréneuc.

Lieux dits : La Rochelle, le Bélion, le Tertre, le Moulin du Châtelet, la Vieille-Ville, la Ville-Berthe, le Perray.

LE GAVRE

La voie romaine de Blain vers Rennes, décrite par M. Bizeul, servait de limite entre la commune de Vay, où

nous l'avons suivie, et celle de Gâvre. A partir du village
de l'Anglechais, au sud du Gâvre, elle est confondue avec
la grande route. Bizeul la retrouve à la sortie de Gâvre,
près du manoir de la Chaussée. « On y voit, nous dit-il, les
vestiges les plus apparents de la voie ; c'est-à-dire une
épaisse stratification de cailloux roulés de quartz, formant
un agger encore convexe. A l'est du village des Rottes, la
voie, en descendant vers le ruisseau sortant de l'étang de
Clégreuc, est, dans une longueur de plus de 300 mètres,
de la plus parfaite conservation. Elle a 24 mètres de largeur entre ses deux contre-fossés, qui en ont eux-mêmes
3 sur 1 d'élévation. Après avoir traversé le ruisseau, la
voie passe à quelques cents mètres à l'est des villages de
Haut et Bas-Luc, se dirigeant toujours au nord et laissant
le bourg de Vay à trois quarts de lieue à l'est. » J'ai inutilement cherché les traces de cette voie au point indiqué
près du Haut-Luc et les gens de ce village n'ont pu me
donner aucun renseignement sur cet ancien chemin. Mais
le travail de Bizeul est de 1844 et, depuis cette époque, la
voie a bien pu s'effacer.

Lieux dits : La Butte-Rossard, la Grée, les Lucs, la Ville-
Neuve, la Rue-Basse, la Chaussée.

GUEMENÉ-PENFAO

△△△ D On m'a indiqué près de Tréguély, sur la rive
gauche du Don, un monument bizarre, composé d'une
longue série de pierres alignées du nord-est au sud-ouest
et connu sous le nom de chasse de Saint-Hubert. Cette
chasse débuche d'un vallon sauvage qui vient briser les
coteaux boisés du Don, au-dessus de l'étang de la Vallée ;
puis elle se lance à travers les landes du Lugançon, les
bois du Luc et du Pont. Le cerf, très en avant de la meute,
est arrivé jusqu'aux bords de l'Isac ; c'est le menhir de
Lan-sé.

J'ai suivi cette chasse fantastique, toujours guidé par les gens du pays qui l'avaient connue autrefois, toujours déçu dans mes recherches, grâce au défrichement des landes.

A Ligançon, M. Grenon, propriétaire, me dit avoir fait détruire une quarantaine de ces mégalithes sur ses métairies, au-dessous du village du Verger. Une partie de ces pierres a été employée à la construction de sa maison.

Plus loin, de l'autre côté du bois du Luc, on m'indiqua, dans la forêt du Pont, un monument formé de plusieurs blocs maintenant brisés, et que les gens du pays appellent la Voiture de la Chasse. Mais revenons à Guémené.

A peu de distance de cet alignement légendaire, on voit une aiguille de rocher de 7 à 8 mètres de haut, qui se dresse à pic au-dessus du ravin de la Vallée. On donne à cette roche le nom de Pierre-de-la-Joante, nom qui rappelle assez celui de la Joance, donné aux voies romaines en Lusanger.

En descendant le ravin qui domine cette roche, on trouve le bel étang de la Vallée, dont les eaux transparentes sont encaissées dans de hautes collines rocheuses et couvertes de bruyères; plus bas, le vallon se resserre et sous un nid de feuillage et de frais gazon les eaux descendent en cascade jusqu'à la rivière du Don. C'est à peu de distance, à l'est de ce point, que se trouvent les pierres de la Fée, auxquelles se rapporte une légende trop étrangère à notre sujet pour que nous la citions ici. D'ailleurs, tout ce coin de terre est fertile en légendes ; les vieux souvenirs doivent être singulièrement tenaces sur ce sol qui voit depuis près de mille ans la même famille se perpétuer, fidèle et pieuse, dans cette terre seigneuriale de Bruc.

Tout à l'extrémité de la commune de Guémené, dans la direction de l'est, se trouve le village de Tahun. Un menhir abattu est signalé en cet endroit par M. Bizeul. C'est un bloc de quartz blanc, de 3 m. 28 de long sur 3 mètres de large et 1 m. 30 d'épaisseur.

Période gauloise.

○ Trois monnaies gauloises trouvées en Guémené ont été vendues à M. Lefort, horloger à Redon. Elles étaient composées d'un alliage d'or et de cuivre formant une sorte de plaqué de telle façon que la surface bombée du droit ressemblait à de l'or pur.

□ La grande ligne de défense que j'ai suivie dans les communes d'Auverné, Meilleraye, Abbaretz, Nozay, Vay et Marsac, vient passer vers la limite sud-est de Guémené. Le point très élevé qu'occupe la chapelle de Lieu-Saint, forme une sorte d'oppidum naturel que des talus en terre entourent en partie. Ces talus ont 4 mètres de large environ sur 1 mètre à 1 m. 50 de haut; ils se développent au-dessus du ravin sur une longueur de 50 mètres au nord et de 16 mètres sur le côté est. Une jetée de pierre traversant le Don reliait sans doute la ligne de défense aux retranchements voisins situés en Conquereuil (16 mai 1881).

Période romaine.

Des débris romains m'ont été signalés au nord-est de Guémené, près de Montnoël, par M. le comte de l'Estourbeillon.

J'ai vu, à la limite sud-est de Guémené, une voie romaine qui coupe obliquement le versant nord des landes, près de la Croix-Plantard. En se rapprochant de la route de Guénouvry, la voie disparaît sous les sillons des champs, mais les gens du pays se souviennent de l'avoir connue et la nomment chemin de la Roanne.

Une autre voie se bifurque à peu de distance du point où se trouve la pierre de la Joante; cette voie, que nous avons suivie précédemment dans diverses communes de l'arrondissement de Châteaubriant, est connue sous le nom de *la Joance*.

Lieux dits : Le Beix, le Perron, Castres, le Chatelet, la Motte, la Chatelais, les Chatelliers, les Drieux, le Bas-Luc, le Haut-Luc, la Masse, la Martrais, la Haie, la Vieille-Ville.

GUENROUET

△ D. Un menhir en quartzite schistoïde, de 3 m. de long sur 1 m. d'épaisseur, est signalé dans un article de M. Bizeul ; il se trouvait près de la maison de la Bossardière, en Saint-Gildas (à 2 kil. 500 au S.-E. de ce bourg), mais sur la limite de Guenrouët. Malgré mes recherches sur ce point (1879), je n'ai pu parvenir à retrouver ce menhir.

▭ ? Un dolmen renversé est indiqué en cette commune au répertoire de la Commission de topographie des Gaules. Les ruines de ce monument ont été décrites en 1843 par le savant antiquaire Bizeul ; elles se composaient de 7 pierres, dont la plus grande mesurait 3 mètres sur 2.

Des indications m'ont été transmises sur ces pierres par mon ami M. Henri Le Cour (3 juillet 1882). Les débris très informes du dolmen des Landes-Maudouët sont situés sur la propriété du Mortier-aux-Chevaux, entre une lisière de bois de pins et un étang. Il reste encore 5 blocs, dont 3 à demi cachés sous des ronces et des ajoncs. Le premier de ces blocs, dans la direction du nord, mesure 2 m. 50 de long sur 60 c. ; le 5ᵉ, de l'autre côté du fourré de broussailles, 1 m. 80 sur 90 c.

Ces pierres sont très irrégulières de forme, et il est assez difficile maintenant de contrôler l'assertion de Bizeul.

△ ? La Roche-Maudouët. Ce menhir, signalé également par la Commission des Gaules, se trouve sur la lande de Planté, à 500 mètres des blocs indiqués ci-dessus. Cette pierre, dont M. Henri Le Cour a relevé les dimensions, mesure 1 m. 30 de long sur 70 c. de haut et 65 c. de large. Elle est située sur une ancienne lande que traverse la route de Savenay à Guémené-Penfao. Dans des titres du XVe siècle, cette roche est désignée comme servant de délimitation entre les paroisses de Guenrouët et de Cambon (¹).

Il est douteux que ce soit un menhir.

A 3 kilomètres au nord-ouest de Guenrouët se trouve la chapelle de Cougou : des pierres presque symétriquement alignées formaient une enceinte autour de cette chapelle.

Une hache en pierre polie (diorite), a été trouvée à Cranda par M. P. du Boischevalier.

En 1873, j'ai acheté chez un paysan de la commune de Guenrouët une épée en bronze, très droite et très solide de lame, terminée par une base rectangulaire percée de deux trous. Les rivets, retenus par de grosses têtes en forme de boutons, sont encore en place. — Elle avait été trouvée à plus d'un mètre sous la vase ; *un manche de près de cinq pieds de long était fixé à la base de la lame*. Cette arme, dont la longueur n'est que de 42 c., aurait ainsi servi de pique ou de lance. Après tout, malgré les désignations actuellement reçues, je ne vois pas d'impossibilité à cela ; les pertuisanes du moyen âge avaient souvent des lames aussi longues et aussi minces que celle-ci.

Une très belle hache à douille, provenant du même marais, m'a été également remise ; elle est ornée sur chaque face de 4 filets saillants terminés par des perles. Longueur, 13 c.

Période romaine.

La voie romaine de Blain vers Port-Navalo traverse la commune de Guenrouët de l'est à l'ouest sur une longueur de plus de trois lieues. Dans son parcours, elle a été signalée au Coin de Curin, à la limite de Blain, — au moulin du

(¹) *Revue des Provinces de l'Ouest.*

Breil, à l'ouest de l'Isac,—au bois de la Joussais, au sud des maisons de l'Epault, puis dans la gagnerie de Coz-Cazel, et vers la chapelle de Grâce, à une lieue au sud-est du bourg de Guenrouët.

De là, elle traverse d'anciennes landes en se dirigeant au nord des moulins de Bolhet; au delà de Brivé, elle se confond avec le chemin de Saint-Gildas.

Lieux dits : La Roche, les Rocheaux, le Dru, le Tertre, le Perré, la Ville.

GUÉRANDE

LA PRESQU'ILE GUÉRANDAISE

Le territoire de Guérande est le vrai champ de manœuvres des archéologues du Comté nantais ; champ de bataille aussi quelquefois, mais sur lequel la lutte n'a jamais cessé d'être courtoise. Je crois que pas un coin de terre de cette contrée n'a échappé aux marches et contremarches des explorateurs bretons et étrangers que les belles plages de nos stations de bains attirent tous les ans sur nos côtes.

Depuis une quinzaine d'années j'ai croisé bien souvent, dans mes excursions sur cette longue presqu'île, de savants maîtres et d'aimables collègues ; ces bonnes rencontres m'ont été d'un grand secours. Je dois dire cependant que les recherches de mes devanciers s'écartent quelque peu du cadre de ce travail ; bien peu de nos monuments primi-tifs ont été décrits, mesurés et classés d'une manière pré-cise, et tel est le but de notre inventaire.

L'ordre alphabétique de ce dictionnaire, en morcellant les indications par noms de communes, présente quelques difficultés pour ceux qui veulent saisir d'un coup d'œil l'ensemble archéologique du pays de Guérande. Pour ob-vier à cet inconvénient, voici un résumé très rapide des antiquités primitives de ce vaste territoire connu sous le nom de presqu'île guérandaise.

En commençant par le Grand-Fossé de Pompas, qui ferme au nord l'isthme de la Péninsule, nous avons : en Saint-Lyphard, les allées couvertes de la Crévy, le menhir de la Croix-Longue, les dolmens (ruinés) du Clos-d'Orange, l'allée couverte de Kerlo, la galerie de Kermoreau et une autre plus petite dans la même gagnerie, les deux menhirs de Kerbourg, dont l'un est abattu, l'allée couverte de Crupien et le tumulus de Bréca. — Un camp romain dominant les Grands-Fossés et une voie romaine traversant la commune du nord au sud, d'Herbignac vers Sandun. — En Mesquer, un menhir. Dans la commune de Piriac, les pierres du Meniscoul, le camp du Poul, le menhir de Kervodué. A la Turballe, le tumulus de Brandu, la Pierre-Beurrée. En Guérande, l'allée couverte de Sandun, le menhir de Bissin et la Pierre-Debout sur le bord du grand chemin de Saillé. Puis une voie romaine près de Clis et de Quéniquen, un retranchement mégalithique, près de la Madeleine, et les ruines romaines de Clis, Saillé, Kerbrenezé, etc. Au Croisic, le menhir de la Pierre-Longue ; à Batz, le menhir de Saint-Michel et un autre un peu douteux, dans une vasière de marais salants. Au Pouliguen, le retranchement et le tumulus de Pen-Château ; à Escoublac, la pierre de Tré-véday, la station de Kerquesso et un fragment de voie romaine. En Saint-André-des-Eaux, l'allée couverte de Couëcas, le menhir (détruit) de la Pierre-Gergo. Enfin, dans la commune de Saint-Nazaire, le magnifique tumulus de Signac, le menhir phallique du Plessis, les dolmens ruinés de Beauregard, l'allée couverte du Pez, le grand dolmen de Saint-Nazaire, etc., etc.

Cette revue très rapide (¹) peut toutefois donner idée des ressources archéologiques de cette contrée. Comme on le voit cependant, la réputation archéologique de Guérande a été un peu surfaite, puisqu'en somme on ne compte que

(¹) Voir le résumé plus complet donné au tableau synoptique.

3 monuments mégalithiques sur le territoire même de cette commune : les ruines de l'allée couverte de Sandun, le menhir de Bissin et la Pierre-Debout sur la route de Saillé. Mais un grand nombre de blocs et de rochers des environs de Guérande ont été étudiés et publiés sous le nom d'autels, de roches à bassins, de tables à sacrifices (¹). Peu à peu nos granits ont pris de cette façon une importance archéologique, tout à fait gratuite à mon avis. Presque toutes les roches de cette contrée sont creusées de trous irréguliers dont l'origine me semble extrêmement naturelle : la surface de ces pierres n'étant jamais complètement unie, la pluie y forme çà et là de petites flaques d'eau où s'accumulent les graviers et les grains de quartz. Le roulement de ces corps durs, poussés par le vent sur une place où la roche est rendue plus friable par le séjour de l'eau, détache de nouvelles parcelles ; à la longue, il en résulte une dépression assez sensible. A mesure que la roche se creuse, l'eau y séjourne plus longtemps et les causes de perforations augmentent. Ces bassins ont donc à peu près la même origine que les cavités creusées sur les rochers au bord des falaises, que l'on n'a cependant pas encore songé à ériger en pierres à sacrifices. Seulement, au bord de la mer, la force du flux et du reflux est bien plus grande que l'action du vent et de la pluie sur les parois de nos granits. Aussi, malgré la destruction constante des rochers qui bordent nos côtes, ces cavités se reforment rapidement et atteignent d'énormes dimensions.

Tous ceux qui savent combien les granits des environs de Guérande sont faciles à déliter admettront sans peine qu'au bout de 10 à 20 siècles les creux que nous voyons ont fort bien pu se former.

D'autres blocs sont percés de cupules en forme de demi-sphère, assez régulièrement creusées pour la plupart. Leur

(¹) Voir notamment dans la *Société des antiquaires de France,* le tome V, page 9.

diamètre varie de 6 à 10 c. en moyenne. Lorsque ces ronds sont tracés sur des monuments, ils peuvent prendre place dans la catégorie des signes dolméniques désignés sous le nom de signes cupuliformes. M. A. Martin a fait connaître dans nos bulletins un certain nombre de pierres portant des creux de ce genre et qui présentent un réel intérêt. Nous les avons indiquées en décrivant les monuments de cette presqu'île.

Il nous reste à mentionner encore les pierres à meules. En sortant de Guérande, la route de Saillé laisse à gauche les Moulins de la Place; puis, à droite, à un détour de la route, de belles roches qui ressemblent de loin à une falaise déchirée par les flots. C'est sans doute l'aspect maritime de ce coteau qui a inspiré aux voyageurs fantaisistes la légende de Guérande port de mer. Sans nous arrêter à réfuter cette opinion subversive, examinons de plus près ces roches : çà et là des cercles de 40 à 70 c. de diamètre sont tracés dans le granit; parfois la roche a été entamée tout à l'entour de ces circonférences, de façon à ménager une saillie en forme de meule. Il était aisé après ce travail de séparer de sa souche la partie ainsi découpée et que l'on destinait sans nul doute à servir de meule.

Beaucoup de nos granits guérandais portent la trace d'une exploitation de ce genre ; j'en ai retrouvé également à Kerpoisson, et de l'autre côté de la Brière, à Erun, sur un bloc allongé en forme de menhir. M. le docteur Foulon a étudié particulièrement les roches à meules de cette contrée.

Citons avec lui, au nord et à 1 kil. de la ville, les roches de Crémeur, au bord d'un étang profondément encaissé, près d'un ravissant moulin du moyen âge, fleuronné et blasonné comme un manoir seigneurial ; près de là, un peu à l'ouest, les rochers de Keralno ; ceux de Saintnon, et la roche de Grigueny, au-dessous de Clis. En descendant au sud, Cramaguen et les roches du Moulin de la Place. Enfin, à l'est, vers Escoublac, les pierres de la Grée.

On a attribué ce travail aux époques celtique, gauloise ? mais l'usage des meules de granit est encore conservé dans nos campagnes et toutes les pierres à galettes que nous voyons dans les fermes ont, sans aucun doute, été prises sur nos rochers. Nous savons de plus qu'en 1815, on exportait de nos contrées vers l'Espagne un grand nombre de meules en pierre de granit destinées à moudre le maïs. Il y a donc de fortes raisons pour ne pas insister sur le caractère archéologique de cette industrie.

Arrivons maintenant aux monuments mégalithiques.

⌐⌐ Allée couverte de Sandun.

A l'extrémité est de la commune de Guérande, la route de Saint-Nazaire à Herbignac traverse le village de Sandun. Avant d'arriver à ce village, on voit, sur la gauche, un énorme monticule couvert de bruyères et que domine une petite croix de granit. Sur le versant nord-est de cette butte, une allée couverte très ruinée montre les débris de ses parois; sept montants sont encore en place, autour d'un carré allongé de six mètres de longueur. Le plus haut de ces montants, celui du nord-ouest, mesure 1 m. 45 de haut sur 1 m. 35 de large et 40 c. d'épaisseur. Une autre pierre, en face, mesure 90 c. au-dessus de terre sur 65 c.; elle est creusée d'une petite grotte de 40 c. sur 18 c.; le montant qui lui fait suite (paroi du sud), est de 1 m. 10 de haut (vue en 1879 et 1882).

△ En avant se trouve une pierre isolée ou menhir de 90 c. sur 50.

□ Retranchement mégalithique du Brétineau (¹).

C'est un curieux travail et dont je n'ai vu l'équivalent sur aucun point de notre département. Qu'on se figure une immense jetée de près de 80 mètres de long sur 13 de

______

(¹) Un retranchement du même genre est signalé à Kerné en Guérande (?), par M. Kerviler.

large, flanquée sur les parois par des alignements de pierres debout. Ces blocs, dont la hauteur au-dessus du sol est de 1 m. 50 en moyenne, sont tantôt droits et allongés comme des menhirs, tantôt irréguliers et bruts ; quelques-uns sont unis à la partie supérieure comme les supports d'un dolmen. Leur tête dépasse un peu le terre-plain qu'ils servent à retenir, et qui se compose de terre et de pier-railles. J'ai compté 40 blocs dans la ligne du sud ; celle du nord sert de clôture à une pièce de terre. Ce monument est orienté nord-est sud-ouest, et il est situé dans le taillis dit du Brétineau, dépendant de Boga, à la famille de Pioger. On y arrive en se dirigeant de Sandun vers Boga, après avoir traversé une petite coulée. Des pins et des châtaigneraies le recouvrent en partie.

△ *Menhir de Bissin.*

C'est un magnifique bloc de granit, haut de 3 m. 50 sur 2 mètres de large et 90 c. d'épaisseur ; on l'aperçoit de loin sur une grande pièce de labour située à 250 mètres à l'est du château de Bissin.

A 3 kilomètres environ de Guérande, sur la gauche de la route qui conduit à Escoublac, on trouve un chemin conduisant au moulin de Bissin (en face de l'hectomètre 7). En suivant ce chemin pendant une centaine de pas, on aperçoit sur la droite une haute pierre engagée △ dans les terres du fossé. Ce bloc, dont la hauteur au-dessus de terre est de 1 m. 70 et la largeur de 90 c., me semble être un menhir ; mais il est si malencontreusement encaissé dans le talus du fossé qu'il est bien difficile de s'en assurer. (Vu en février 1882.)

⬚ D *La Pierre-Debout du Champ de la Pierre.*

Lorsqu'on se rend de Guérande à Saillé, on aperçoit, à moitié chemin à peu près entre ces deux points et en face de la borne 83, une large pierre debout au milieu d'un champ, à droite de la route. On voyait autrefois à peu de distance de cette pierre un autre bloc à demi caché à l'une de ses extrémités, mais rien ne fait croire qu'il ait jamais été piqué debout (1879).

La pierre que nous voyons encore en place est un montant de dolmen, ce qu'il est facile de reconnaître par le nivellement horizontal du sommet; elle est de plus beaucoup trop large et trop plate pour un menhir. Ses dimensions sont de 1 m. 60 de haut sur 1 m. 90 de large et 30 à 35 c. d'épaisseur.

On l'a indiquée jusqu'ici sous le nom de menhir ou peulven du Champ de la Pierre.

On trouve dans la même pièce et dans les deux qui lui font suite, de nombreux débris romains, des murailles et des pierres cubiques. (Mai 1871.)

Menhir de Clis.

△ᴰ La destruction d'un superbe menhir situé aux environs de Clis est signalée dans une note de la Société archéologique de Nantes, 1869, p. 172.

La Pierre-Beurrée.

On a désigné sous le nom de *Menhir*, la Pierre-Beurrée du Haut-Mora, entre Saint-Non et Clis. En somme, il y a là plusieurs blocs de granit entassés d'une façon bizarre, mais où il est impossible de reconnaître un travail humain. Ces roches se trouvent à 300 mètres au sud-ouest des maisons du Haut-Mora, dans la pièce de terre dite les Vertins.

La Fontaine-du-Diable.

Tout à l'ouest de la commune de Guérande, vers la frontière du territoire de la Turballe, un chemin de lande traverse du nord au sud, à 2 kil. environ de Saint-Non. A un carrefour de ce chemin se montre un énorme granit affleurant le sol et parfaitement plat; il mesure environ 18 m. de long. Au milieu, une cavité ronde de 30 c. de diamètre sur 35 de profondeur a reçu le nom de *Fontaine du Diable*.

Un autre menhir très douteux est celui de Kerjacob, près Sandun. C'est un énorme bloc de 2 m. 25 de long sur à peu près deux mètres de large. Des cavités sont creusées, sous les ronces et portant sur un de ses côtés une entaille de 5 c. environ.

△ Un menhir situé à Lévéra, près du chemin vicinal de Guérande n° 12, a été indiqué par M. Kerviler en 1877.

4 ⌷ D^ts. Dans le même mémoire (Association bretonne, 1877, p. 62), M. Kerviler signale des restes de dolmens et allées couvertes à Careil, Cromartin, au Mené et au Clos-Fontaine, près Queniquen. Il ajoute « qu'il y aurait quelques fouilles à exécuter sur l'emplacement de tous ces débris, quoiqu'ils soient en fort triste état. » (Non vérifié.)

20 △ On a trouvé dans la commune de Guérande bon nombre de haches en pierre polie ; j'en ai vu près d'une vingtaine de cette provenance. Citons :

1. Hache-marteau de grande dimension. Un tranchant à une seule extrémité et le trou en double cône placé près du frappoir, de façon à équilibrer ce pesant outil ; diorite ; longueur, 21 c. (Collection G. Méresse.) Trouvée dans un champ près de Lessac.

2. Belle hache de 13 c. Trouvée à Kerjacob. G. de Lisle.

3. Hache arrondie sur les bords et au tranchant ; 7 c. Environs de la Madeleine. Collection G. P. de Lisle.

4. De même provenance, une hache en aphanite verdâtre très rugueuse à la base et très unie au tranchant. Même collection.

5. Hache en roche dioritique altérée, brisée à la pointe. Métairie de Kérou, à 2 kil 500 m. de Guérande, sur la route de Piriac. Collection du docteur Foulon.

6. Hache en diorite, bien complète, mais irrégulière de forme, trouvée à Guérande. Même collection.

7. Une hache très bien conservée et de forme conique, trouvée dans les champs de Kerquesso, sur la limite d'Escoublac ; collection de M. Legrand.

8. Près de Crutier, fragment de hache en diorite trouvé par M. P. du Bois-Chevalier.

9. Hache en fibrolithe de couleur laiteuse, trouvée à Bouzaire; longueur, 18 c. Collection G. Blanchard.

10. Hache en diorite de même provenance; longueur, 14 c. Collection G. Blanchard.

11. Près de la Madeleine, hache en silex incomplète; même collection.

Pour les autres haches, voir les collections de MM. G. Méresse, Martin, Muterse et Hocmard.

△ Quelques haches de bronze ont été trouvées sur le territoire de Guérande. La découverte la plus curieuse se rapportant à cette période industrielle, est celle de Saint-Nom que nous avons signalée dans les *haches de plomb* de la Bretagne (Revue archéologique, décembre 1881).

△▽ Découverte de haches en plomb près de Saint-Nom. —De nombreux coins en plomb, cachés à peu de profondeur sous le sol, ont été découverts lors du défrichement de la grande lande située entre Saint-Nom et Clis, à trois kilomètres au N.-E. de Guérande. Ces pièces, recueillies par M. M..., sont restées en tas sous une remise pendant quatre ou cinq ans, puis ont été dispersées pour la plupart. La hache de cette provenance que j'ai entre les mains est encore bourrée de l'argile qui a servi à former la douille; elle est longue de près de 13 c. et son épaisseur est d'un demi-centimètre. D'autres pièces plus fortes et plus grandes se trouvaient dans le même lot.

Analyse chimique :

Plomb..................	99 27
Etain, fer.............	0 73
	100 00

Ces haches de plomb sont habituellement bien plus épaisses que les haches en bronze. On essayait sans doute de remédier à la mauvaise qualité du métal en renforçant les parois de la douille ; pour cela, au lieu de placer entre les deux valves du moule le noyau ordinaire destiné à former le creux, on avait soin d'en mettre un beaucoup plus faible ; parfois même on le supprimait tout à fait, et la hache était fondue en plein métal.

Cette conformation particulière prouve bien que l'emploi du plomb pur ou presque pur était intentionnel et voulu ; ces haches étaient faites sur le type des coins en bronze, mais non moulées de la même façon.

Période gauloise.

○ Quelques monnaies gauloises ont été recueillies aux environs de Guérande et achetées par des amateurs. Une monnaie gauloise en or a été trouvée à Griguepic. (C^{tion} de M. de Kerardaine.) Citons aussi une pierre d'ardoise trouvée dans les salines au sud-ouest de Guérande et portant une inscription en caractères cursifs attribuée aux Phéniciens (MM. A. Martin et Muterse) ; puis, dans un marais salant également, une tête de sphinx de 60 c. de hauteur, découverte par M. A. Martin.

Période gallo-romaine.

S'il fallait citer ici tous les points où nous avons rencontré des débris de l'industrie romaine, la liste en serait interminable, et le cadastre de la commune de Guérande y passerait presque en entier. Signalons seulement les principaux gisements, ceux entre autres où des vestiges de constructions romaines ont été rencontrés.

◇ A une lieue de Guérande, sur la route de Piriac, se trouve le village de Clis. En descendant de ce point vers le sud, on aperçoit auprès des maisons qui dominent les marais salants une belle muraille romaine, composée de petites pierres cubiques régulièrement alignées. Ce mur, dont la hauteur est d'environ deux mètres sur vingt à trente de long, côtoie le bord d'un chemin orienté de l'est à l'ouest. Les terres amoncelées dans le champ au-dessus, atteignent au deux tiers de sa hauteur ; les sillons de cette pièce sont parsemés de débris de vases romains ; j'y ai recueilli des poteries samiennes, des fragments de vases en terre noircie, des morceaux de ciments enduits de différentes couleurs, etc. Les cultivateurs des environs trouvent dans leurs champs de ces débris de poteries et de briques jusqu'à une profondeur de près de deux mètres. Des monnaies romaines ont été recueillies en cet endroit. J'ai vu près de là, en 1871, une muraille également en pierre cubique non cimentée, qui a en partie disparu depuis cette époque.

Près de là, dans une vasière de marais salants, une coque de navire de forme antique, et dont les courbes noircies émergent des vases comme le squelette d'un gigantesque fossile, a été le sujet de plusieurs rapports adressés à notre Société ; mais comme on n'a retrouvé aucune trace de cargaison, l'âge de cette nef reste encore très problématique. Certains œillets de marais salants sont dallés en briques romaines, recouvertes maintenant par près d'un pied de vase.

▢ Plus au sud, au Rouzec, entre Quéniquen et Pradel, d'énormes talus en terre, restes sans doute d'anciennes fortifications, sont signalés par M. Desmars.

◇ A Tesson, situé à 1500 mètres au nord-ouest de Guérande, j'ai vu d'innombrables débris de constructions romaines (juin 1882) ; des poteries, des briques et des tuiles étaient entassées çà et là dans les champs, à l'est de la maison de Tesson.

◇ A Guillosker, à 1 kilomètre et demi de Guérande, objets romains et monnaies romaines recueillis par M. G, Méresse.

◇ A Beaulieu, à 1200 mètres environ au nord-est de Guérande, nous avons trouvé de nombreux débris gallo-romains, des poteries rouges en terre samienne, des tuiles et des briques à rebords, dont quelques-unes en terre blanche.

◇ A Bissin, à l'ouest de Guérande, une station romaine nous a été signalée par M. l'abbé Gallard.

△ Sur la route de Guérande à Saillé, dans la pièce de terre placée au nord du champ où se trouve la pierre debout signalée plus haut, j'ai vu des débris de murailles romaines, des briques à rebords, des fragments de belles poteries en terre samienne. Le fond de cette pièce est encore dallé par un ciment qui arrête la charrue. Un mur composé en pierres cubiques a été détruit lorsqu'on a creusé le fossé qui sépare cette pièce du grand chemin. Le nom de Croix-du-Château donné à un calvaire situé près de là serait peut-être un indice de ruines plus importantes, aujourd'hui disparues.

△ Le château Gargan est un mamelon au milieu des marais salants, à un quart de lieue de Saillé (nord-ouest). M. Edouard de Kersabiec s'est servi du nom pantagruélique de cette butte dans ses études sur Belon (Corbilon). On rencontre de nombreuses tuiles romaines sur les flancs de ce monticule.

△ Saillé est riche en débris de l'industrie gallo-romaine. M. le docteur Foulon avait recueilli près de ce village bon nombre de poteries, fines et grossières, et différents objets qui ont été donnés par lui au musée de Nantes en 1862.

◇ Le terrain butté qui s'élève au milieu des marais entre Saillé et Carheil, est jonché de débris romains. J'ai vu là, au nord de Kerbrenezé, un mur romain servant de base à un talus de fossé ; il est orienté du nord au sud, à 150 mètres environ des grands pins que l'on aperçoit à l'extrémité ouest de ce village (mai 1882). Différents objets romains, des poteries, des enduits cimentés, ont été retrouvés çà et là aux alentours, ainsi que des restes d'hypocaustes.

△ *Le Puits du Yosquet.* Notre collègue, M. A. Martin, a fouillé au sud de Clis, près de Griguenic et des Maisons-Brûlées, un puits dont l'orifice était recouvert par une margelle ronde de 1 m. 10 de diamètre, percée au centre d'un trou de 40 c. Les premières assises des parois de ce puits étaient en petit appareil gallo-romain ; le reste, en grosses pierres inégales. — Les fouilles, conduites jusqu'à la profondeur de six mètres, ont donné un grand nombre de tuiles et de briques romaines, un grand bronze de Septime Sévère et une autre monnaie indéchiffrable. Des vases en terre noire et rouge, des fragments de meules romaines, des ossements et des poteries en terre de Samos étaient entassés pêle-mêle avec de la terre et des moellons de granit.

Le nom de *Maisons-Brûlées* ne conserverait-il pas le souvenir de l'incendie des villas qui occupaient jadis ce point, et qui sans doute ont été détruites par le feu comme la plupart de nos stations romaines?

Tours à signaux.

On a désigné sous le nom de monuments gallo-romains de très curieuses tours en pierre, dont l'usage n'est pas encore parfaitement déterminé. Une de ces masses ou tonnelles, décrite dans nos bulletins par M. le docteur Foulon, est située sur une élévation, à peu de distance de la limite territoriale d'Escoublac. C'est la tour de Trévéday, que l'on aperçoit à droite de la route de Guérande à Saint-Nazaire. Elle mesure 4 m. 75 de haut, 9 m. 50 de circonférence au sommet et 11 m. 40 à la base. A l'intérieur, elle présente une cavité ronde qui se rétrécit au sommet comme le goulot d'une bouteille. Rien de romain dans sa construction ; aux alentours, point de débris de tuiles ou de briques à rebords. A mon avis, cette tour ne porte aucun indice de son origine gallo-romaine.

Voie romaine.

Une voie romaine montant le coteau de Trévéday nous a été signalée près de là par M. le docteur Foulon.

Près de Clis et de Quéniquen, le passage de la voie est parfaitement constaté. Elle continuait à suivre le versant au sud de Guérande ; puis, par Kerbrenezé, Carheil, elle devait rejoindre le tracé qui nous a été indiqué par M. Kerviler, et qui, sortant de la Ville-Halgan à l'ouest de Port-nichet, vient butter contre les dunes d'Escoublac. Je crois en avoir retrouvé le prolongement au nord-est de Saint-Sébastien par la Villez-Mouilleron et la Villez-Blais ; là existe un chemin très encombré de pierres parmi lesquelles on retrouve çà et là des briques à rebords enfoncées verticalement dans la terre. Ce chemin se dirige de l'est à l'ouest entre Saint-Marc et la Villez-Martin ; il suit le sommet d'une côte assez élevée (juin 1882).

M. Kerviler a indiqué, en 1877 (*loc. cit.*), les voies romaines de Clis à Piriac, à Saint-Molf, à Saint-Lyphard et à Saint-Nazaire.

O . Bon nombre de monnaies romaines ont été découvertes aux environs de Guérande ; je citerai : 1° une belle médaille de Constantin, trouvée dans un champ aux environs de la ville (1842) ; 2° une autre monnaie en or, de Constance, d'une belle conservation ; 3° 6 autres pièces romaines envoyées à la Société archéologique de Nantes, en juillet 1859 ; 4° des monnaies de Claude, Domitien, Gallien, Posthume et Salonine, trouvées avec plusieurs objets en bronze, entre autres une agrafe, aux environs de Griguenic, et signalées par M. A. Martin ; 5° d'autres monnaies dans les collections de M. Méresse et du docteur Foulon.

△ M. G. Méresse possède une très belle bague romaine en or trouvée aux environs de Guérande, et des fragments de vases en verre irisé.

Cantons et lieux dits : le Champ de la Pierre, la Pierre du Diable, le Moulin du Diable, la Folaie, le Méné, Kervenet, le Moulin de la Motte, la Masse, la Ville, Kerroué, Karwen, le Grand-Chemin, le Pavé.

HERBIGNAC.

Période celtique.

Allée couverte du Rihôlo.

⊓ A cinq kilomètres à l'est d'Herbignac, le chemin de grande communication n° 2 laisse sur la droite le village de Langâtre, à gauche les moulins du Gué. Entre ces deux points et au nord de la route, on aperçoit, sur une petite élévation, les ruines d'une allée couverte. Les supports privés de leurs tables indiquent encore la disposition première de ce monument, qui formait une sorte d'équerre, dont la galerie principale mesure 8^{m}60 sur 2^{m}30 de long. Le caveau qui la termine à l'ouest est de même largeur et de 4^m de longueur.

Ces pierres ont été bouleversées pour la plupart ; parmi celles qui sont encore en place, la plus grande est de 3^{m}30 sur 2^m de large et 50^c d'épaisseur. (V. Notes de Bizeul, de MM. de Brehier, Verger.)

Un mendiant qui s'était arrangé un gîte dans cette tanière y trouva, en creusant le sol, différents objets en cuivre et des poteries qu'il s'empressa de briser ou de perdre. (Communication de M. G. Blanchard, ancien percepteur d'Herbignac.)

8 △ 1° Une hache en jadéide verte a été trouvée sur la terre de Trévélec, dans un champ connu sous le nom de Cambel.

2° Une hache en diorite, de 7 c. de long, trouvée à Hoscas, près de la route de la Chapelle-des-Marais. (P. du Boischevalier.)

3° Hache grossière en diorite, trouvée à Marlay. (Collection G. Blanchard.)

4° Hache en diorite dont le coupant semble avoir subi un nouveau polissage. Longueur, 9 c. Trouvée à Hoscas. (D°.)

5° Petite hache de 5 c., diorite, même provenance. (D°.)

6° Hache en diorite, de 15 c., trouvée au Grand-Orme. (D°.)

7° Très belle hache en fibrolithe d'un blanc laiteux, très régulière et longue de 9 c.; elle a été trouvée à Marlay par le sieur F. Guihart. (A. de Lisle.)

8° Hache-marteau en diorite, évidée par une canelure qui part du trou central et se poursuit jusqu'au bord du tranchant; elle est arrondie sur les côtés et renflée à l'endroit où était inséré le manche; il en reste un peu moins de la moitié. Longueur, 8 c. Provenance, Lauvergnac. (A. de Lisle.)

△△△ *Alignements d'Arbourg.*

Le village d'Arbourg est à 5 kilomètres au sud d'Herbignac, sur la route qui rejoint Assérac à Saint-Lyphard, et à 2 kilomètres de ce dernier bourg. Près du village, le terrain descend vers les prairies qui rejoignent l'étang de Pompas; sur ce versant, on voit les restes encore très importants des alignements d'Arbourg. M. Verger, qui avait visité ces mégalithes vers 1840, y retrouvait les débris d'une allée dolménique (?).

△ Une hache en bronze, à talon, a été trouvée près de la Ville-Hénor. (Coll. G. Blanchard.)

Période gauloise.

☐ A cinq kilomètres au sud du bourg d'Herbignac se trouve le camp d'Arbourg, signalé par la Commission de topographie des Gaules.

☐ Une autre enceinte est également indiquée à Coët-Carel, un peu plus à l'est, au nord des Grands-Fossés.

☐ Le château de Ranrouët occupe une position très forte sur une sorte d'îlot. Les larges fossés qui l'entourent remontent sans doute à une époque beaucoup plus ancienne

que les constructions dont nous voyons encore les ruines.
O Un statère gaulois en or a été trouvé à cet endroit par
Huguet de l'Écurie, en Herbignac.

Droit : tête entourée de cordons perlés soutenant une
petite figure humaine. Revers : cheval androcéphale galopant à droite, dirigé par l'Auriga ; sous le cheval, le génie
ailé et la roue à quatre rayons.

Collection de M. Chomart de Kerdavy.

O Un magnifique statère d'or a été découvert, en mai
1872, sur les limites d'Herbignac et de Missillac.

D. Tête imberbe d'Apollon Belenus, surmontée du Sus
Gallicus ; autour, cordons perlés supportant quatre petites
têtes. Dessous, pédoncule.

℞. Cheval androcéphale galopant à droite. Dessous, pieu
et roue à quatre rayons. Poids : 7 g. 70.

M. Blanchard, qui me communique ce renseignement,
ajoute que plusieurs monnaies trouvées dans les tourbières
ont été recueillies par M. l'abbé Roussel, vicaire à la Chapelle-des-Marais.

Période romaine.

Une voie romaine passe à Pont-Duret, à 2 kilomètres au
nord du bourg d'Herbignac, puis au-dessus de Villeneuve,
au Sabot-d'Or et au Bois-Marqué où elle entre sur le territoire de Missillac. M. Verger, qui a signalé ces points,
ajoute que cette voie traversait le bourg d'Herbignac et
passait par Pompas. — Une autre voie, dont le tracé est
parfaitement régulier, se dirige du nord au sud ; partant
du château de l'Isle, sur la Vilaine, elle traverse la commune de Férel et entre dans celle d'Herbignac. Pour la
suivre, il faut prendre à la Croix de Trévelec, au sud-
ouest du bourg ; de là, elle se dirige tout droit vers le sud,
et dans ce parcours, ses vestiges sont visibles sur une lon-

gueur de plus d'une lieue, parallèlement au chemin qui conduit au Pigeon-Blanc. Arrivée dans Saint-Lyphard, elle oblique à l'ouest et se bifurque devant la Croix de la Pierre-Longue. M. G. Blanchard qui nous a donné ces indications a bien voulu nous transmettre les notes suivantes sur cinq fours gallo-romains découverts sur différents points de la commune d'Herbignac :

« Ces fours étaient tous situés près de la voie romaine, sans doute pour la facilité des transports. M. Chomart de Kerdavy, dans ses défrichements, en a trouvé deux : l'un au sud-est du château de Kerdavy, et l'autre près de Lagastun. Presque toutes les briques recueillies dans ces fours étaient brisées. Cependant il a conservé une tuile à rebords, d'un pied carré environ, fort belle et complète.

Deux autres fours ont été trouvés près du village de la Baronnerie, le long du chemin rural, qui n'est autre que l'ancienne voie romaine. L'un de ces fours était situé au levant du chemin, dans un labour limitrophe par le nord de la lande dite des *Trous-à-Pots*. L'autre se trouvait au couchant du chemin et au midi des maisons du village.

Dans les champs où étaient placés ces fours, le sol est encore jonché, sur un certain rayon, de débris de tuiles et de briques gallo-romaines, dont j'ai gardé quelques échantillons.

Enfin un cinquième four a été trouvé au couchant des bois de Couët-Caret, presque en face de la Baronnerie. »

Lieux dits : la Fosse au Serpent, Rodun, Kerhebé, les Hauts-Pavés, la Ville-Renaud, la Ville-Drain, la Ville-Rio.

LAVAU

△ Nous avons recueilli, dans une exploration sur le territoire de cette commune, une hache en pierre polie (diorite) et des silex travaillés.

Lieux dits : les Rochettes, la Bosse, la Haie, Ville-Neuve, la Rue-Bas, la Salle.

MALVILLE

Période romaine.

La voie romaine de Savenay vers Nantes vient couper la partie méridionale de cette commune. Du village de Croizat, en Bouée, elle arrive au village du Gout, sur la route de Savenay à Saint-Etienne-de-Mont-Luc, et à toucher le chemin de fer. Un reste de pavage est signalé près de là, à 50 mètres de l'ancienne chapelle du Gout, par M. Ledoux. Ce pavage, d'une largeur d'environ 3 mètres, est semblable à celui qu'on retrouve au Croizat. De ce point, la voie pénètre en la commune de Saint-Etienne-de-Mont-Luc.

☐ Dans les landes situées au midi de la route de Nantes à Vannes, presque en face du Liévreau, un retranchement formé de talus assez élevés avait été signalé à mon père par M. Bizeul. J'ai vu cette fortification, il y a une vingtaine d'années ; autant que je puis me la rappeler, elle avait une forme carrée. Le défrichement des landes l'aura sans doute fait disparaître.

Lieux dits : la Combe, le Puits, le Gué.

MARSAC

△ J'ai trouvé à Tahun, en Marsac, une hache à bouton, en diorite, de 14 c. de long., la tête parfaitement marquée oblique légèrement sur l'axe de la hache. (15 mai 1881.)

La ligne de défense que nous avons suivie dans les communes de Vay, Nozay, Abbaretz, etc., paraît se rejoindre à un système de talus et d'ouvrages en terre dont les traces sont visibles dans la commune de Marsac.

2 ☐ Reprenant, dans la direction que me donnait la ligne de talus au N.-E. de Vay (Voir *D^re de l'Arr^t de Châteaubriant*, p. 94.), j'arrivai à une élévation qui se trouve à l'est de la route de Vay à Marsac, au point dit la Barre-d'a-Gué. Là, le fermier d'une propriété appartenant à M. Paumier de Nantes, me dit avoir détruit, il y a cinq ans, deux buttes entourées de douves et de très forts talus qui coupaient ses pièces vers le sommet de la côte. Il me montra l'énorme bourrelet de terre que formaient encore ces remparts, sur une longueur de plus de 200 m. Une des buttes est restée assez apparente, malgré les travaux entrepris pour la niveler; elle a un peu plus dè 20 mètres de diamètre et ses douves sont régulièrement tracées sur la circonférence; elles étaient, de plus, forti-fiées tout autour par un second talus.

△ ? Dans la même pièce (Nº cadastral 5 de la section D.) se trouve une pierre debout, en quartz blanc; elle est piquée à l'ouest de la butte et mesure 1 m. 10 de hauteur. Menhir très douteux; je le note cependant parce que, auprès des retranchements du Bé, se trouve également une pierre levée en quartz blanc.

Les anciens du pays s'accordent à dire que les remparts de la Barre-d'a-Gué rejoignaient ceux des Fosses-Rouges. (Voir communes de Vay, Nozay.)

☐ A 2 kilomètres au nord-ouest de la Barre, j'ai suivi une ligne de talus sur une assez grande longueur, des deux côtés de la route de Marsac à Guénouvy. Elle passe au nord du village de la Rimbaudais, puis traverse le chemin vicinal nº 2, à un endroit élevé qui domine le village de la Basse-Roche. A 3 ou 400 mètres à l'ouest de ce village se trouve une landeau où le talus des retran-chements dessine un bourrelet de 4 mètres de large sur 1 mètre à 1 m. 20 d'élévation. Au sud de ce point, le chemin qui se dirige vers le Pâtis l'a fait disparaître pen-dant plusieurs centaines de mètres; mais, au premier détour, on retrouve le talus bien apparent sur le côté ouest du chemin.

Dans la direction opposée, au nord du landeau qui borde la route au-dessus de la Basse-Roche, la ligne descend à l'est de la Barre et de la Noë, en obliquant un peu vers Pont-Vé. A la sortie du landeau, le talus a été coupé par le milieu et l'on en a formé un fossé très élevé, sans douve latérale.

Ces talus, que les gens du pays connaissent parfaitement et qu'ils regardent comme des retranchements, se dirigent vers les grands fossés de Conquereuil ; de l'autre côté du Don, les défenses que nous avons décrites ont presque la même largeur et la même élévation. (15 mai 1881.)

Période romaine.

La voie romaine qui de Pont-Vé se dirige vers Blain, longe en partie la limite occidentale de la commune de Marsac, sur le versant nord d'une lande, à l'est du village de la Jaunaie. Dans les parties non défrichées de cette lande, près la Croix-Plantard, elle forme un bourrelet assez marqué descendant obliquement dans la direction du village de Tahun.

Lieux dits : la Roche, le Pré-du-Rocher, le Perray, le Pont-du-Gué.

MASSÉRAC

Période celtique.

Λ A 1 kilomètre au sud de Massérac, dans le domaine de la Bessière, se trouve une pierre debout, dite *belion* de la Rochette, et qui passe, d'après M. Verger, pour une pierre druidique.

⌒ Un tumulus nous est signalé en cette commune par M. R. de l'Estourbeillon. Ce tertre, d'environ 3 mètres d'élévation, est situé sur le bord du marais, à Pen-Bu. La chapelle Saint-Benoist, construite en 1865, a été élevée sur cette butte.

▢ M. de l'Estourbeillon nous signale ensuite un dolmen à demi brisé près de Montnoël, au sud-est de Massérac.

△△△ Un alignement composé de 7 ou 8 menhirs, en partie brisés, se trouve entre Massérac et le ruisseau de Montnoël. Ces pierres sont à peu près alignées dans la direction de l'est à l'ouest ; les deux plus grandes placées en face l'une de l'autre, des deux côtés de l'alignement. (R. de l'Estourbeillon.)

Période romaine.

Des débris romains nous sont signalés à Couédé, village situé à 1,800 mètres à l'est du bourg, près de la route de Beslé.

Lieux dits : la Butte, le Gué, la Martrais, la Bessière, la Ville-Guy, etc.

MESQUER

Période celtique.

△ Un menhir est indiqué en cette commune dans le *Dictionnaire de topographie des Gaules.* C'est sans doute le bloc que l'on voit près de Milon, au milieu d'un champ, sur la limite sud-ouest de la commune. Sa plus grande longueur est d'un mètre environ.

M. Hocquart me signale une pierre située à la fontaine de Villauchat et qui a sur une de ses faces un cercle gravé de 50 c. de diamètre.

A Campsillon, un souterrain très connu dans les légendes du pays. Le champ où il se trouve a été labouré il y a 4 ou 5 ans, et aujourd'hui il ne reste plus trace de ce souterrain.

⌐ A Keralmen, village situé à 2 kil. à l'ouest de Mesquer, les restes d'une allée couverte sont signalés par M. Kerviler dans les Bulletins de l'*Association bretonne* de 1877.

40 △ M. Hocquart possède une belle collection de haches, en pierre polie, trouvées en Mesquer ; une quarantaine environ, en roches variées et dont la longueur est de 5 à 18 c. Elles proviennent en partie de Trohan, à l'ouest du ruisseau de Pont-Milon où les cultivateurs les découvrent en labourant leurs champs. D'autres ont été trouvées dans les terres qui bordent la côte, près du village de Kéraud. (2 k. 500 m. à l'ouest de Mesquer.)

Lieux dits : les Buttes, le Champ-Sillon, la Ville-au-Chat, Ke-al-Men.

MISSILLAC

Période celtique.

⌐ En explorant le contour marécageux de la Grande-Brière, j'ai vu, près du village du Bergon, un magnifique dolmen connu sous le nom de la Roche-aux-Loups. (20 juin 1879.) Il est situé sur une petite pointe du territoire de Missillac, qui s'enfonce entre Sainte-Reine et la Chapelle-des-Marais.

Pour le trouver il faut prendre, au nord-ouest du bourg de Sainte-Reine, la route de la Roche-Bernard, et à 2 kil. de là descendre au village de Bergon. Une vaste gagnerie, bordée tout à l'entour de grands arbres, se présente sur la droite ; à gauche, dans les pièces entrecoupées de marécages, on aperçoit de loin la silhouette du dolmen. Une immense table de pierre est soutenue en l'air par trois montants tout à fait inégaux. Le premier mesure à peine 1 mètre de haut, tandis que celui qui supporte seul de l'autre côté tout le poids de la pierre, a plus de 1 m. 60 ; le support qui fait suite au premier a 1 m. 35.

La table est longue de 4 mètres sur 2 m. 95 de large et 35 c. d'épaisseur, l'écart entre les supports est de 1 m. 70. A l'intérieur on trouve, presque à fleur du sol, une large pierre plate.

3 △ Trois haches en pierre polie ont été trouvées près de là, au Bergon, par M. P. du Boischevalier ; l'une d'elles est en silex et mesure 14 c.; une autre, en aphanite, a 9 c. de long. La troisième est une hache-marteau percée d'un large trou évasé ; sa longueur est de 14 c. Tranchant d'un côté, large frappoir arrondi de l'autre; diorite très altérée et rugueuse à la surface. (Septembre 1880.)

△△ D^ts. M. G. Blanchard signale des mégalithes détruits, aux lieux dits : les Roches-Louses et la Pierre-Obert.

Période romaine.

Une voie romaine venant de Blain traverse le nord de cette commune, dans la direction de l'est à l'ouest. Elle passe par la Croix d'en haut, sur la route de Saint-Gildas, puis par la maison du siège, au nord de l'étang de la Bretèche, où elle est signalée par les annotateurs d'Ogée, tandis que dans les indications laissées par M. Verger, nous la retrouvons plus au nord, à la Baronnie, à l'hôtel Roho et enfin au Bois-Marqué, sur la limite d'Herbignac.

Lieux dits : la Haie-d'Er, la Salle, les Mortiers, la Fosse.

MONTOIR.

Une roche à bassin, connue sous le nom de Gamelle de Gargantua, se trouve à gauche de la route de Saint-

Joachim, sur la butte des Moulins-du-Pin ; diamètre, 2 m. 35.

En face de ce point, de l'autre côté de la route, on voit, à environ 1.500 m. dans le marais, une roche en quartz blanc.

△ Une hache-marteau en diorite très altérée a été trouvée au Fresny, elle est percée d'un large trou du côté opposé au tranchant. Long., 17 c. (Collection Kerviler.)

⊓ Dolmen de l'île Herbin. — Entre Penhouet et la Dernurie, existait, en 1854, un dolmen à moitié enfoui sous terre et que les grands travaux exécutés pour le chemin de fer ont dû détruire entièrement.

△ Une épée en bronze, qui appartenait, en 1789, au cabinet de M. de la Pommeraye de Ker-an-Bar, avait été trouvée dans les marais de Montoir.

△ Un poignard de bronze de 28 c., avec lame en forme de feuille à côte centrale, a été trouvé près de l'écluse de Trignac, sous deux mètres de tourbe. La soie est triangulaire et percée de trois trous de rivets. On remarque sur certaines parties de la lame des applications d'une mince couche d'or, semblable au plaque moderne. (Abbé Godefroy.)

△ Une hache à talon ; même provenance.

△ Une dague en bronze à soie élargie en éventail et percée de quatre trous de rivets (ancienne collection du baron de Girardot) ; trouvée à Trignac.

Une petite barque, creusée dans un tronc d'arbre non équarri, a été trouvée le 4 mai 1856, dans les travaux de construction du pont de Méan ; elle était à 4 m. 50 de profondeur, dans un sol tourbeux.

Les deux extrémités sont évidées ; elle mesure 1 m. 65 de long sur 63 c. de large et 24 c. de profondeur. (Musée Archéologique de Nantes, n° 6 du Catalogue.)

Une massue en bois, de 82 c. de long, a été trouvée, lors de la construction du chemin de fer de Saint-Nazaire

(1855), à dix mètres en aval du profil 417 ; elle était à 1 m. 50 de profondeur. (N° 7 du Catalogue du Musée Archéologique de Nantes.)

Un port existait à Montoir au siècle dernier ; des organeaux placés à la base des maisons servaient à amarrer les navires. Mais l'étier qui communiquait à la Loire a été comblé à la suite d'un coup de vent.

Lieux dits : la Bosse, la Gravelle, la Rue, la Grée.

NOTRE-DAME-DES-LANDES

La voie romaine de Blain à Nantes traverse cette commune du nord-ouest au sud-est. Bizeul l'a signalée à l'Arche-de-Fouan, sur la limite de Blain, Héric et Notre-Dame-des-Landes. A 400 m. de ce point, « la voie, dit Bizeul, s'éloigne du chemin rural, et, traversant diverses pièces de bois et de landes, où elle est encore très marquée, elle entre dans ce chemin qui conduisait de Blain à Nantes par la Paquelaie. Cette réunion s'opère vis-à-vis et à 200 m. à l'est du village du Breil-du-Loup. Là, la voie est fort connue sous le nom de chaussée de Vieille-Forest... La chaussée de Vieille-Forest est un des fragments de la voie les mieux conservés. La culture des landes a fait disparaître ses rebords, mais son agger ou empierrement en cailloux roulés de quartz est intact en beaucoup de parties. On voit qu'il a été appuyé dans ses côtés par un rang de fortes dalles en pierres, placées de champ. » Bizeul écrivait ceci en 1845.

Il signalait en même temps, à l'est de ce point, sur la lande du Long-Dû, les *Forteresses,* nom donné à des retranchements en terre presque effacés à cette époque.

Puis, au sud-est de l'Arche de Fouan, en Héric, le château de la Motte, « enceinte cernée de fossé et de rejets de terre, contenant à l'intérieur 15 à 20 ares, et d'une forme circulaire. Le retranchement à l'orient, au midi et en partie à l'occident, a plus de 30 pieds d'élévation, à partir du fond du fossé, qui a généralement de 20 à 25 pieds de large. Il est moins élevé au nord, parce que, dans cette direction, le camp s'appuie au coteau. A l'intérieur, le talus présente encore une hauteur de 4 à 5 pieds. Il est formé de terre et de pierraille, sans aucune apparence de ciment. » Bizeul ajoute que dans le pays on croit qu'un trésor est caché sous ce château, et il raconte la malheureuse tentative d'un magister qui essaya de fouiller le retranchement avec l'aide de ses écoliers. On prétend que des flammes sorties de terre dévorèrent l'entreprenant maître d'école et ses élèves. « Aussi croyez bien que personne ne se hasarde dans la nuit sombre ou même au clair de la lune dans ce lieu néfaste. Ce n'est même qu'en tremblant que l'on parcourt, quand le jour baisse, le chemin qui conduit de l'Arche-du-Fouan au Breil-du-Loup, chemin creux et ombragé, côte à côte, et à l'est duquel la voie a laissé de nombreux vestiges : c'est un lieu d'apparitions, de *voiries* ou *vairies,* c'est-à-dire de choses qu'on *voit* ou plutôt que l'on croit voir, mais choses effrayantes et desquelles on ne peut se rendre raison. »

Lieux dits : Chatillon, la Haie, la Ville-au-Duc, les Pierrières.

PIERRIC

☐ Au mois d'octobre 1883, j'ai vu en cette commune le plus beau castellum que nous ayons dans la Loire-Inférieure. Il se trouve sur la gauche du chemin qui relie Pierric au Grand-Fougeray, un peu avant le pont de la Chère et vis-à-vis un vieux manoir à pignons élevés, qu'on laisse sur la droite.

Du reste, on voit de loin cette butte couverte d'arbres qui domine tout le versant du coteau de la rive gauche. Après avoir traversé une pièce de terre, on arrive devant une brèche qui donne accès dans une douve profonde, encaissée entre des talus extérieurs hauts de 4 m. au-dessus du fond, et dominée par une citadelle en terre de 10 m. d'élévation.

Lorsqu'on a franchi les flancs à pic de cette butte, on redescend dans une enceinte circulaire de 35 m. de diamètre, protégée par un talus de 3 à 4 m. de haut. La partie occidentale de cette défense présente partout des dimensions plus fortes. Au nord, le talus est ouvert devant une sorte de jetée qui traverse la douve. Au sud, les remparts ont été nivelés pour augmenter le champ voisin.

Les douves, dont le périmètre est de 250 m. environ, sont assez régulières ; le fond est plat et mesure 4 m. de large. A l'extérieur, un cercle de talus entoure en partie les douves.

Un terrier de renard, creusé dans la partie haute du retranchement intérieur, m'a permis de voir à une assez grande profondeur la structure de ce rempart, composé de terre mêlée çà et là de blocs de pierre comme jetés au hasard (¹).

Ce château de terre, à demi caché sous les arbres, présente un aspect aussi redoutable que bien des forteresses du moyen-âge ; il porte l'empreinte d'une force brutale qui fait songer aux temps barbares des débuts de notre histoire.

Notre savant collègue, M. E. de Bréhier, à qui je dois de vifs remerciements pour m'avoir signalé ce curieux travail, lui donne le nom de Rainefort, du nom du village voisin.

C'est un des anneaux de cette gigantesque chaîne de défense qui traverse le nord de notre département et qui nous a conduit des limites de l'Anjou aux limites de l'Ille-et-Vilaine, dont nous ne sommes plus séparés que par la

---

(¹) Un chêne abattu depuis peu a mis à jour l'orifice d'une petite cavité en forme de citerne et entourée de pierres.

Chère. Mais notre ligne ne s'arrête point à ce cours d'eau ; en face du castellum de Rainefort, et séparée par la rivière, j'aperçois une autre forteresse entourée de douves, dont le bord vient toucher les eaux de la Chère. Même disposition qu'à Rainefort, mais avec des dimensions beaucoup plus faibles. C'est une sorte de plate-forme circulaire de 20 m. de large, entourée de fossés de 5 m.; elle est creusée au centre et protégée sur les bords par un talus dont le sommet a tout au plus 1 m. 70 de haut. Une petite chaussée traverse la douve au nord. Tout cela est effacé, aplati et de plus recouvert par des arbres. Je ne sais pourquoi l'on a placé ce castellum dans un endroit très bas, où il est commandé par un gigantesque coteau. Il était sans doute destiné à protéger un gué, et pour cela, on a tenu à le placer bien auprès de la rivière et devant la citadelle de Rainefort.

De l'autre côté de la Chère, en remontant au nord, se trouvent les ouvrages de fortification du Laray, de Brandeneuf, du Coudray, de la Cariais, et les Fosses-Rouges, en Messac, qui m'ont été signalées également par M. de Bréhier.

Au sud de Pierric, Bizeul indique « une longue suite de monticules qui s'étendent d'orient en occident sur une longueur de 2 kilomètres, mais qui ont une très petite largeur. Ils sont indiqués sur la carte de Cassini comme une ligne de rochers. » Tout près de là, nous retrouvons les grands retranchements de Conquereuil, indiqués à la page 94 de ce *Dictionnaire.*

A l'ouest de Rainefort, se trouve le village de Castres.

Période romaine.

◇ De nombreux débris romains, des monnaies, poteries et briques à rebords, ont été trouvés au hameau de l'Abbaye, ancien prieuré de Ballac, dépendant de Redon.

La voie romaine que j'ai suivie en Conquereuil traverse du nord au sud la commune de Pierric en passant par le Moulin-Roussel; puis elle passe entre Coivaux et Trévélec, pour franchir la rivière auprès du village de Chère. On a souvent remarqué que les localités qui portent le nom des cours d'eau sur lesquels elles sont établies, présentent un intérêt archéologique tout particulier.

Lieux dits: le Rocher, Castres, la Grée, la Butte.

PIRIAC

△ Menhir de Kervodüe.

Avant d'arriver au ruisseau du Pont-Nave, la route de Piriac à Guérande traverse le village de Saint-Sébastien; au milieu de ce hameau, une sorte de placis débouche au nord sur un chemin qui conduit aux maisons de Kervodüe, situé à 200 m. de là. En face de ces maisons, sur la gauche du chemin, on aperçoit une belle pierre grise fichée en terre. C'est un large bloc de granit, taillé carrément, haut de 1 m. 60 sur 1 m. 70 et 53 c. d'épaisseur; il est très régulier de forme, orienté nord-sud, et ressemble plus à la pierre de fond d'une allée couverte, qu'à un menhir. Toutefois, je n'ai aperçu autour qu'un seul fragment pouvant appartenir à un dolmen. (Février 1882.)

☐ D. Débris de dolmen à Kertrellant, entre Boule et l'Auvergnac.

☐ D. Débris de dolmen à Bolomel? Indiqués dans les *Bulletins de l'Association bretonne* par M. Kerviler en 1877.

Un des rochers de la côte, bien connu des touristes, porte le nom de Tombeau d'Almanzor. Richer le décrit ainsi dans son *Voyage dans la Loire-Inférieure :* « C'est un bloc de granite, de 5 pieds de hauteur sur 14 de longueur. L'épaisseur, dans la partie supérieure, est de 5 pieds; l'inférieure n'en a que deux et demi. Creusé dans sa partie orientale, ce rocher a une forme arquée comme une grotte.

Sa surface est profondément sillonnée de raies longitudinales, qui découlent du sommet, sur toutes les faces, en lignes droites ou légèrement courbes. A l'origine de ces rigoles, sont dix espaces circulaires, d'environ trois pouces de profondeur.

« Cette masse si bizarre occupe la partie la plus élevée d'une roche que la mer recouvre à toutes les marées, mais elle n'en est jamais baignée entièrement. Les lichens qui s'y sont implantés indiquent qu'elle est au-dessus du niveau ordinaire des eaux. On ignore d'où lui vient le nom de Tombeau d'Almanzor. »

Pierres du Méniscoul.

⌐ D. En sortant du village Saint-Sébastien par la route qui conduit à Piriac, on aperçoit, à 2 ou 300 mètres sur la gauche, le moulin du Méniscoul. Dans le mur qui sert de clôture, à 20 mètres au nord de ce moulin, se voient deux gros blocs de granit étendus sur le côté, à la suite l'un de l'autre. Ces pierres sont très unies dans la partie qui regarde le sud et complètement irrégulières sur la face opposée. Sont-ce là les débris d'une allée couverte ? En tout cas, ces pierres sont hors de place. A vingt pas du moulin, dans la direction de l'ouest, j'ai rencontré un autre bloc abattu de 1 m. 40 sur 80 c.

La plus grande des pierres du Méniscoul mesure 2 m. 10 sur 1 m. 30 ; elle est couverte ainsi que sa voisine de signes gravés, de cupules, de fleurons et de plus d'une vingtaine de croix creusées sur la surface plane orientée au midi.

La présence du symbole chrétien sur un monument aussi primitif est un fait bizarre. Ces croix sont-elles des signes dolméniques transformés au premier temps du christianisme pour sanctifier un monument d'une religion barbare ? M. A. Martin, dans une notice publiée sur ce sujet, combat cette opinion. « Une seule croix, grande et bien visible, nous dit-il, eût été plus logique pour ramener à l'idée du Christ la pensée des passants. C'est un travail énorme, même avec le fer, de creuser cinquante ou soixante croix dans le granit. Et dans quel but tant de peines ? Il y a des croix si petites, que neuves on ne devait pas les voir à dix pas. En second lieu, il n'y a pas que des croix sur mon dolmen ; j'y vois des cupules, des trèfles, des sortes de rosaces, des caractères bizarres assimilables à rien de connu. . Il est inadmissible de donner à ces différents signes une origine chrétienne. Tout doit avoir une raison d'être, et l'inclinaison des croix en tous sens, la variété des formes et des dimensions, les supports sculptés, arrondis ou carrés, longs ou larges, sur lesquels certaines croix sont élevées, à quoi bon cette prodigalité de main-d'œuvre ? — Au premier aspect des caractères tracés sur nos deux pierres, il m'était venu une idée singulière basée sur cet instinct invincible qui pousse à vouloir toujours rattacher l'inconnu au connu. Le premier, je tombais dans l'erreur que je combats. Si aux croix à supports je supprime par la pensée les deux branches et à toutes les autres une seule branche, j'obtiens de nouveaux caractères donnant une idée assez exacte, les premiers d'un phallus, les seconds d'un celt emmanché, dessins se rapportant à des figures déjà trouvées et admises par beaucoup d'archéologues.

Aurait-on fait l'opération inverse pour métamorphoser des caractères inconvenants et barbares en symbole de la religion du Christ ? — L'examen minutieux des sculptures a suffi pour dissiper mon doute à cet égard. Le travail est tout un ; il n'y a pas eu de retouche ; même en étudiant de près ces sculptures, on croit y reconnaître encore le faire de l'artiste. Toutes les silhouettes sont arrondies ; pas un angle. On dirait que l'instrument, pierre ou bronze, était tenu verticalement, et que dans cette position on le faisait tourner rapidement entre les deux mains. Ce n'est qu'un des procédés de forage actuel, une corde tendue par un arc remplaçant les mains. D'ailleurs, cet arc même était connu dès une haute antiquité, car nous le retrouvons sur des stèles égyptiennes, adapté au même usage. Les cupules achevées, restait à les réunir par un trait en creux. Les caractères en forme de rosace montrent mieux qu'aucun autre ce mode de faire, fort bien compris d'ailleurs, surtout en admettant le couteau en pierre, peu fait pour recevoir le choc du marteau. — Est-il besoin enfin de dire que la croix a existé de toute antiquité comme caractère scriptural ? — Les hiéroglyphes ne nous montrent-ils pas un grand nombre de croix, croix de Malte, croix grecques, latines, simples, doubles, à piédestal, croix ausées, emblèmes de la vie céleste ? Pourquoi les Celtes ou leurs prédécesseurs dans nos pays n'auraient-ils pas connu et employé ce signe ? »

Les Cartes du Diable.

Dans le chemin qui passe devant le moulin, on m'a montré de larges pierres connues sous le nom de Cartes du Diable et qui forment le fond du chemin. On remarque à leur surface un grand nombre de croix de formes variées et alignées sur deux rangs.

Tous ces signes étant creusés sur des pierres à ciel ouvert n'ont plus la même valeur que les caractères gravés à l'intérieur des chambres dolméniques, et peuvent être d'une date beaucoup plus récente. (Février 1882.)

△ Des haches en pierre polie ont été trouvées près de Saint-Sébastien et au Meniscoul ; l'une d'elles est en petrosilex et très usée au tranchant.

Période romaine.

Des marzelles ont été signalées à Piriac ; elles recouvraient sans doute des puits funéraires, mais elles ont été déplacées.

Voies romaines de Lerat à Merkel, et de Piriac vers Saint-Lyphard. (Kerviler, Congrès de Savenay.)

Lieux dits : la Roche-Bleue, la Pointe-de-Castelli.

PLESSÉ

La Gravelle de Gargantua.

△ J'ai vu en Plessé un menhir situé à 5 kilomètres à l'est du bourg, sur la droite du chemin n° 2, qui conduit à Guenrouët. Il est piqué dans un champ qui borde la route, à 2 ou 300 mètres avant d'arriver à un moulin. Sa hauteur est de 2 m. 38 sur 2 m. 15 de large et 65 c. d'épaisseur ; il est en roche quartzeuse de couleur blanche.

Pendant que je le dessinais, un bonhomme me conta que cette pierre était autrefois dans un des souliers de Gargantua ; mais comme elle le gênait pour marcher, il ôta ses chaussures et fit tomber le caillou dans le panier d'une marchande de poisson ; la bonne femme fut enfoncée sous terre avec ses poissons et la pierre resta piquée tout debout par-dessus. C'est pour cela qu'on l'appelle la Gravelle de Gargantua.

La Pierre de Bandonnet.

△ De là, en reprenant la route de Redon à Blain, on passe devant les moulins du Larré, situés à deux kilomètres au sud de Plessé. Vis-à-vis ces moulins, sur le bord de la route, se trouve un menhir abattu de 2 m. 30 sur 1 m. 65 et 1 mètre d'épaisseur.

△ Un autre menhir, bien carré de forme et élevé d'un mètre au-dessus de terre, est dessiné dans un manuscrit de M. Armand Guéraud. (Bibliothèque publique de Nantes.) La situation étant assez mal précisée (entre le bourg de Plessé et Saint-Clair), je n'ai pu vérifier cette indication.

⌒ Un tumulus situé près du village de Rozai, est ainsi décrit par Bizeul : « Ce tumulus est situé près du village de Rozai et à quelques pas seulement de l'ancienne aumônerie à chapelle qui existait près du pont et dont aujourd'hui on ne retrouve pas vestige. Le tumulus est entouré des eaux de la petite rivière de Plessé ; il est couvert d'un bois taillis en chêne ; sa hauteur est d'environ 15 pieds ; sa circonférence de 168 m. à la base et de 84 au sommet. Ce sommet est entouré d'une sorte de parapet de 2 pieds d'élévation qui donnerait l'idée d'un poste pour la défense de la voie (la voie romaine de Blain à Vannes). On aurait alors profité du tumulus préexistant, car on ne peut penser qu'on ait élevé cette masse de terre au milieu du ruisseau pour y établir un camp d'aussi peu d'importance. Ce tumulus n'a point été fouillé. Il paraît n'être formé que de la terre argileuse tirée du ruisseau, sans la moindre apparence de pierres, ni sur les pentes ni au sommet. »

Dans la forêt du Pont, au nord de Plessé, des blocs de pierre bizarrement superposés m'ont été indiqués dans le pays comme faisant partie de l'immense chasse Saint-Hubert. (Voir Guémené-Penfao.) M. Desmars les note avec un point de doute comme les restes mutilés d'un autel druidique (?)

⚕ Une découverte de bronze provenant de cette commune a été acquise par la Société archéologique de Nantes, le 7 février 1860.

Bracelets ornés de ciselures grossières et recouverts d'une patine verte pulvérulente.

Haches.

Fragments d'épée. En tout, 14 objets trouvés dans un champ, commune de Plessé. Musée de Nantes, nº 1025 du Catalogue, manuscrit du Conservateur.

Des restes de forges primitives existent sur différents points de cette commune.

☐ J'ai visité, en octobre 1883, les fortifications de Saint-Clair, où l'on a cru reconnaître le *Castrum Seium* de nos anciennes chartes. Un contrefort de rochers se détache à pic au-dessus de l'Isac, et des talus de 3 à 4 mètres de haut sur 10 à 15 m. de large l'entourent, dessinant une sorte de pentagone très effacé maintenant. La route neuve de Guenrouët à Plessé est venue tailler dans ce massif une brèche de près de 15 mètres de profondeur.

⌐⌐ Un sarcophage en calcaire avec des ossements et des charbons a été trouvé au pied de cette butte, et sur le sommet on a mis à jour de nombreuses tombes formées de pierre d'ardoises plantées de champ. Chaque année il se tient en cet endroit une des plus grandes foires du pays.

Les *Mémoires de l'Association bretonne* de 1882 contiennent une carte de M. Kerviler (¹), où l'on voit la commune de Plessé traversée par une ligne de mardelles gauloises M. Kerviler signale en cette commune le village des *Buttes* △ où M. Alfred Martin, de Nozay, a découvert un certain nombre de fosses et trouvé un couteau en silex.

M. Fillon avait signalé, en 1864, plusieurs localités portant le nom de Lucs. Il appelait tout particulièrement l'attention des Archéologues sur les Lucs de la forêt de Gâvre; il y en a six autour de l'extrémité nord de cette forêt. Pour lui, les Lucs étaient presque toujours accom-pagnés d'un lieu de refuge fortifié, d'une fontaine ayant quelque vertu thérapeutique, de mégalithes et enfin d'une *folie,* sorte de butte consacrée aux réunions et invariable-ment orientée à l'ouest. J'ai exploré plusieurs localités de ce nom sans y trouver aucun point de concordance avec la description de Fillon, qui du reste n'avait guère étudié que les Lucs du Poitou.

Période romaine.

La voie romaine de Blain à Vannes passe à l'ouest de cette commune, sur une longueur de 11 kilomètres. Du

(¹) Ce tracé, comme l'indique l'auteur dans son étude, est purement conjectural.

château du Dréneuc, en Fégréac, qu'elle laisse à 1 kilomètre au nord, elle se dirige obliquement sur la route de Redon, à l'endroit où commence le territoire de Plessé. Elle côtoie cette route qu'elle traverse au pont de Beaumont. De Rosai, elle descend au sud-est et vient rencontrer la voie de Blain à Port-Navalo. Plus près de la forêt du Gâvre, j'ai vu, à l'est de la voie, un large talus de défense ou épaulement. (Avril 1872.)

☐ Près de cette voie, mais dans la commune de Fégréac, nous avons aussi à indiquer un camp romain de près de 400 mètres de long, entouré de talus et de fossés de 1 m. 30, qui se trouve près du moulin du Dréneuc, en Fégréac.

△ Au-dessus de Saint-Clair, dans les bois qui avoisinent le village de l'Angle, on a trouvé des briques romaines en assez grand nombre.

Lieux dits : Pierre-Folle, Penbé, la Vieille-Fosse, les Buttes, la Haie, la Motte, le Gué, la Grée.

PONT-CHATEAU

△ *Le Fuseau de la Madeleine.*

Du sommet du calvaire de Pont-Château, on aperçoit, au sud, un gigantesque menhir, bien connu dans le pays sous le nom de Fuseau de la Madeleine. Cette pierre placée près du chemin qui conduit à la Berneraie, mesure près de 7 mètres de long; c'est une sorte de grès quartzeux; auprès se trouve une pierre plus petite enfoncée en terre.

D'après une certaine tradition, le calvaire de Pont-Château ou du Père Montfort aurait été élevé sur un tumulus.

☐ D. Une pierre debout, contre laquelle s'appuie une autre pierre, nous a été signalée comme les ruines d'un dolmen par le Dr Foulon. A quelque distance de là, du côté de la Lande, à 3 k. 500 m. au sud de Pont-Château, on voit toute une série de blocs abattus çà et là et qui semblent être des matériaux transportés et rassemblés pour former une galerie dolménique.

La roche branlante de Pimpenelle ou de Rossivan est à une lieue au sud de Pontchâteau, dans les marais qui bordent la rive droite du Brivet, presque en face de Besné. Un bloc énorme dont le poids peut être évalué à 5.000 kg. s'ébranlait sous une faible impulsion ; il oscillait de 4 à 5 c. Pour le mettre en mouvement il fallait monter sur un des rochers qui sont à côté et pousser une des saillies du sommet de la pierre. Maintenant, ce serait peine inutile ; le rocher a été calé, il y a 2 ou 3 ans, par de stupides amateurs du *statu quo*. Cette pierre, qui mesure 7 m. 50 de circonférence sur près de 3 mètres de haut, est posée en équilibre sur le rocher ; le granit assez friable s'est creusé tout autour tandis que la partie centrale, moins altérée par l'action de l'eau et de l'air, s'est conservée et sert maintenant de point d'appui à la roche branlante.

♦ Près de là, 5 haches en pierre polie ont été trouvées récemment.

Nous avons recueilli un certain nombre de haches en pierre polie dans cette commune.

10 △ 1° Une belle hache à tête, de 18 c. de long, provenant de Beaulieu. Elle est en roche dioritique comme toutes les haches de ce type.

2° Hache en fibrolithe trouvée près de la Mélinais, par le sieur Cochard.

3° Hache en diorite, de 13 c. 5 de long, provenant de la Codaie.

4° Une ébauche de hache en diorite, même provenance.

5° Hache de 13 c., en diorite ; provenance, Beaulieu.

6° Jolie hache en diorite verte ; tranchant plat d'un côté en forme d'herminette ; provenance, Beaulieu, sur la route de la Roche-Bernard.

Hache en diorite, de 10 c., trouvée à Pimpenelle. (Collection P. du Boischevalier.)

Petite hache en roche serpentineuse verte, 3 c. 5. Pimpenelle. (Même collection.)

Hache en diorite, de 8 c. ; même provenance. Hache en diorite de 7 c. ; même provenance.

Petite hache en roche dioritique, 4 c. de long. (Collection du Boischevalier.)

☐ Dans le taillis nommé le Bois-du-Château, au bord du Brivet, deux excavations creusées à angle droit l'une de l'autre sont signalées dans les notes de M. Verger.

Lieux dits : le Rocher, le moulin de la Pierre, la Cave, la Haie.

LE POULIGUEN

Tumulus de Ponchâteau.

⌒ A la pointe de Pen-Château, du côté qui regarde la haute mer, se trouve une butte allongée de 4 à 5 mètres de haut. Elle présente une section ovale dont le grand diamètre orienté sud-nord, est d'environ 45 mètres ; ses dimensions en largeur atteignent en moyenne 25 mètres : on a malheureusement utilisé ce tumulus en défrichant un de ses côtés pour y cultiver des pommes de terre.

En juillet 1878, nous avons trouvé à la base de ce tertre une couche noirâtre et peu épaisse contenant des silex éclatés en forme de lames, des fragments de poteries grossières semées de grains de quartz et des parcelles de charbon.

⌒ D. De l'autre côté de la pointe de Pen-Château, sur le bord de la baie, j'ai vu, il y a quelques années, les restes d'un second tumulus qui maintenant doit être tout à fait détruit ; il était juste au-dessus de la falaise et les roches, très friables en cet endroit, l'ont peu à peu entraîné dans leur chute. Le Dr Foulon avait recueilli sous ce tumulus un égrugeoir en granit de 60 c. sur 25 c., plat d'un côté et creusé sur l'autre face d'un trou conique assez profond; son poids dépasse 50 k. On trouve des pierres semblables dans les dolmens du Finistère et du Morbihan.

☐ *Les fossés de la Torre.*

Entre ces deux buttes s'étend un long talus gazonné qui traverse la pointe de Pen-Château. Ce rempart, assez bien conservé dans la partie du sud, mesure en largeur 15 m. 42 sans tenir compte de la courbe du sommet; les bords sont droits, solidement façonnés à l'aide de pierres mêlées de terre.

Près de la grande côte, un double fossé protège à l'ouest le tumulus, et la distance entre les deux talus est de 15 m. 15, d'axe en axe. La charrue a entamé sur plusieurs points la ligne de ces retranchements, et bientôt peut-être, ils disparaîtront tout à fait. Les chalets, les élégants manoirs et les riantes villas ont commencé, autour de la grande baie, une ronde joyeuse dont le mouvement, loin de se ralentir, menace déjà de gagner la grande côte. Mais il nous restera toujours, grâce au talent de notre excellent collègue et ami, M. François Bougoüin, une reproduction très fidèle des remparts et du tumulus de Pen-Château. (*Musée archéologique de Nantes.*)

Quelle est l'origine, le but de cette défense? Doit-on y voir un de ces oppida vénètes que César décrivait ainsi : « La plupart des villes de cette côte sont situées à l'extrémité de langues de terre et sur des promontoires ; elles n'offrent d'accès ni aux gens de pied, quand la mer est haute (ce qui arrive constamment deux fois en vingt-quatre heures), ni aux vaisseaux que le reflux laisse à sec sur le sable. On ne pouvait donc les assiéger. Si après de pénibles travaux on parvenait à contenir la mer par des digues et à élever une terrassé jusqu'à la hauteur des murs, les assiégés, lorsqu'ils désespéraient de leur fortune, rassemblaient leurs nombreux vaisseaux, y transportaient tous leurs biens et se retiraient dans d'autres villes voisines, où la nature leur offrait les mêmes moyens de défense. »

Il semble, d'après cela, que les Venètes choisissaient pour citadelles des langues de terre ou des promontoires dont la base était coupée par la mer deux fois par jour, et qui alors « n'offraient d'accès ni aux gens de pied, ni aux vaisseaux que le reflux aurait laissés à sec. » Tout cela ne s'accorde guère avec la configuration de la pointe de Pen-Château, et si solides que fussent les vaisseaux venètes, je doute qu'ils eussent résisté aux pointes de rochers qui hérissent ce cap. Quant à construire une terrasse de la hauteur des remparts que nous voyons, une telle besogne eût paru si peu de chose aux légionnaires, que César n'en eût point pris note sur ses tablettes.

On s'est emparé dernièrement de cette forteresse pour défendre un système archéologique très ingénieux, qui consiste à placer dans la Grande-Brière et la presqu'île Guérandaise la fameuse rencontre de Brutus et des Venètes. Les retranchements de ce genre se retrouvent un peu partout sur nos côtes; j'en ai vu de semblables vers la pointe du Finistère, à Groix, à Saint-Gildas et à Saint-Marc. Quoi qu'il en soit, le problème qui repose sur cette défense serait intéressant à résoudre, mais pour cela il vaudrait mieux se servir de la pioche que des vieux textes.

Je me rappelle avoir vu sur la lisière des dunes de Caudan, et à peu de distance de la mer, de très forts talus qui peut-être ont servi de défense.

Plus à l'ouest, vers les limites de la commune de Batz, M. Desmars indique « deux éminences qui avec un troisième mamelon, que couronne un ancien corps de garde, forment un triangle, et semblent par leur forme et leur position, et surtout par les mutilations qu'elles ont subies, mériter l'examen attentif d'un antiquaire versé dans les études mégalithiques. » (?)

Deux haches en pierre polie ont été trouvées dans cette commune, l'une près de Pen-Château, l'autre aux environs du village de Rofia.

Période gallo-romaine.

En 1862, de nombreuses poteries romaines, les unes en terre rouge, dite terre de Samos, d'autres en argile de couleur blanche, ont été trouvées près de Pen-Château par le Dr Foulon et données au Musée archéologique de Nantes.

Nous avons vu sur la côte, près de la baie du Squale, des briques à rebords et des tuiles romaines.

PRINQUIAU

Dans les marais qui bordent le Sillon de Bretagne, sur la limite de Pont-Château et de Prinquiau, se trouve un énorme bloc de pierre supporté par deux têtes de roche. On nomme cette pierre *la Véret ;* de loin, elle a un peu l'apparence d'un dolmen.

▢ Au sud-ouest du bourg de Prinquiau, entre les marais et la route de Savenay à Montoir (borne 44), je vis, au mois de janvier 1880, les restes d'un retranchement en terre, connu dans le pays sous le nom de château de Sem.

L'enceinte de ce castrum était à peu près circulaire, mais la route a coupé et détruit une partie de l'espace qu'il occupait ; il ne reste plus que quelques talus couverts de ronces et d'arbres, entourés par de larges douves.

◠ D. En face, un peu plus au sud-est, on me montra dans un champ qui joint la route, l'emplacement d'une énorme motte entourée de douves ; le fermier l'a détruite peu à peu pour niveler sa pièce.

13

☐ Une autre enceinte fortifiée entourée de douves est signalée par M. Verger, à 1 kilomètre du bourg.

△ Une hache en fibrolithe, trouvée près de la roche de Véret, m'a été cédée par un paysan de la Haie de Besné. Elle est d'un blanc laiteux, et longue de 11 c. 5. (30 octobre 1879.)

3 △ Nous avons eu trois autres haches provenant de la même commune. L'une, longue de 13 c., anguleuse sur les côtés, a été trouvée à la Tremblaie. La seconde, très épaisse et rabattue au tranchant, provient du village du Haut-Chemin. La troisième, trouvée par le sieur Mahé, du village de l'hôtel Rigaud, a eu la pointe brisée et refaite ; toutes trois sont en diorite.

Lieux dits : le Tertre, la Haie-Ferrière.

QUILLY

Période celtique.

Des mégalithes sont vaguement indiqués sur le territoire de Quilly par M. Desmars, qui dit en parlant de cette commune : « Elle ne renferme que quelques monuments druidiques sans importance... » P. 99 de la notice sur les environs de Redon.

Période gallo-romaine.

La voie romaine de Blain vers le château de l'Isle, sur la Vilaine, longe la partie nord de Quilly, entre Notre-Dame-de-Grâces et un petit affluent de la Vilaine.

SAINT-ANDRÉ-DES-EAUX

Période celtique.

☐ *Allée couverte de Couëtcas.*

Le moulin de Couëtcas se trouve à 150 mètres environ de la limite d'Escoublac et à 2 kilomètres nord-est de ce bourg. Dans le cerne du moulin, j'ai vu deux tables de dolmen qui se font suite ; auprès, apparaît un montant à demi caché par la haie ; le meunier m'en a indiqué un second recouvert maintenant par le gazon. La table de l'est est relevée d'un côté ; elle mesure 1 m. 65 sur 1 m. 70 et 35 c. d'épaisseur ; l'autre en a été écartée lorsqu'on a tracé le passage du guivre. Des cupules rondes se voient sur la surface de ces deux pierres. Elles sont en granit et d'un grain beaucoup plus fin et plus solide que les roches qui composent la butte.

La pierre de Couëtcas est située à 300 mètres au nord du menhir de ce nom. C'est une belle table en granit, un peu soulevée de terre et mesurant 3 m. 15 sur 2 m. 20 et 60 c. d'épaisseur. Des cupules sont creusées sur la surface extérieure. Peut-être est-ce une table de dolmen ? Toutefois, je n'ai d'autre indice pour le conjecturer que la forme générale de cette pierre assez plate et coupée carrément d'un côté. La tradition du pays rapporte qu'un trésor est caché sous cette roche.

△ *Menhir de la Pierre-Gergo.*

A l'extrémité nord de la commune de Saint-André-des-Eaux, la route qui conduit de ce bourg à Saint-Lyphard (chemin de grande communication nº 47) laisse à l'ouest une pièce triangulaire située en face de la maison Mabileau. Un menhir, de 2 mètres de haut environ, était planté en cet endroit, sur la limite des deux communes de Saint-Lyphard et de Saint-André. Un homme du pays croyant trouver un trésor sous cette pierre, creusa un large trou à sa base et faillit être écrasé par la chute de la roche. Depuis, elle a été brisée et enlevée de la pièce ; mais sa position est nettement indiquée sur la carte cadastrale dressée en 1854 par M. de Tollenare.

Ce menhir, bien connu encore dans le pays, était désigné, m'a-t-on dit, sous le nom de Pierre Gergo.

2. ⊓ A trois kilomètres à l'est du bourg de Saint-André-

des-Eaux, près des ruines du château d'Ust, on voit les restes des deux galeries couvertes réunies jadis sous un même tumulus. (Statistique des monuments mégalithiques de la presqu'île guérandaise, 1877. M. Kerviler.)

⊓ Un dolmen, dont les pierres ont été exploitées comme matériaux en 1875, se trouvait aux environs du Chatelier, près du chemin qui conduit au port de la Chaussée, située tout à l'extrémité d'une langue de terre qui s'avance dans les marais (d°).

Un cromlech, dont les pierres enfoncées dans la tourbe sont baignées par les grandes eaux l'hiver, est situé sur la même pointe, à l'est et près de la chaussée neuve, à 3 kil. 500 au nord-nord-est du bourg de Saint-André (d°).

△ A 1 kilomètre de Saint-André, la route d'Herbignac laisse à gauche le hameau de la Ville au Blais ; entre ce point et le village d'Avriac, distant de 1,500 mètres, 4 menhirs situés à 500 mètres l'un de l'autre, sur les hauteurs, ont été signalés en 1877, par M. R. Kerviler. Les trois monuments décrits ci-dessus, et que nous n'avons pu visiter, sont cités par lui dans les *Mémoires de l'Association bretonne*.

Des débris mégalithiques au Moulin-Neuf (d°).

A Kerpoisson, sur la route de Saint-Lyphard, près d'un manoir à lucarnes Renaissance taillées dans le granit, on voit, dans un champ, une longue pierre qui m'avait été signalée comme menhir ; je ne crois pas que jamais elle ait été fichée debout : mais elle présente cette particularité que, sur le sommet, on a détaché un large plateau rond, en forme de meule. (A classer dans la catégorie des pierres diverses.)

5 ⌀ Sur plusieurs points de la commune de Saint-André, des silex travaillés ont été observés. (Arthur de Lisle.)

1° A Kerven sur une butte (*station*).

2° A la Folhaie, à 3 kil. 800 à l'est de Guérande ; des silex et quelques débris gallo-romains.

3° A Avriac, petite localité de silex travaillés.

4° A Sandun, grand atelier dont les débris s'étendent sur une dizaine d'hectares environ, comprenant : la Grée et la Basse-Grée. Lames, grattoirs, flèches en silex.

5° L'atelier du Rosé ; assez riche. On rencontre sur ce point des filons de silex, en place dans le gneiss.

Le Bois-de-l'Ile est un îlot situé dans la Brière, tout à l'extrémité nord-est de la commune de Saint-André, où l'on trouve à la surface des silex travaillés, lames-grattoirs, etc., et quelques fragments de cristal de roche.

◊ Près de là, dans la tourbe, on a découvert une pointe de lance en bronze, une hache de même métal et des grains de collier en pierre schisteuse recouverts d'une feuille d'or (C^{on} Martin.) (¹).

□ Une fortification en terre, située près de l'ancien manoir d'Ust, est décrite en ces termes, par M. J. Desmars : « Un énorme fossé descend vers le sud jusqu'au bord du marais d'Ust ; sur ses larges talus, dit la légende, le seigneur se promenait en voiture. On raconte aussi qu'au delà du manoir, ce fossé se prolonge au nord jusqu'à la Brière, et coupe ainsi du côté de la terre la presqu'île où le château s'élève, au milieu des marais. S'il en est ainsi, ne pourrions-nous pas voir dans ce grand fossé les restes d'une Fortification importante, et peut-être antérieure au moyen âge, les traces d'un vallum romain ou d'un oppidum celte. (*La presqu'île Guérandaise*, p. 40.)

◊ Découverte de haches en pierre.

En 1880, des ouvriers carrayeurs, parmi lesquels se trouvait le sieur J.-M. Lequèque, trouvèrent, en extrayant de la pierre à la vallée d'Ust (3 kil. 500 mètres du bourg), sept haches en pierre polie, dont quatre grandes et trois petites. L'une de ces dernières nous a été remise par le

---

(¹) *Association bretonne*, 1877.

sieur Lequèque ; elle est en aphanite très fine et très luisante, longue de 23 c., avec un large tranchant droit. Une autre hache de la même découverte nous a été également cédée, mais après avoir été brisée ; elle est en diorite d'un gris bleuâtre et presque cylindrique de forme ; sa longueur devait atteindre 25 c. Le reste de la trouvaille a été dispersé ou perdu, sauf une troisième pierre en roche blanchâtre, percée d'un trou et qui a été vendue à M. Régent, contremaître à Saint-Nazaire. (A. de Lisle, 1880.)

1° Hache en aphanite verdâtre, longue de 11 c., trouvée à Kerpoisson ; elle nous a été cédée par le fermier de Kerpoisson. (Juin 1882.)

2° Hache en diorite, de 7 c. 5 de long. (Collection de G. et P. de Lisle.)

3 à 5° Une *hache à tête*, en diorite, et deux autres dont l'une est brisée. (Collection Kerviler.)

6° Petite hache en diorite, de 4 c. 5, trouvée à Marland.

7 à 10° Trois haches en diorite, trouvées aux Landes ; deux d'entre elles mesurent 16 c. en longueur; la troisième est petite et très épaisse.

11° Une hachette en jadéite verte, de 6 c. de long, trouvée dans un champ, au bord de la Brière, par le sieur J.-M. Guénaux. Elle est mince et pointue à l'extrémité, et d'une beauté exceptionnelle. (N°s 6 à 11. A. de Lisle.)

Période gallo-romaine.

Des restes de constructions romaines et des briques à rebords ont été trouvés sur plusieurs points de cette commune et dans le bourg même de Saint-André, au nord et à droite de la route qui conduit à Saint-Lyphard.

Lieux dits : les Fosses-Paviolles, Tréhé, la Chaussée, le Chastelier, la Close, la Ville-Josse, la Ville-au-Gal, la Ville-au-Blais, etc.

SAINTE-ANNE

Voir Campbon, p. 91.,

SAINT-ÉTIENNE DE MONT-LUC

Période celtique.

△ *Menhir de la Roche.*

Un superbe menhir, qui, je crois, n'a jamais été indiqué, est planté à 2 kilomètres à l'ouest du bourg, près des maisons de la Roche. Il faut suivre, pour y arriver, la route de Saint-Etienne à Cordemais; puis, en face du parc de la Haie-Mahéas, on prend un chemin qui descend au sud et passe à deux cents mètres de là, devant le village de la Roche. On aperçoit de loin le géant de granit dont la tête dépasse les maisons et les bâtiments de ce village. Ce magnifique menhir est pris de chaque côté dans un mur de clôture, mais sa haute taille se dégage fièrement de cette enclave; il mesure 4 m. 23 de haut, sur 2 m. 18 de long; plat sur ses deux faces nord et sud, il a 95 c. d'épaisseur à l'est et seulement 55 du côté de l'ouest. Une mare d'eau creusée presque à sa base montre la composition assez homogène du sol dans lequel il est planté. La paroi du nord-ouest a dû jadis servir de pignon à une construction; elle est, en effet, moins altérée par l'air que les autres côtés, et aux deux tiers de la hauteur se trouve une cavité carrée qui servait sans doute à emmortaiser la panne du faitage.

Ce menhir, le plus grand peut-être de notre département, nous a été signalé par M. l'abbé Thuaud, vicaire de Saint-Étienne. Tout à l'entour et presque au pied du menhir, nous avons trouvé des débris romains. (15 décembre 1882, G. et P. de Lisle.)

△ Un peulven d'un mètre de haut a été indiqué par

M. Verger sur la droite de la principale avenue du château de la Haye-Maheas.

Le même auteur cite une énorme pierre, située dans les marais de la Roche, au point de jonction des communes de Malleville, Bouaye et Cordemais.

Période gallo-romaine.

△▽ 1° Au hameau de la Roche et tout auprès du menhir que nous venons de décrire, on a trouvé des constructions romaines, des murs formant des compartiments dont l'aire était solidement maçonnée. Nous y avons vu des enduits, des fragments nombreux de briques à rebords et des morceaux de poteries samiennes.

△▽ 2° Château de la Biliais. — En faisant exécuter des travaux dans le jardin en face du château, M. H. de la Biliais découvrit, en 1882, de nombreux fragments de briques à rebords, et tout auprès, des soubassements de constructions gallo-romaines.

△▽ 3° Mont-Luc. — Le village de Mont-Luc est situé à 1.200 m. à l'est de Saint-Étienne ; on y a découvert une sorte de tombe, formée par des briques romaines, et différentes traces de l'industrie des conquérants.

La voie romaine venant de Savenay traverse Saint-Étienne ; on en apercevait les débris, il y a peu d'années, à 200 m. du bourg, au sud de la route de Nantes, sur un talus de fossé. Elle reparaissait également sur un talus à droite, près de la chapelle Saint-Savin. (Voir *Société archéologique de Nantes*. Ledoux, 1878, p. 157.)

□ Ogée signale d'énormes fossés sur le tertre des Bonnes-Dames.

Lieux dits. — Le Rocher, la Roche, la Haie, Châtillon, la Chaussée.

SAINT-GILDAS-DES-BOIS

Période celtique.

Δ Δ? Deux menhirs indiqués en cette commune par la *Commission d'inventaire des Mégalithes de France,* page 67 de la *Revue d'Anthropologie,* année 1880. Je ne veux point les effacer, mais je crois que l'on a inscrit par erreur sous ce nom, les deux menhirs de Sévérac ; je ne connais aucun menhir en Saint-Gildas ; seul, celui de la Bossardière se trouve à la limite de cette commune, mais sur le territoire de Guenrouët, où je l'ai noté.

Période gallo-romaine.

J'ai vu, au sud de Saint-Gildas-des-Bois, les restes de la voie romaine que nous avons indiquée en Guenrouët ([1]) et qui traversant au-dessus de Trigodet, à 2 k. 500 m. au sud-est du bourg, passe par le village de la Rivière où elle présentait, il y a trente-cinq ans, un pavage solide mesurant près de 30 m , entre ses deux fossés. De là, elle se dirige tout droit vers l'ouest. A la Chaussée, à Pont-Noë, elle disparaît dans des bas-fonds et des jardins où je n'ai pu la retrouver. Au delà de Pont-Noë, dans la direction de l'ouest, elle se confond pendant 300 m. avec une route neuve qui conduit à la Chênaie ; puis, à un brusque détour de la route, on voit une partie de son empierrement qui vient faire saillie sur la croûte du macadam moderne. Elle laisse à droite la route même et continue en servant de chemin, dans la direction de l'ouest ; elle a été entamée sur les deux bords et ne mesure guère que 4 m. de large sur 60 c. de haut. Près du parc à Maillard, elle est encore pavée

([1]) Voir Bizeul, voies romaines.

de fortes pierres, exploitées maintenant par les cultivateurs voisins; elle atteint, au moulin Perni, la limite de Saint-Gildas. On me l'a nommée sous le nom de chemin à la Rohanne.

SAINT-JOACHIM

La commune de Saint-Joachim est composée d'un groupe d'îlots très peuplés, perdus dans l'immense désert de la Brière. L'aspect de ces îles est extrêmement particulier : de grands arbres ont poussé près du bord, abritant de leur feuillage des maisonnettes aux toits de chaume que des *sedums* couvrent au printemps d'un épais tapis de fleurettes roses. Toutes ont le pignon tourné vers la rive et sont échelonnées trois par trois de chaque côté d'un chemin qui fait le tour de l'île. Les champs, qui se trouvent au centre de ce cordon, sont cultivés avec un soin qui ôte tout espoir à l'archéologue d'y faire de bonnes rencontres.

☐ *Allée couverte de la Butte aux Gorzeaux.*

La butte aux Gorzeaux est située dans les marais tourbeux de la Brière, à près d'une demi-lieue du bord, presque en face de l'extrémité orientale des Grands-Fossés de Saint-Lyphard. Cette butte est peu élevée et les eaux la recouvrent chaque hiver.

Les débris du monument placé vers le centre, se composent de quatre mégalithes : trois grandes tables se font suite; elles sont posées à plat et alignées dans le sens de la longueur. On dirait la partie supérieure d'une allée couverte dont les montants seraient enfouis sous terre. L'axe de cette allée est orienté est, ouest.

La première table, dans la direction de l'ouest, semble mutilée. La seconde a 2 m. 30 sur 1 m. 75 et environ 60 c. d'épaisseur; la troisième a 2 m. 15 sur 1 m. 25 et 40 c. d'épaisseur.

A côté de la troisième pierre de l'est, il en existe une

quatrième, moins tabulaire que les autres, et qui a sans doute servi de montant.

Toutes sont en granit d'un grain assez fin.

Un homme du village de Marlay (?) trouva en cherchant sous les pierres une sorte de niche qui contenait des ossements humains.

Quel est au juste ce monument ? Galerie dolménique ou tombelle ? — Autour se voient des fragments de calcaire coquillier (éocène supérieur) appartenant au même étage que le bassin du Bas-Bergon, en la Chapelle-des-Marais. (Sept. 1878. A. de Lisle.)

△ *La Roche au Moine.*

La Roche au Moine est située dans la Brière, à moitié chemin entre la partie centrale de l'Ile aux Pierres et le bourg de Saint-Lyphard ; du reste, on aperçoit de loin sa masse blanchâtre à travers les roseaux du marais. Sa hauteur au-dessus du sol tourbeux est de 1 m. 33 ; elle est de forme conique et semble être un menhir. Elle est en granit, semé de longs cristaux d'orthose ; sa forme générale est celle d'un cône. C'est très probablement un menhir. Lorsque je visitai cette pierre, au printemps de 1879, elle était baignée par les eaux, et quand arrivent les grandes pluies d'hiver, elle disparaît presque entièrement.

⌒ La butte de Bombardant est une sorte de tombelle de 1 m. 30 environ d'élévation, dont les talus en terre sont parfaitement intacts.

Elle est située sur le bord de la Brière, à 300 mètres de l'extrémité du chemin de Pelo, au sud de la maison d'auberge du Clos-d'Orange.

Sur le sable, au pied de cette butte, quelques silex néolithiques du même type que ceux de l'Ile aux Pierres.

▢ *Monument de la Butte aux Guiches.*

La butte aux Guiches est un îlot dont les terres dépassent à peine le sol tourbeux de la Brière et qui est situé à

1500 mètres du bord, à l'est du clocher de Saint-Lyphard.
Vers le milieu de cette petite île se trouvent les ruines
d'un monument composé de tables dolméniques entourées
d'un cercle de pierres (4 tables, 2 montants abattus). Les
tables sont grossières, mais ayant à peu près toutes les
mêmes dimensions. La première, vers l'est-nord-est, a 2 m.
14 de long sur 1 m. 27 et 36 c. d'épaisseur. La deuxième est
un peu enfoncée en terre ; elle mesure 2 m. 16 sur 1 m. 42.
Une troisième plus longue, vers l'ouest-sud-ouest, a 2 m. 27
sur 1 m. 31 et 34 c. d'épaisseur. L'axe de l'allée couverte,
autant qu'on peut le déterminer dans l'état de ruine où
elle se trouve, était de l'est-nord-est à l'ouest-sud-ouest.

Des pierres de moindres dimensions l'entouraient et
formaient un cercle dont le diamètre extérieur est de
10 mètres environ ; il se composait d'une quinzaine de
blocs ; 11 sont encore en place actuellement. (Sept. 1878,
Arthur de Lisle).

Λ Λ D. M. de la Pilaye a signalé des pierres de granit
fichées à l'extrémité de l'île de Saint-Joachim et qui furent
détruites lors de la construction de l'église, en 1750. Verger,
dans ses notes manuscrites, considère ces pierres comme
des monuments celtiques.

Δ
V L'île aux Pierres est un banc de sable qui s'étend
du sud au nord, presque en face de Saint-Lyphard et à
3 kilomètres du bord de la Brière. Les petites plages qui
entourent cette île sont jonchées d'éclats de silex parmi
lesquels nous avons recueilli bon nombre d'outils, lames,
grattoirs allongés, des flèches à tranchant transversal,
haches en pierre polie, etc.

Δ Une épée en bronze, longue de 45 c., à lame droite,
élargie à la base et fortement échancrée par deux encoches
latérales, a été trouvée en 1878 au Bru, dans la Grande-
Brière. Au lieu d'être enfoncée sous la couche de tourbe,
comme presque toutes les armes de bronze trouvées dans

la Brière, cette lame était sous un des troncs d'arbres abattus et couchés horizontalement près de l'île de Saint-Joachim. C'est en retournant cet arbre pour le débiter que le sieur Halgan aperçut l'épée ; elle fut déposée pendant quelque temps dans une auberge du bourg, mais lorsque je me présentai pour l'acheter, elle venait d'être vendue à un Anglais ; je ne sais à quelle collection elle appartient maintenant. (Voir inventaire des armes de bronze de la Bretagne. V^{or} Micault et P. de Lisle. Saint-Brieuc.)

Lieux dits : La Rochette, Menac, le Mottai.

SAINT-LYPHARD

Dolmen de l'île des Nains, près Kerlo.

▭ Sur la gauche de la route qui va de Guérande à Saint-Lyphard (chemin de grande communication n° 5), on aperçoit, en arrivant au village de Kerlo, une large pierre appuyée sur le sommet d'une butte. En avant, deux autres pierres piquées debout formaient les parois d'une allée à peu près détruite aujourd'hui. La table est un splendide morceau de granit qui ne mesure pas moins de 4 m. 70 de long sur 2 m. 10 de large ; elle n'est plus soutenue que par un muraillement en moellon, le support qui l'appuyait et dont l'alvéole est encore visible, ayant été abattu depuis peu ; au fond, sous la table, une pierre plate à demi renversée. Les deux montants de la paroi du nord ont été déchaussés ; ils mesurent ainsi dans toute leur hauteur, l'un 2 m. 30 sur 1 m. 27 de large, l'autre 1 m. 70 sur 72 c.

Le tumulus des Nains contenait une autre chambre mégalithique, qui présentait, il y a environ 40 ans, une sorte de demi-dolmen, dont la table mesurait 3 m. 70 sur 2 mètres, et 1 mètre d'épaisseur.

Les splendides matériaux employés pour ce monument font vivement regretter qu'on n'ait pris aucun soin pour empêcher sa destruction ; lorsque je l'ai visité, en 1882, ses ruines grandioses étaient exploitées comme carrière.

△ D Un menhir, situé à dix pas de ce tumulus, est signalé par M. Verger. Hauteur, 1 mètre sur 1 m. 50 de largeur ; orientation est, ouest. Cette pierre, qui n'était peut-être qu'un support de dolmen, n'existe plus aujourd'hui. (Février 1882.)

⌐⌐ Allée couverte du Crugo.

A 5 ou 600 mètres au nord-est du point de jonction de la route de Saint-Lyphard à Herbignac et du chemin vicinal n° 6 (de Kerbourg à Bréca), on voit, sur le sommet d'une butte, les ruines d'une grande allée couverte.

Une large table posée de biais sur deux montants ferme l'allée dans la direction de l'est ; trois autres tables abattues ou inégalement posées sur sept supports renversés s'alignent dans la direction est-ouest ; leur dimension moyenne est de 2 m. 20 sur 1 m. 80. La plus grande mesure 3 m. 40 sur 2 m. 50 de large et 45 c. d'épaisseur. Toutes ces pierres sont en granit et très arrondies sur les bords, par l'action du vent et de la pluie, ce qui prouve que le monument a été débarrassé depuis longtemps des terres du tumulus. Sur les tables et sur les roches granitiques du sommet de la butte, quelques traces de cupules et de bassins. On y voit aussi un trou régulièrement percé par une barre de mine ; la pierre creusée a été fendue en deux et la rainure de la barre est déjà recouverte d'une couche de lichens, aussi épaisse que celle qui tapisse les autres pierres du mégalithe.

3 ⌐⌐ D Dolmens du Clos-d'Orange.

Trois dolmens, très nettement dessinés sur la carte cadastrale dressée en 1855 par M. de Tollenare, sont marqués un peu à l'est du Clos-d'Orange, sur le bord de la Grande-Brière, et près d'un petit chemin qui conduit à l'entrée d'une douve. Ces monuments, sur lesquels je ne trouve que de vagues indications, ont été détruits il y a plus de 35 ans.

△ D Un menhir, situé à 700 mètres au nord-est du bourg, près de la maison du Guévin, a été abattu au commencement du siècle; il est inscrit sur la carte de l'état-major.

Les pierres Mirelon.

⌐? Trois pierres, dont la plus longue mesure 3 m. de long sur 1 m. 50, se trouvent sur la lande d'Arbourg, à une faible distance de la voie romaine. Une quatrième, vers le nord-est, est debout. M. Verger qui les a visitées il y a une quarantaine d'années, pense qu'elles ont fait partie d'un dolmen (à vérifier). On rapporte dans le pays qu'elles sont tombées du tablier de la femme de Gargantua. Légende commune à beaucoup de nos mégalithes.

⌐ *Allée couverte de l'île de la Motte.*

Le village de Kerbourg est situé à égale distance entre Saint-Lyphard et Guérande, et traversé par la route qui relie ces deux points. Un peu au sud de ce hameau, près du moulin de la Motte, on aperçoit de loin, dans une gagnerie, une magnifique allée couverte, bien dégagée des terres de la *Motte*, qui a jadis donné son nom aux champs environnants.

Les travées qui se font suite, s'abaissent successivement à partir de la grande crypte du fond, de sorte que la couverture forme une ligne assez inclinée.

Cette galerie couverte, orientée de l'est à l'ouest, mesure 7 m. 70 dans toute sa longueur; le plan en est peu régulier et les lignes données par les montants forment des angles assez prononcés. Large de 70 c. vers l'entrée, elle se rétrécit vers l'ouverture de la crypte, puis débouche dans une large *cella* de 2 m. 38 sur 3 m. 15 et 1 m. 50 d'élévation.

La crypte est entourée par huit montants et forme en plan une sorte de trapèze. Les trois pierres du fond mesurent en largeur : 90 c., 57 c. et 1 m. 60. Les deux supports du côté nord ont, l'un 1 m. 15 sur 34 c.; l'autre 1 m. 10 sur 20 c. Les trois montants du côté sud ont 1 m., 1 m. 62 et 54 c. de large; la hauteur moyenne des supports est de 1 m. 50, mais les deux pierres de l'angle nord-ouest ont environ 45 c. de moins en élévation. Pour suppléer à ce défaut de taille, on a posé, entre leur sommet et la table, un bloc placé en travers. La pierre de la dernière table est creusée à la surface d'un large bassin.

La galerie est composée de 7 pierres debout et de 3 tables. Les quatre montants du côté nord mesurent, en partant de l'entrée, le premier, 1 m. 15 de large; le second, 1 m. 40; le troisième, 50 c.; le quatrième, 1 m. 20.

Les supports de l'autre côté ont, en largeur, 1 m. 07, 1 m. et 60 c.

La première table est longue de 2 m. 35 sur 1 m. 30 de large.

Celle qui vient après a 2 m. 50 sur 1 m. 72; la hauteur moyenne de la galerie est de 1 m. 40. Les terres qui remplissaient la galerie et la chambre ont été soigneusement enlevées dans des fouilles faites il y a environ dix ans par des Anglais. Nous n'avons malheureusement aucun renseignement sur le résultat de cette opération (avril 1879).

☐ *Deuxième dolmen de l'île de la Motte.*

A 150 mètres environ au sud de cette galerie, j'ai vu une butte couronnée par cinq grosses pierres fichées en terre et entourant une table de granit de 2 m. 30 sur 1 m. 10. Cette pierre est abattue et, dans sa chute, elle a écarté les montants qui la soutenaient. La hauteur de la butte est de 1 m. 20.

☐ *Allée Cte et tumulus dit la Maison-Gergo.*

En février 1882, je vis au sud des maisons de Bréca, sur le bord même de la Brière, une butte ovale de 22 m. de long sur 16 de large. Le sommet était déprimé sur une longueur de plusieurs mètres, comme par l'affaissement des tables d'une allée couverte. Ayant obtenu l'autorisation de pratiquer des fouilles sur cette butte, j'ouvris une tranchée à l'extrémité ouest et je mis à découvert 3 piliers enfoncés verticalement, 2 à l'ouest et 1 au nord. La première de ces pierres mesure 1 m. 10 sur 95 c. de large, la seconde 1 m. sur 65 c. Arrivé à la base de ces montants, je ne trouvai que des parcelles de charbon mêlées à de l'argile compacte. Ce sondage suffit pour me convaincre que la galerie couverte, cachée jadis sous le tumulus, avait été détruite presque complètement. J'ai su depuis que les pierres plates de cette butte avaient été enlevées depuis plusieurs années et employées à la construction d'une des maisons du village voisin (mai 1882). Au pied de cette maison, j'ai retrouvé encore une large table de granit, parfaitement unie, et qu'on avait sans doute renoncé à employer comme maçonne.

☐ ? Trois mégalithes dessinés sur la carte de Tollenare et situés au nord des maisons de Bréca, paraissent avoir été fichés en terre pour entourer une sépulture.

☐ ☐ *Butte de la Brousse au Bodin.* — Tumulus avec doubles galeries.

Au sud de Crévy (2 k. de Saint-Lyphard), s'étendent des bois taillis, dont l'extrémité sud-est forme une pointe entourée par les marais de la Brière. C'est là que se trouve le tumulus du Bois au Bodin. Deux galeries parallèles ont été découvertes sous les terres de cette butte.

L'allée couverte du nord-ouest se compose actuellement de 2 tables et de 5 supports; sa hauteur moyenne est de 90 c. sur 1 m. de large. La table qui recouvre l'extrémité orientale mesure 1 m. 32 sur 70, et 35 c. d'épaisseur. L'autre table, à demi engagée sous le tumulus, est située à l'extrémité opposée. 3 montants au nord, 2 au sud.

La seconde galerie est formée de 9 blocs dont les dimensions varient de 2 à 3 mètres. Les uns sont encore fichés

14

en terre, les autres appuyés sur la masse pierreuse du tumulus (mai 1882).

Les matériaux de ces deux allées couvertes sont en granit et de forme assez régulière. Des fouilles dont le résultat n'a pas été publié, ont ruiné ce monument. Un fragment de poterie grossière parsemée de grains de quartz et provenant du tumulus de Crévy, fait partie de la collection de M. X. de la Touche.

Quelques pierres arrachées à ce monument ont été transportées un peu plus haut sur la propriété de la Crévy.

Un fragment de bronze a été recueilli à la Brousse au Bodin, par le sieur Moreau.

⌒ *Petit tumulus près de la Crévy.*

A 2 ou 300 m. de l'allée couverte que nous venons de décrire, il existe une petite éminence en forme de tumulus où paraissent quelques pierres. Cette butte est située dans les prés marais qui bordent la Brière.

La Croix-Longue est une sorte de peulven très élancé et taillé en forme de croix. Cette longue pierre de granit, jadis placée devant les moulins de Colombe, a été transportée à un carrefour, à l'est du village de Keralio, et piquée au sommet d'un petit monticule de moellons et de terre. (Vue en 1880.)

2. △ *Menhirs de la Pierre-Blanche.*

Sur la gauche de la route qui conduit de Guérande à Saint-Lyphard, presque en face de la borne 6, j'ai vu, au bas d'une pièce de terre séparée de la route par un petit champ, un menhir de quartz blanc piqué debout et un autre en granit, abattu à côté de lui. Ils sont placés dans une petite dépression de terrain et entourés de chênes étêtés. Le menhir, en quartz, mesure 2 m. 10 au-dessus de terre, sur 1 m. 90 de large ; il est plat d'un côté et anguleux de l'autre ; son épaisseur est de 1 m. 07. Le menhir abattu est large de 2 m. 20 et une sorte de bassin est creusé à sa surface (juin 1879).

La Pierre fendue.

Λ Λ Λ D. Ce monument se composait d'une dizaine de blocs alignés dans la direction du nord-nord-est, sud-sud-ouest. Les pierres étaient séparées les unes des autres par une distance d'environ 15 mètres ; toutes avaient une forme différente.

Presque en tête de l'alignement se trouvait la Pierre fendue, célèbre par une légende bien connue dans le pays : Au temps où saint Lyphard habitait le bord de la Brière, un dragon monstrueux désolait la contrée ; déjà sept jeunes filles avaient été dévorées, lorsque le monstre réclama la fille du saint. Lyphard saisit alors son épée, et pour en essayer la trempe il asséna un coup sur une pierre plantée près de là et qui devint ainsi la Pierre fendue ; puis dégageant la lame prise dans cette fente il court au monstre et lui tranche la tête. On voyait encore, il y a peu d'années, cette roche fendue dont l'ouverture béante était assez large pour qu'un homme pût y passer ; sur la paroi nord étaient marqués les quatre doigts et le pouce du saint, qui s'étaient enfoncés dans l'effort qu'il fit pour dégager sa lame. On avait planté une croix sur ce menhir et différents caractères étaient gravés sur l'un de ses côtés.

Malheureusement, lors du partage des communes, ce mégalithe tomba au pouvoir d'un capitaine long-courrier qui s'empressa de l'abattre. Le grand chemin de Pelo au Clos-d'Orange est venu traverser l'alignement, et l'on ne voit plus actuellement qu'un des blocs placés dans l'intérieur d'un fossé et les débris de deux autres jetés près d'un four.

▢ ? Une allée couverte signalée par Bizeul dans la *Revue des Provinces de l'Ouest,* 2ᵉ année, p. 281, est décrite de la façon suivante : « Ce monument, dolmen ou galerie, est situé près du village de Crouly, sur une hauteur, au milieu d'un champ. Il consiste en une grande

pierre plate couchée qui en soutient trois autres debout,
lesquelles en supportent elles-mêmes une quatrième placée
en forme de table au-dessus. A l'est, et toujours soutenues
par la première grande pierre plate, il y en a deux autres,
dont l'une est debout et l'autre paraît être tombée de
dessus. Ces pierres sont fortement penchées vers l'ouest.
Il est facile de s'apercevoir que, dans le principe, elles
avaient été placées droit.

« Au nord et tout près de ces pierres sont plusieurs gros
rochers dont l'un conserve encore d'une manière frappante
la forme d'un corps humain. On distingue parfaitement la
forme du bassin, des reins, du dos, de la tête et des deux
bras étendus perpendiculairement au corps. Près de la tête,
on voit un petit trou circulaire, creusé dans le rocher, et
« destiné probablement à contenir les instruments du
sacrificateur. » Les druides, en effet, immolaient des vic-
times humaines. Ce rocher se nomme dans le pays le
Rohen.

« Comme je n'ai point vu le monument ci-dessus décrit,
ce que je regrette, car il paraît fort intéressant, je me suis
trouvé obligé de copier une note qui m'en a été fournie.
La partie descriptive est un peu obscure, et je ne partage
pas, comme on peut le penser, l'avis de l'auteur sur le ré-
ceptacle des couteaux à sacrifices. Mais l'ensemble indique
des objets curieux et qui mériteraient, sous tous les rapports, une exploration nouvelle. »

J'ai vu, en mai 1882, dans un champ situé à 120 mètres
au sud des maisons de Kéralio, une large pierre que l'on
m'a désignée sous le nom de Roc du Rohen. Elle est sillonnée de rigoles et percée de nombreux bassins, mais elle
ne répond guère à la description qui précède.

Découvertes de haches en pierre polie.

Dans nos excursions en Saint-Lyphard nous avons recueilli : 1° une très belle hache en fibrolithe veinée de
noir et de brun rougeâtre sur un fond blanc, extrêmement

mince, comme les haches vannetaises du tumulus du Mané-er-Hroegh. Elle a été trouvée près de Kerlo, aux environs de la grande allée couverte de l'île la Motte. 1881.

2° à 5° Quatre haches en diorite, de la même provenance.

6° Hache en eurite, brisée (côté du tranchant). Même provenance.

7° Hache en fibrolithe noire, longue de 10 c. 5 ; trouvée à Bréca, sur le bord de la Brière.

8° Hache en eurite, très altérée à la surface, 9 c. 5. La Cochette.

9° Petite hache en silex violet ; longueur, 6 c. 5. Village du Brunet.

10° Hache en diorite de 7 c. 5. Même provenance.

11° Hache de 12 c., en diorite à gros grains. Même provenance.

12° Galet oblong, parfaitement taillé et poli au tranchant. 14 c. 5. Trouvé aux environs de Kercabus.

13° Hache en fibrolithe blanche. Même provenance.

14° Moitié de hache en aphanite, trouvée près Saint-Lyphard par le sieur Bihan.

15° Hache en diorite, plate sur les côtés. Village de Kervinche.

16° Petite hache en fibrolithe blanche. Même provenance.

17° Hache en silex, de petite dimension. Même provenance. (Coll. G. et P. de Lisle.)

M. Gustave Blanchard a collectionné, sur le territoire de Saint-Lyphard, quinze haches en pierre, dont il a bien voulu nous transmettre la description.

1° Hache en chloromélanite (striée de vert et semée de taches noires). Une canelure est creusée sur un des côtés de la pierre. Longueur, 22 c. Trouvée près des dolmens ruinés de Kerlo.

2° Hache en fibrolithe, présentant la même canelure longitudinale. Très beau poli. Longueur 16 c. Brisée au tranchant. Même provenance.

3° Hache en diorite, longue de 25 c., trouvée dans la gagnerie de la Motte.

4° Hache en roche dioritique, très pointue à la partie supérieure et très large au tranchant. Longueur, 17 c. Trouvée au Fozard.

5° Hachette en jadéite, d'une teinte vert foncé ; le poli en est tellement fin qu'elle se ternit au simple toucher. Longueur, 12 c. Trouvée près de Pelloch.

6° Hache en roche jaspée (?); longueur, 8 c. Trouvée près du Pont-d'Os.

7° Hache de roche indéterminée ; longueur, 8 c., et trouvée à Mézerac.

8° Petite hache en roche noirâtre ; longueur, 7 c. Kervinche.

9° Hache en diorite, longue de 9 c.; trouvée au bourg de Saint-Lyphard, en creusant des fondations.

10° Hache très cylindrique de forme, longue de 8 c. ; roche d'un blanc pâle. Provenance, *Kerado*.

11° Hache en diorite, longue de 6 c. 5. Trouvée à Kervinche.

12° Hache en diorite, trouvée à Mézerac, longue de 14 c.

13° Hache trouvée dans la tourbe, devant Saint-Lyphard.

14° Belle hache en silex rubanné, de 16 à 17 c. de long, teintée de noir par son séjour dans la tourbe. Trouvée à Kerlo.

15° Hache en serpentine, trouvée dans l'étang du Liond'Or. — Ces deux dernières haches font aujourd'hui partie de la collection de M. Seidler.

Découverte du champ de la Bèze.

En juin 1879, le sieur Jean-Marie Le Bihen découvrit en levant les terres d'une *chintre*, dans la pièce de la Bèze, au clos de Crévy, cinq haches en pierre dont la disposition bizarre mérite d'être notée. Elles étaient disposées en équerre, deux à deux, sauf la plus petite qui formait le sommet du triangle. Les deux plus grandes étaient placées

parallèlement l'une près de l'autre, à 80 c. de la première ;
les deux autres également à 80 c. de la petite et rapprochées de la même façon. Toutes avaient le tranchant tourné
en dehors et elles étaient posées non à plat, mais de champ,
sur le côté.

Elles étaient enfouies dans un lit de cailloux, sous 15 c.
environ de terre végétale.

Cette découverte offre encore une particularité curieuse ;
on retrouve dans les pièces qui la composent tous les différents états de transformation de la hache en pierre,
depuis l'ébauche à peine dégrossie jusqu'à la hache terminée et rendue luisante par le polissage. En effet, la plus
petite, en diorite grise, est à peine ébauchée et taillée à
grands éclats irréguliers : elle mesure 16 c. Des deux plus
grandes, l'une est encore très irrégulière, surtout vers la
pointe ; l'autre déjà polie, sans être complètement achevée.
Leur longueur est de 22 c., diorite. Parmi les deux de taille
moyenne, l'une est bien polie et luisante, mais repiquée à
petits coups sur une partie de la surface ; l'autre, en roche
verte, ne nous a malheureusement pas été remise. (A. de
Lisle.)

Au sud de Kerbourg, une petite hache en silex translucide jaune doré, de 4 c. 5. A Kerbourg une hache à tête,
en diorite, de 9 c. 5 de long. Une autre hache à tête de 15 c.
de long a été trouvée à 1.200 mètres de là, près de Sandun,
en Guérande, où nous avons omis de l'indiquer.

Un peu au sud de la Madeleine, deux haches en fibrolithe trouvées par le sieur Jean Gouesma. L'une, de couleur
rouge, mesure 14 c. 5; elle est creusée sur le côté d'une
longue rainure, particularité qui se retrouve surtout sur
les haches en fibrolithe. La seconde, un peu incomplète
vers la pointe, mesure 10 c. de longueur; elle est d'un blanc
jaunâtre. (A. de Lisle.)

Bronze.

△ En 1825, on découvrit sous une roche isolée, située

dans les pièces de terre du Cosquet, une hache en bronze.

△ Une autre hache, de la forme dite à talon, a été trouvée dans la tourbe, devant Saint-Lyphard. (Collection G. Blanchard.)

Époque gauloise.

◯ Un statère d'or a été trouvé dans les tourbières de Saint-Lyphard, vers 1858. D. Tète laurée à droite ; cordons perlés supportant quatre petites tètes dont l'une est très effacée. R. Cheval galopant à droite ; au dessous, génie debout, les bras étendus.

Cette monnaie fut achetée à Guérande par M. F. Parenteau. D'autre part, un cultivateur de La Chapelle, en Saint-Lyphard, a vendu à Guérande, vers la même époque, une pièce d'or trouvée près des retranchements des Grands-Fossés. Peut-être est-ce là le statère acheté par M. Parenteau. (Renseignements transmis par M. G. Blanchard.)

☐ *Retranchement des Grands-Fossés.*

Au nord-ouest du bourg de Saint-Lyphard, sur la gauche de la route d'Herbignac, on trouve le commencement d'un gigantesque rempart qui s'étendait en droite ligne sur une étendue de près de 3 kilomètres, dans la direction de Pompas. Ces énormes talus sont assez réguliers et protégés au nord par une douve de 8 mètres de large ; leur hauteur est de 4 à 5 mètres sur une largeur de 5 à 6 mètres. Telles sont du moins les dimensions que j'ai relevées dans la partie orientale de ce retranchement. M. le Vte de Kersabiec a décrit les Grands-Fossés dans son étude sur Corbilon. « Un peu au delà du bourg de Saint-Lyphard, il y a un énorme fossé de terre rapportée, élevé de dix mètres au moins, épais d'autant et ayant à ses pieds une douve d'égale largeur et profonde encore aujourd'hui d'au moins 5 à 6 pieds ; la douve précède le fossé du côté d'Herbignac, c'est-à-dire qu'elle est en dehors de la presqu'île et qu'elle a eu pour but évident d'en défendre les approches. Cet ensemble est connu de tout le monde sous le nom des Grands-Fossés ; ils commencent aux marais de la Brière et se terminent à ceux de Pompas. Du bord des premiers, mais en deçà du fossé, il y a un village qu'on nomme le Pont-d'Os, et au milieu des seconds se trouve celui de Pont-d'Armes, dans une position forte. Ceci dit, tandis que j'examinais ce curieux travail, j'eus recours à un paysan qui passait. « Qu'est-ce ceci ? lui dis-je. — Monsieur, on appelle cela les Grands-Fossés. — Que dit-on sur les Grands-Fossés ? Qui les a faits et pourquoi ? — Cela a été fait dans le temps jadis, me répondit-il, quand l'ennemi vint pour s'emparer du pays. Les gens du lieu se réunirent ici, et, dans une nuit, ils firent ce fossé pour l'empêcher de passer, mais l'ennemi plus habile vint en bateau par la Brière, et descendit en dedans. Il y eut une terrible bataille, les gens du pays furent vaincus ; le nombre des morts fut si grand que les corps firent comme un pont sur le ruisseau, d'où est venu le nom de Pont-d'Os donné au village, comme qui dirait le pont des ossements. »

Nous avons un couteau de dolmen en silex jaune miel, brisé par le milieu et qui a été trouvé près de ce retranchement (1878).

Epoque romaine.

Un camp romain, qui domine le retranchement des Grands-Fossés, nous a été signalé par M. Muterse.

La voie romaine venant d'Herbignac pénètre dans la commune de Saint-Lyphard par la lande d'Arbourg. Elle passe à l'ouest de la Grandière, où elle formait avant les défrichements un bourrelet pierreux de 15 à 20 c. d'épaisseur. Au-dessous de Saint-Lyphard la voie se bifurque au

Pont-d'Os ; une branche se dirige vers Guérande ; l'autre vers Saint-André-des-Eaux.

☐ Un retranchement placé à la bifurcation de ces deux voies est signalé par M. Kerviler.

Des débris romains ont été rencontrés, en assez grand nombre, aux environs de la Madeleine, tout à l'extrémité sud-ouest de la commune.

SAINT-MOLF.

A trois kilomètres 500 au nord-est du bourg de Saint-Molf, se trouve le village de Trebrezan. Près de là, sur le bord des marais de Pont-d'Armes, s'élève un tertre de 6 à 7 mètres de haut et d'environ 100 mètres de tour. Il a été malheureusement fouillé en trois endroits et coupé par une limite de propriété.

Tumulus de Binguet.

Au sud de ce point, dans l'ancienne lande de Binguet, autre tertre ruiné, de 140 pas de circonférence sur 5 à 6 mètres d'élévation. Il est placé sur une hauteur, et a été en partie détruit par des fouilles dont nous ne connaissons pas le résultat.

☐ Des retranchements, situés au sud-ouest de la commune, ont été notés par M. Verger, qui a exploré cette localité, il y a une trentaine d'années. Voici ce qu'il en dit : « Nous avons trouvé près de l'abreuvoir de la ferme de Kervenel, dans un terrain vague, une levée de terre circulaire de 1 mètre de hauteur et de 2 mètres de largeur à la base, formant comme un bassin parfaitement rond, sans solution de continuité. Diamètre, environ 6 mètres.

A côté est une autre levée de terre de 7 mètres de long sur 6 de large et 1 m. 50 de haut.

☐ Vers l'est, à quelque cent pas de la même ferme, dans la lande close de Kerbiquet, est une levée en terre de 33 mètres de longueur sur 2 m. 50 de hauteur au plus, et

3 m. 50 de largeur à la base. A 25 pas de là, autre bassin circulaire, pareil au premier, avec la seule différence qu'il a une ouverture au passage d'entrée.

☐ Au milieu de cette lande, en revenant vers l'ouest, est une troisième levée qui va du nord au sud. Elle est parallèle à la première et mesure 150 pas de long. A 11 à 12 mètres de là est encore une petite butte de même forme que la précédente et qui forme un angle droit avec elle. »

Période gallo-romaine.

Voies romaines.

M. Kerviler signale en cette commune le passage d'une voie romaine allant de Piriac à Saint-Lyphard. Une autre voie venant de Guérande se dirigeait vers Trébrezan.

SAINT-NAZAIRE

Pour parcourir la longue série de mégalithes indiqués dans cette commune, nous commencerons par le dolmen de Saint-Nazaire, puis nous prendrons à l'ouest les monuments qui bordent la route de Guérande. Remontant ensuite vers le nord, nous suivrons le contour de la Grande-Brière, et revenus à notre point de départ, nous longerons le bord de la côte.

☐ *Dolmen des Trois-Pierres.* — Saint-Nazaire, PLACE DU DOLMEN.

Il y a quelques années, il fallait, pour visiter ce dolmen, prendre à travers champs dans la direction du nord-ouest, et à 1 kilomètre de l'église, dans une pièce de terre dépendant de la métairie du Bois-Savary, on apercevait sa masse grandiose dominant un épais fourré d'ajoncs. Maintenant, sans avoir changé de place, il se trouve au milieu d'un square bordé de trottoirs, à la rencontre de plusieurs rues nouvellement tracées du nouveau Saint-Nazaire. La jeune ville a monté jusqu'à lui, mais dans sa marche elle a respecté ce vieux géant et c'est là un acte singulièrement intelligent. En voyant les rues s'écarter pour faire place à ces simples blocs de pierre, les paysans comprendront peut-être quelle mystérieuse valeur s'attache à ces souvenirs du passé.

De tous les mégalithes de notre pays, le dolmen de Saint-Nazaire est à coup sûr le plus connu ; il a été dessiné, photographié, lithographié, un nombre incalculable de fois, et ses descriptions couvrent de longues pages dans les notices sur la Loire-Inférieure. Les opinions les plus diverses et les plus étranges sont venues tour à tour passer sur ses robustes épaules ; en les parcourant on ferait l'historique des évolutions de la science archéologique depuis la fin du siècle dernier jusqu'à nos jours. Successivement désigné comme tombeau de chef romain, autel de Teutatès table à sacrifice, trilithe, porticelle, etc., nous y voyons maintenant, avec plus de certitude que nos prédécesseurs (¹), les ruines d'une crypte dolménique dont l'allée couverte a été abattue et en partie détruite. En effet, en dehors des 3 pierres qui lui ont valu son nom, on en voit encore 4 ou 5 autres en désordre à ses côtés.

La table du dolmen mesure 3 m. 45 sur 1 m. 80 et 50 c. d'épaisseur ; elle est très régulière de forme et bien aplanie à la partie intérieure ainsi que les deux montants qui la supportent. Le montant du côté du sud mesure 1 m. 80 au-dessus de terre sur 2 m. 40 de large et 60 c. d'épaisseur.

La crypte mesure 2 m. 35 dans la largeur (sud-nord). A l'ouest, un bloc très allongé est couché en travers du dolmen, perpendiculairement à l'axe de la crypte ; longueur 1 m. 80 et largeur 1 m., épaisseur 50 c. — Au nord,

(¹) Bizeul avait parfaitement compris la destination première du monument de Saint-Nazaire.

une pierre plate, débris de l'ancienne allée couverte, mesure 1 m. 55 sur 90 c. et 50 c. Les deux supports et la table sont en granit assez fin, feuilleté et présentant des surfaces parfaitement planes; les autres blocs sont en granit à gros grains. (22 février 1883.) « En fouillant la terre sous la pierre de Saint-Nazaire, on a trouvé des urnes, des pièces d'or, d'argent et de cuivre. » *Lycée armoricain,* 1828, p. 7.

Tout auprès, de nombreux débris gallo-romains.

△ *Menhir de Grand-Pré.*

A 2 kilom. 500 m. de Saint-Nazaire, sur la droite de la route qui conduit à Guérande, un menhir est indiqué près du village de Grand-Pré.

▢ *Dolmen de la Bosse de Tregouët.*

Sur le côté nord de la même route, mais à 6 kilomètres de Saint-Nazaire, j'ai vu, avant d'arriver aux Quatre-Vents, vers le sommet d'une butte, quelques blocs de granit épars de côté et d'autre et presque tous brisés. Là existait un dolmen, déjà ruiné en 1865, et que Bizeul comparait au dolmen de Saint-Nazaire. M. Martin l'indique comme tumulus à double dolmen.

▢ *Tumulus de Signac.*

Près de là, se trouve le tumulus de Signac ou d'Issignac, désigné aussi sous le nom de Bosse de la Prière.

Il est situé à 1 kilomètre environ au sud-sud-est du village des Quatre-Vents que traverse la route de Guérande à Saint-Nazaire. Il domine le double hameau de Signac. Lorsque je le visitai, au printemps de 1871, on apercevait alors la partie supérieure des pierres formant le dessus de l'allée couverte du côté de l'est; sur un point, une ouverture très étroite laissait pénétrer à l'intérieur; mais le caveau où l'on descendait était encombré de pierres et le jour manquait.

Depuis, des fouilles ont été faites sur cette butte par nos collègues MM. Martin, lieutenant de frégate, et Kerviler, ingénieur (1873) ; et deux galeries dolméniques ont été dégagées des terres du tumulus. Les notes publiées par MM. Martin et Kerviler dans le tome XII des *Annales de la Société archéologique,* nous donnent les mesures suivantes :

Le tumulus, en forme de cône tronqué, a 120 mètres de tour à la base et 14 à 16 mètres de diamètre à la partie qui a été nivelée ; sa hauteur est de 3 m. à 3 m. 20.

La galerie du nord mesure 15 mètres dans le sens de la longueur ; elle est composée d'une allée couverte formée de deux rangées de montants, 17 au nord, 19 au sud, très irréguliers et surmontés de blocs ou moellons sur lesquels reposent 7 tables de diverses grandeurs ; sa longueur est de 11 mètres. Elle débouche dans une vaste crypte, cintrée dans la partie nord, et formant un demi-rectangle du sud à l'ouest. Sa longueur est de 3 m. 23 sur 3 m. de large ; l'élévation donnée par le creusement du sol jusqu'à la roche est de 3 m. 10, mais lorsque le dolmen était intact, cette hauteur devait être beaucoup moindre, car les pierres du fond de la crypte, à l'ouest, sont maintenant déchaussées, ce qui est un danger sérieux pour la conservation de ce monument. Deux tables séparées maintenant d'un mètre l'une de l'autre, la recouvraient à l'est et à l'ouest. Elles mesurent 3 m. 30 sur 1 m. 90, et 3 m. 20 sur 1 m. 75.

La galerie du sud, parallèle à la première, en est séparée par une largeur de 3 mètres. Elle mesure 13 m. 40 de longueur totale.

L'allée couverte, détruite au milieu sur un espace de 4 mètres, présente d'abord 2 tables soutenues par 8 ou 10 blocs irréguliers ; 5 tables bien rapprochées recouvrent le second tronçon qui donne accès dans une cellule rectangulaire de 3 mètres de long sur 1 m. 65 de large. Le fond est formé par un large montant de micachiste ; sur les côtés, quelques supports sont abattus ; une longue pierre vient en partie fermer l'ouverture de l'allée au point où elle débouche dans la crypte.

Remarquons ici la disposition des deux galeries ; elles commencent par avoir une faible hauteur, 1 mètre à 1 m. 10, puis elles s'exhaussent progressivement en se rapprochant de la crypte, où elles atteignent deux et trois mètres d'élévation ; la ligne donnée par la couverture de ces deux galeries est fortement inclinée comme si on les avait abaissées pour suivre la pente du tumulus. J'ai noté la même disposition au tumulus de la Roche, en Donges, et au monument de l'île la Motte, en Saint-Lyphard.

Les fouilles exécutées par la Société archéologique de Nantes ont servi à mettre à jour la structure des allées couvertes de Signac ; pendant les travaux, en déblayant la grande crypte du nord-est, M. Martin a rencontré deux blocs de pierre, placés au centre de la chambre et servant de piliers de soutènement. Ils étaient simplement posés sur le remplissage de moellon et de terre qui comblait l'intérieur de la crypte. Cette circonstance bizarre fait supposer qu'un remaniement a eu lieu à une époque postérieure à la construction du dolmen... Comme le remplissage qui supporte ce lourd pilier est mêlé de débris gallo-romains et de poteries dolméniques, on peut en conclure que la chambre a été ainsi remplie à une époque, ou contemporaine, ou plus récente que la conquête romaine. Après avoir écarté les deux tables de recouvrement, on a fait tomber dans la chambre ces blocs de pierre ; puis on a rapproché les dalles, précaution assez bizarre et dont l'explication n'est point facile.

Peut-être le tumulus de Signac contenait-il de riches trésors de l'industrie celtique ; mais ces bijoux sont tombés depuis longtemps aux mains de nos terribles devanciers. Presque tous les monuments de notre péninsule ont été ainsi visités, et lorsque nous cherchons quelque trace de ces dévastations, nous relevons partout les mêmes indices :

des poteries samiennes, des briques à rebords et des fragments de vases gallo-romains.

Parmi les objets provenant d'Issignac et que j'ai essayé de classer pour le Musée de Nantes, se trouvent :

1° De nombreux fragments de vases en terre grossière, ayant tous les caractères de la poterie dolménique.

2° Des éclats de silex grossiers, mais ayant parfois une taille intentionnelle et des retouches.

3° Un fragment de hache en diorite.

4° Des débris de poteries romaines en terre rouge, noire, etc.

5° Des scories de fer, des charbons, des pierres calcinées, un morceau d'albâtre.

Le mélange des objets celtiques et romains prouve que cette sépulture a été entièrement violée depuis la conquête. MM. Martin et Kerviler, qui ont fouillé le tumulus de Signac, s'accordent à conclure que les corps déposés dans ces caveaux avaient été incinérés ; ils n'y ont pas trouvé le moindre ossement humain.

Tout autour de la butte de Signac, j'ai recueilli des silex travaillés, des grattoirs, de petites lames, etc. Au village de Signac on m'a remis un objet en bronze très oxydé, ayant la forme d'un petit bracelet aplati, terminé par une tête de serpent (?). Juin 1882.

☐ D A quelques cents mètres au sud-ouest de la Bosse-de-Signac, j'ai vu, sur une petite colline granitique, une table de dolmen de 1 m. 63 sur 1 m. 35, soulevée de terre de 85 c. et appuyée sur un bloc informe. Cette table, assez plane sur le dessus, est au contraire très inégale à la partie inférieure ; les côtés sont droits. Sur le sommet, j'ai compté une dizaine de cupules. C'est sans doute un débris de monument dolménique.

Dolmen de l'Étang.

☐ D De ce point, en remontant vers le nord, un dolmen renversé près du village de l'Etang (1854), et maintenant détruit. L'Etang est au sud de la route de Saint-Lyphard à Herbignac, à 6 kilom. de Saint-Nazaire.

Dolmen de Marsain.

☐ D En face de l'Etang, mais de l'autre côté de la route, des débris de dolmen sont signalés par M. Kerviler.

Dolmens du Moulin de la Motte.

Un peu au nord-ouest de ce point, à 5 kilomètres de Saint-Nazaire, la route de Saint-André-des-Eaux passe devant la propriété de Beauregard. Une large avenue de chênes conduit au manoir; de là en prenant à gauche un chemin qui longe le pourpris de ce domaine, on arrive au moulin de la Motte, situé sur une butte assez élevée.

☐ Au pied de ce moulin, on trouve, à 50 ou 60 mètres à l'est, les montants d'une galerie dolménique dont le sommet perce le gazon; un support arraché de sa place est jeté à quelques pas de là dans un fossé; il mesure 1 m. 60 de haut.

A 4 mètres de là, un support isolé; un autre placé au bord de la haie.

☐ Dans la pièce qui fait suite à celle-ci, au sud du moulin, j'ai vu un tumulus ruiné, de 15 mètres de diamètre sur 2 m. 50 d'élévation. Il contient une belle galerie dolménique ; mais ce tertre est si bien recouvert de broussailles et de ronces qu'on peut passer fort près sans apercevoir le monument qu'il renferme. Lorsque j'eus percé le dôme de verdure enchevêtré de jasmins et d'épines sauvages qui recouvre cette allée, je pénétrai dans une chambre en forme de carré long, de 3 m. 57 sur 1 m. 33, orientée nord-nord-ouest, sud-sud-est.

Une belle pierre, parfaitement unie à l'intérieur, forme la paroi du côté nord; elle a 72 c. de haut sur 90 c. de large et 30 c. d'épaisseur ; une autre pierre lui fait suite et dépasse extérieurement la ligne de la paroi est. Le troisième montant Est mesure 1 m. sur 95 c.; le quatrième n'a que 60 c. de haut. Au fond, du côté sud, une table à demi couchée à terre mesure 2 m. de long sur 1 m. 40 de large et 28 à 32 c. d'épaisseur ; au dessous se trouve un support. A l'ouest, une autre pierre abattue, de 1 m. 60 de long, est couchée à l'intérieur de la crypte ; puis viennent deux montants dont l'un mesure 95 c. sur 65.

Toutes ces pierres sont en granit.

Un peu à l'ouest, dans le même champ, je remarquai une petite butte d'où sortaient quelques têtes de roches.

La butte de la Motte possède, comme on le voit, toute une série de ruines dolméniques. Sauf l'allée couverte que je viens de décrire, tous ces débris sont peu importants et je ne sais trop si des fouilles sur ce point produiraient quelque résultat.

⌐⌐ ? De là, en remontant à 2 k. 500 m. vers le nord, dans les marais de la Brière, un dolmen à galerie signalé par M. Kerviler, près de Currin (grande île Jacquette). J'ai exploré cette île sans pouvoir le retrouver ; seulement, à l'extrémité sud-est, du côté qui fait face à Cuneix, j'ai vu quelques blocs de granit à demi enfouis sous terre et qui semblent rangés sur deux lignes. (1882.)

Λ *Menhir phallique.*

Près de la Dermurie se trouvait, il y a quelques années, la partie supérieure d'un menhir mesurant 1 m. 50 de long sur 1 m. de large et 50 c. d'épaisseur ; régulièrement taillé sur les bords, il s'élargissait au sommet. Il a été donné au Musée national de Saint-Germain, par M. Kreviler.

⌐⌐ D. Près de là, un dolmen détruit vers la Motte, en face et près de Toutes-Aides.

En suivant la côte de Saint-Nazaire vers Portnichet :

Λ *Menhir d'Aiguillon.* Il est ainsi indiqué par Bizeul : « A 5 kilomètres sud-ouest de Saint-Nazaire, en suivant la côte, entre le phare d'Aiguillon et le village Crepelet, sur le bord de la mer, est un peulven dont on n'a pas donné les dimensions. »

Au nord de ce point, à 300 mètres au-dessus du village de Brancion, j'ai vu dans un pré situé à l'ouest de la route de Saint-Marc à Saint-Nazaire, une grande roche fichée debout; puis à côté, une table de pierre de 1 m. 30 sur 1 m. 10. Ces roches, dont le caractère archéologique me semble très douteux, ont, je crois, été signalées comme débris de dolmens.

J'ai vu, il y a environ seize ans, un cromlech situé dans un village, aux alentours de Saint-Marc; il était de petite dimension et placé au nord d'une maison de ferme. Je n'ai point noté alors le nom de ce village et depuis je l'ai inutilement cherché. Je trouve seulement, dans la *Revue des provinces de l'ouest,* une note qui vient confirmer mes souvenirs : « A 2 kilomètres au delà du phare d'Aiguillon, on trouve un peulven tout à fait remarquable en ce qu'il est entouré de plusieurs pierres plus petites rangées en cercle et présentant la forme d'un cromlech. » Je ne sais si cette indication fait double emploi avec celle du dolmen du Pez; elle s'appliquerait assez mal à ce dernier monument.

⌐-⌐ *La Bosse du Pez.*

De Saint-Marc en remontant à 1.200 mètres au nord-ouest, on trouve, près d'une route neuve, le village du Pez. A l'est de ce village, sur le bord d'un petit chemin, de grosses pierres piquées sur une butte attirent au premier coup d'œil l'attention de l'archéologue; ce sont les ruines d'une allée couverte.

La butte qui représente les restes du tumulus a une élévation de 2 m. à 2 m. 50 sur 10 m. de diamètre. Sur la partie nord de cette butte se trouve un dolmen dont la table, un peu triangulaire de forme, mesure 2 m. 80 de long sur 1 m. 45 de largeur médiane et 35 c. d'épaisseur; elle est supportée par quatre montants : deux au nord dont l'un est haut de 1 m. 15 sur 95 c.; l'autre, horizontal, mesure 1 m. 55 sur 1 m. 10. Les deux supports du sud sortent de terre de 1 m. 10 à 1 m. 20. La chambre ou travée formée par ces roches, mesure 1 m. 40 de large sur 1 m. 15.

Au dessus, on voit une enceinte circulaire dont l'ouverture est tournée vers le dolmen que nous venons de décrire ; elle est formée de six blocs de pierre.

Une table abattue au pied de la butte dans un fossé (à l'ouest) mesure 2 m. 10 sur 1 m. Cinq ou six pierres, les unes couchées, les autres fichées en terre, sont éparses çà et là sur le monticule.

La Bosse du Pez a été fouillée, il y a peu d'années, par notre excellent collègue M. Gaston Thubé, et la relation de ces fouilles est publiée dans les annales de la Société d'émulation des Côtes-du-Nord.

« Pour être certain de pénétrer jusqu'au sol naturel, dit M. Gaston Thubé, j'ai pris pour base le granit du chemin de l'est, et, à 2 m. du fossé nord, je fis ouvrir une tranchée dans la direction nord-est sud-ouest, qui passait, par conséquent, par le centre du monument. La terre végétale du talus a une épaisseur à peu près constante et régulière de 15 c.; au dessous se trouvait un galgal composé de pierres granitiques assez volumineuses, qui rendit le travail long et difficile ; sous cette couche, qui varie de 50 à 60 c., je retrouvai de la terre rapportée très friable ; au milieu du galgal, mais surtout dans la couche inférieure de terre dont je viens de parler, je rencontrai quelques fragments de poterie plus ou moins grossière, micacée, faite à la main ; ces fragments devinrent de plus en plus nombreux à mesure que ma tranchée approchait du centre ; ce sont des rebords, des flancs, des fonds de vases de formes diverses : parmi eux se trouvaient quelques petits morceaux de charbon de 1 c. cube environ, qui, au contact de l'air et sous l'influence d'un vent d'une violence exceptionnelle, se réduisirent en poussière impalpable.

Cette tranchée (qui traverse d'un bout à l'autre le tumulus dans la direction indiquée) étant terminée, je fis déblayer avec soin tout l'espace compris entre le dolmen, la petite chambre et les montants : j'y trouvai plus de quarante fragments de poterie micacée, semblables à ceux découverts dans la tranchée ; parmi eux, un morceau très caractéristique de poterie samienne.

La fouille très minutieuse de la chambre a fait découvrir, près de l'entrée, un éclat de silex et un morceau de poterie ornée de courbes, qui rappellent les dessins existant sur les pierres de Gavr'inis. Dans l'intérieur de la chambre et sous le dolmen, les recherches ont été complètement infructueuses. Autour des pierres éparses, au sudouest, j'ai retrouvé encore quelques débris de poterie.

En résumé, charbons, nombreux fragments de poterie micacée, un fragment de poterie samienne, un éclat de silex, trouvés ensemble, tel est le bilan des objets recueillis dans cette exploration. Je dois faire remarquer que, malgré tous mes efforts, il ne m'a pas été possible de reconstituer un seul vase avec tous ces morceaux de poterie. »

Ainsi ce monument comme celui de Signac, de Saint-Nazaire et tant d'autres avait été bouleversé à l'époque romaine. Nous avons repris, en mai 1882, les fouilles de la Bosse du Pez. Dans le dolmen du nord, nous avons trouvé quelques petites lames en silex, des fragments de poteries grossières et des charbons. Puis des briques à rebord, brisées et mêlées aux débris de l'époque celtique.

Découvertes faites à Penhouët (¹).

Le creusement du bassin de Penhouët a amené de curieuses découvertes qui ont été publiées par l'ingénieur en chef, M. R. Kerviler, et ont acquis une véritable célébrité.

Le gigantesque réservoir où flottent aujourd'hui les paquebots et les grands navires longs-courriers, présentait,

(¹) Le Musée départemental de la Loire-Inférieure va bientôt recevoir la précieuse collection de M. René Kerviler. Toutes les fouilles de Penhouët seront disposées de façon à mettre clairement en vue les curieuses constatations du savant archéologue.

il y a peu d'années, l'aspect d'une immense carrière en exploitation. Au fond de cette cavité de près d'une lieue de tour, circulaient des trains de chemin de fer emportant dans leur course rapide les vases lentement accumulées par les siècles.

Ce prodigieux travail de notre civilisation moderne est venu briser l'épaisse enveloppe qui recouvrait les épaves des deux civilisations éteintes, l'une appartenant à l'époque gallo-romaine, l'autre au vieux monde celtique.

J'ai visité souvent ce riche gisement et j'ai été à même d'observer sur place les deux niveaux datés par de nombreux objets de chaque période.

Sur la paroi occidentale du bassin (à 6 mètres au-dessous de la partie supérieure des terres), on voyait une petite couche de sable mêlée de débris de poteries romaines ; en dégageant cette couche à l'aide de la pioche, j'ai trouvé des morceaux de vases samiens en terre rouge vernissée et divers fragments empruntés à la céramique des conquérants.

A 2 m. 50 plus bas, un large espace découvert laissait voir, dans un sable fin, des fragments de silex, des pierres d'amarre, des poteries ; les unes en terre grossière, comme les vases de nos dolmens, d'autres plus fines et de grandes dimensions. Puis des fragments de bois de cerf travaillés, des ossements de *bos longifrons*, de porcs, et de cervidés.

Laissant de côté pour le moment certaines observations personnelles, j'extrais des *Mémoires de M. Kerviler* ce résumé succinct de ses principales découvertes :

4 m. 5 au-dessus du O. Niveau supérieur du terrain entamé pour former le bassin de Penhouët.

O des basses mers.

1 m. 50 au-dessous du O. Poteries romaines, vases en terre brune, avec de petits filets en creux ; vases en terre samienne ; petit bronze de Tétricus.

3 m. au-dessous du O. Poteries gauloises à large gorge

avec cordon en cupules, crânes, balles de fronde en argile rougeâtre à moitié cuite, un beau celt en diorite, etc.

4 mètres au-dessous du O. Couche de 15 à 20 c. de sable fin et gravier, contenant des épées de bronze à lame en forme de feuille (époque larnaudienne, de M. de Mortillet). Poignard à soie élargie et percée de deux trous de rivets (époque morgienne). Poteries grossières en terre mal cuite, pierres d'amarre, haches en pierre polie, dont une emmanchée, crânes dolicocéphales, attribués par M. Broca à la période néolithique (époque robenhausienne). Ossements d'aurochs, de chevreuils, de porcs, etc.

4 m. 50 au-dessous du O. Une petite épée de bronze, usée à la soie et sans filets sur la lame.

5 mètres au-dessous du O. Hache en pierre polie, emmanchée dans une douille en corne de cerf, traversée par un manche en bois comme celle de la couche à 4 m. 50.

6 mètres au-dessous du O. Manche de hache d'un type plus simple que le précédent. C'est une douille en corne de cerf percée d'une alvéole pour recevoir la pierre, mais sans trou central pour recevoir un long manche. Elle se tenait à poignée (¹).

Beaucoup d'autres objets, entre autres une dague et une épingle de bronze, ont été recueillis dans les mêmes fouilles. — M. Kerviler a tiré de la superposition des objets romains et des armes de bronze et de pierre la déduction suivante :

Le niveau supérieur des alluvions, lorsqu'on a entamé le bassin, était à 6 mètres au-dessus de la couche romaine. Ces alluvions ont donc mis, depuis le XIXe siècle jusqu'au IIIe siècle (date de Tétricus), 16 siècles à se former. La régularité des dépôts tend à montrer que l'accroissement a été constamment uniforme. En divisant les 6 mètres de

---

(¹) Attribution donnée par **M. Kerviler.**

vases par 16 siècles, nous trouvons un accroissement en hauteur de 37 c. par siècle.

Maintenant, pour trouver la date des armes de pierre et de bronze, nous suivrons la même marche. Du III siècle à la couche sableuse où étaient enfouis les épées, les poignards et les haches en pierre polie, on trouve une hauteur de 2 m. 50. L'accroissement en hauteur des alluvions donnant 37 c. par siècle, nous trouvons en 2 m. 50 sept fois 37 c., ou sept fois un siècle. Il a donc fallu sept cents ans environ pour former le dépôt de 2 m. 50 qui sépare le gallo-romain de l'époque des armes de bronze et des haches en pierre; elles remontent par conséquent au 5ᵉ siècle avant notre ère.

De plus, les alluvions de Penhouët présentent de petites couches assez régulières, d'une épaisseur moyenne de 3 ᵐ/ᵐ; elles sont formées d'un dépôt de sable fin, d'une couche d'argile et d'une couche de débris végétaux ; de temps en temps apparaissent quelques dépôts de sables d'un peu plus d'épaisseur. En tenant compte de cette différence, on trouve en moyenne, dans une section de 37 c. de haut, une centaine de couches alternées pouvant représenter les dépôts annuels du fleuve pendant cent ans. Ç'est la contre-épreuve de l'estimation précédente.

Tel est, en résumé, le système du chronomètre de Penhouët.

On ne s'explique guère les vives contradictions qu'il a soulevées, car le résultat obtenu ne contredisait en rien les pures données de l'Archéologie ; que les dépôts d'objets aient eu lieu sous l'eau ou hors de l'eau, si l'on admet un affaissement lent de la côte, la conclusion reste toujours la même, le chronomètre donnant de plus, dans la dernière hypothèse, la mesure de l'abaissement. Avant les découvertes de Penhouët, M. Alexandre Bertrand n'était-il pas arrivé à la même date pour la civilisation du bronze et des dolmens dans notre contrée de l'Ouest? Ah ! si

M. Kerviler avait trouvé, à la suite de ses haches en pierre polie, des traces de l'époque du renne, cette rencontre eût pu contrarier les vues grandioses de certaine école. Malheureusement, les hommes des cavernes ont peu fréquenté les bords de l'Océan; nous les trouvons confinés dans les vallées du centre, tandis que les populations dolméniques ont une prédilection bien marquée pour la région maritime.

Une chose me frappe dans les constatations qui précèdent. Nous trouvons deux niveaux, l'un gallo-romain, l'autre celtique, nettement établis. Comment n'y a-t-il pas eu plus d'intermédiaire ? Pourquoi ce fond de boue où tant d'objets étaient tombés au Ve siècle, avant notre ère, est-il resté sept siècles sans recevoir plus de nouvelles épaves ? Et comment, après cela, le IIIe siècle est-il presque le seul qui ait laissé une trace pendant une durée de 1,600 ans ?

Je m'étonne aussi que les contradicteurs acharnés de M. Kerviler ne se soient pas servi d'un moyen bien simple de vérifier son chronomètre. Pour constater que l'accroissement annuel des alluvions est bien de 3 $^{m}/_{m}$ par an, il suffirait de placer sur la côte, dans des conditions analogues à celles de Penhouët, une jauge parfaitement fixe, servant à constater l'exhaussement progressif des alluvions. On aurait ainsi en quelques années la base, la minute de ce chronomètre. Mais il est plus facile de contredire purement et simplement les faits qui nous choquent que de les vérifier.

15 △ Une quinzaine de haches en pierre polie ont été recueillies par des cultivateurs, sur plusieurs points de la commune de Saint-Nazaire. C^{tion} Kerviler et c^{tion} de Lisle.

Période gauloise.

Le territoire de Saint-Nazaire, si riche en débris romains et en objets de l'époque du bronze et des dolmens, ne possède, comme trace de la civilisation contemporaine de la conquête, que des monnaies gauloises.

○ 1º Un statère d'or, acheté au mois d'août 1862, par M. Parenteau. D. tête d'Apollon. R. cheval tourné à droite, au-dessous roue à six rayons. M. Parenteau l'attribuait à la dernière époque du monnayage gaulois.

○ 2º Un statère d'or, provenance, le village de Marsac ? (Ction Kerviler.) D. tête d'Apollon avec le *sus Gallicus* et au-dessous une sorte de figure qui peut être prise pour une bécasse. R. génie ailé sous le cheval.

○ 3º Statère d'or trouvé à Saint-Nazaire. D. tête de Diane, profil à droite, cheveux relevés et rattachés par un bandeau. R. cheval galopant à droite ; au-dessus dégénérescence de la Victoire ; au-dessous, rouelle à six rayons. Grenetis à la circonférence. (F. Parenteau.)

Période gallo-romaine.

En 1836, découverte de constructions romaines entre le dolmen des Trois-Pierres et l'ancien Prieuré ; des débris de colonnes en pierre calcaire ornées de moulures élégantes ont été remises à la mairie de Saint-Nazaire. Des tuiles, des briques à rebord, des vases et des fragments d'urnes cinéraires furent trouvés au même endroit dans le champ de Praux. Non loin du dolmen on découvrit, au siècle dernier, une vingtaine de médailles d'Auguste, Claude, Néron, Vespasien. Bizeul a noté cette découverte ainsi que l'observation précédente faite par M. de la Pilaye.

○ M. G. Blanchard possède un quinaire d'Octave (29 av. J.-C.) acheté à Saint-Nazaire : D. César IMP. VII., ℞ ASIA. RECEPTA.

Les briques romaines se trouvent fréquemment dans les terres de cette commune et principalement sur le bord des côtes ; j'en ai vu beaucoup aux environs de Portnichet.

△▽ Il y a quelques années, on trouva près de ce nouveau bourg des substructions gallo-romaines, des poteries, etc.

Entre Portnichet et Saint-Marc, on trouve plusieurs chemins pavés de grosses pierres, qui doivent être d'anciennes voies romaines ; en remontant vers le nord, un chemin qui traverse de l'est à l'ouest par la Villez-Moulin-Leron et la Villez-Blais est encombré de pierres, dont beaucoup sont fichées verticalement en terre ; j'ai trouvé des briques romaines intercalées dans ce pavage (1882). Il y aurait toute une étude à faire sur les anciennes voies de cette contrée.

Lieux dits : La Motte, la Tranchée, la Fosse, Hent-Leix, le Grand-Chemin, Pont-Avé, Pont-d'Y, etc.

SAINT-NICOLAS-DE-REDON

Période celtique.

△▽ *Découverte de 200 haches de bronze.*

Lorsqu'on traverse en chemin de fer le bourg de Saint-Nicolas-de-Redon, on laisse à l'ouest le canal de Brest qui oblique brusquement pour venir couper la Vilaine ; c'est à ce détour que l'on découvrit, dans les travaux de terrassement du canal, une cachette contenant deux cents haches de bronze, de la forme dite *à talon* et mesurant en moyenne 15 c. de long. Une de ces haches a fait partie de la collection de M. Aubry, juge à Redon.

SAINTE-REINE

Période celtique.

▢ *La Roche-aux-Fées.*

A un kilomètre au nord-ouest de Sainte-Reine se trouve

le château du Crévy ; en prenant le premier champ à l'ouest de cette propriété, on aperçoit, près de la haie, le dolmen de la *Roche-aux-Fées*. Il se compose d'une table et de quatre supports ; la table, qui dépasse à peine le bord des montants, mesure 3 m. 10 de long sur 1 m. 15, et 4 m. 35 d'épaisseur. Deux supports forment la paroi de l'est ; un au sud et un autre à l'ouest complètent ce coffre de pierre, dont l'ouverture est dirigée vers le nord. La hauteur de ces pierres, qui sont toutes en granit, est de 80 à 95 c.; la chambre mesure environ 2 mètres de long.

J'ai été guidé, pour trouver ce dolmen, par l'obligeant recteur de Sainte-Reine, M. l'abbé Ménoret. (20 juin 1879).

▢ *Dolmen de la Vallée.*

En suivant la route de Sainte-Reine à la Roche-Bernard, vis-à-vis la borne 20, on trouve à l'ouest une gagnerie que traverse un sentier bien battu. Ce sentier tourne au sud et sépare deux champs ; dans celui de l'ouest, j'ai vu les ruines d'un dolmen dont la table mesure 2 m. 40 sur 1 m. 30 ; elle est à demi soulevée de terre et entourée d'un bloc de granit. Un montant piqué au nord mesure 1 m. 15 sur 1 m. 70. (Janvier 1882.)

Ces deux dolmens sont à environ 250 mètres l'un de l'autre.

△ Un menhir est signalé en Sainte-Reine, par la Commission d'inventaire des monuments mégalithiques de France. (*Société d'anthropologie*, janvier 1880, p. 67.)

8 D. *Découvertes de haches en pierre polie.*

Une belle hache en fibrolithe rouge brique, plate et longue de 7 c. 5, trouvée près de Cuziac ; cette hache nous a été remise par le sieur Benoit.

Trois haches en diorite, dont l'une dépasse 25 c. en longueur ; même provenance.

Une hache triangulaire en diorite, longue de 15 c. 5.

Une hache très plate de 9 c. de long, en diorite noire, altérée à la surface.

Une hache en diorite fine, très polie et longue de 12 c.; trouvée à la Potherie.

Une hache en éclogyte, trouvée par le sieur Massé, du village de Bodiot, sur le bord des marais. Collection G.-P. de Lisle.

△
▽ *Découverte de bronze.*

Dix-neuf haches à talon et une épée de bronze ont été trouvées près de Cuziac (à 2 kilomètres à l'ouest du bourg), dans un pré joignant le pont du Roué. Une de ces haches est au Musée archéologique de Nantes. L'épée qui, au dire de Bizeul, ressemblait à nos épées des tourbières de Montoir (glaive à lame en feuille d'iris), n'a malheureusement pas été recueillie.

Période gallo-romaine.

Des tuiles et des briques à rebords ont été trouvées sur plusieurs points de cette commune.

SAVENAY

Période celtique.

▢ *Dolmen de la Roche-aux-Follets.*

En 1877, M. Ledoux décrivait ainsi, au Congrès de Savenay, l'unique monument mégalithique de cette commune : « Sur un point très élevé, à 3 kilomètres de Savenay, dans un champ nommé la Herviais, on trouve un monument celtique ; il est connu dans le pays sous le nom de *Roche-aux-Follets*. Ce sont les restes d'un dolmen dont on ne voit plus que les principales pierres, la plupart renversées sur le sol. Il y a quelques années, le fermier de la propriété où il est placé, croyant à l'existence d'un trésor caché sous ces ruines, entreprit des fouilles. Comme cela devait être, il ne recueillit aucun fruit de son travail, Cependant divers objets existaient ; on trouva :

1° Une boule en silex, évidemment travaillée, ayant quelques centimètres de circonférence ; c'est vraisemblablement une pierre de fronde (elle est en ma possession).

2° Un morceau gros comme une noisette d'une substance crayeuse.

3° Un fragment de poterie grossière ayant dû provenir d'un vase de certaine dimension.

4° Un morceau d'os ou d'ivoire, de la forme d'un domino, brisé pendant l'extraction, et dont on n'a pu retrouver les fragments. »

Il serait bon de reprendre ces fouilles et d'explorer avec méthode les ruines de ce dolmen.

2 △ Deux haches en pierre polie ont été trouvées dans cette commune.

Période romaine.

Les traces de l'occupation romaine sont très visibles sur le territoire de Savenay. En 1856, dans les travaux exécutés au pied de la ville pour l'établissement du chemin de fer, on découvrit quelques vases gallo-romains, des amphores et un aureus d'Othon au revers securitas (une des pièces les plus rares de la série impériale) [1]. Cette pièce a malheureusement été vendue en dehors de notre département. — Un Tibère et différentes monnaies romaines ont été recueillies en Savenay ainsi que des briques et des poteries. M. Ledoux nous a laissé plusieurs notes sur les voies romaines de ce canton : « Savenay, dit-il, se trouve naturellement sur une des voies les plus importantes de Bretagne, celle de Nantes (Portus Namnetum) à Vannes (Dartoritum), traversée en outre par une voie se dirigeant

---

[1] F. Parenteau.

sur Blain et reconnue, par le regretté M. Bizeul, jusqu'au village de la Mainguais, en Savenay (¹). »

La voie venant de Nantes est signalée par M. Ledoux au-dessous du village des Goupillères : « On l'aperçoit dans le fossé d'une pièce de terre au lieu dit la Montagne verte ; un peu au-dessous, elle traverse la route n° 17 ; de l'autre côté de la route, elle se fait voir dans une carrière de sable, ouverte il y a 5 ou 6 ans ; de là elle se rend dans la pièce des Épinettes, où nous la retrouvons. Elle a 4 à 5 mètres de largeur, et est enfouie dans le sol à environ 40 centimètres. Dans cette même pièce, j'ai trouvé un morceau de briques à rebords ; de là, elle traverse deux prairies : dans l'une, on remarque une simple déviation de terrain qui fait reconnaître son passage ; traverse ensuite à niveau le chemin de l'Auge, à 200 m. environ de l'hospice de Savenay, et le terrain acquis par l'administraion de l'École normale. C'est dans les fondations des murs de clôture, partie orientale et occidentale, qu'il m'a été donné de la découvrir et de l'examiner. Là, elle est enfouie à environ 40 à 50 c. du sol naturel ; sa largeur est de 5 à 6 m.; les pierres dont elle se compose sont parfaitement reconnaissables par l'usure, elles sont de grosseur moyenne, plutôt petites ; les plus fortes atteignent 20 à 30 c. de circonférence. Au sortir de là, nous la retrouvons dans un jardin nouvellement mis en culture ; elle est totalement détruite, mais le jardinier qui a opéré cette transformation, nous a assuré qu'en faisant son travail, il avait reconnu un ancien chemin, par suite de la quantité de pierres qu'il avait retirées du sol.

« Au village de l'Abreuvoir (700 m. ouest de Savenay), dans un chemin d'intérêt commun allant à la Chapelle-Launay, portant anciennement le nom de *Chemin breton*, à droite de la route, sur une longueur de 50 m., on trouve

---

(¹) Congrès de l'Association bretonne, Savenay, 1877.

un cordon de petites pierres qui ne se rattache par aucun point au fossé primitif, composé exclusivement de terre ; 300 mètres plus loin, sur une longueur de 150 mètres, nous retrouvons les mêmes vestiges, placés dans les mêmes conditions ; ce sont toujours de petites pierres incrustées sur une hauteur variant de 60 c. à 1 m. du sol, qui apparaissent sans interruption. Au-dessus et au-dessous du cordon de pierres, on remarque un terrain entièrement meuble, sans aucun mélange de corps étrangers ; son peu d'épaisseur me fait supposer que ce que l'on aperçoit n'est que l'extrémité de la voie, le corps principal ayant été détruit lors de la construction du chemin.

« L'autre voie qu'il me reste à décrire est beaucoup plus apparente. Elle venait de Blain et aboutissait à la Loire, probablement à Rohars, dans la commune de Bouée. Elle passe sur le territoire de Savenay, qu'elle traverse du nord au sud, à quatre kilomètres de la ville, près du village du Point-du-Jour, qu'elle laisse à 200 m. à l'est.

« Ce fut sur ce point que je la reconnus pour la première fois. Sa largeur est d'environ dix mètres. Une couche de terre d'une épaisseur de 33 c. la recouvre dans certains endroits. On la reconnaît à cette élévation. Je l'ai parcourue dans la partie nord, sur une longueur de plus de 5 k., depuis le Point-du-Jour jusqu'à la Croix Michéon dans la commune de Fay. Près de ce village, sur la lande, elle est parfaitement visible. Elle traverse la route de Nantes à Vannes, puis des pièces nouvellement défrichées, dépendantes de la propriété de M. Aguesse. Au sortir de ces terres, on la retrouve sur la lande de la Moire ; elle passe au nord du Mortier-Canet, et, de là, gagne des terres cultivées, situées dans la commune de Fay, pour traverser ensuite la route de Saint-Gildas-des-Bois au Temple, puis la commune de Bouvron, laissant la terre du Verger à l'est et de là se dirigeant sur Blain.

« Reprenant la voie au Point-du-Jour, je l'ai suivie dans

la partie du sud. En quittant la lande, elle s'enfonce dans des terrains cultivés, mais au sortir de là elle tombe sur un ancien chemin creux, entre les villages du Droullais et de la Gérandais, où l'on remarque des vestiges, sur une étendue d'environ 200 m., dans le fossé ouest, à un mètre au-dessus du sol. Elle traverse ensuite le hameau de la Paclais, puis des champs, et vient aboutir sur le chemin de grande communication n° 17, de Savenay à Saint-Étienne-de-Mont-Luc, sur les limites de la commune de Bouée. Ici se terminent mes recherches ; cependant je me propose de les continuer, malgré les difficultés qui se présenteront ; quoique les terrains soient cultivés depuis des siècles, je ne désespère pas d'en retrouver encore quelques tracés. »

Lieux dits : le Rocher, le Bas-Tertre, la Moëre, la Butte.

SÉVÉRAC

De la gare de Sévérac on aperçoit à l'est, par-dessus les bois de pins, un monticule aride dont le sommet est couvert de roches grises d'un aspect bizarre. Parmi ces roches, on distingue assez bien, malgré la distance, un large menhir piqué sur le versant du sud-ouest. J'ai visité cette butte au mois d'octobre 1883, sur les indications de mon cousin, M. Léon Bureau. Elle se trouve sur la gauche du chemin qui mène à Saint-Gildas, à 3 kilomètres de la station. Des blocs de quartz à demi enfouis sous terre, d'autres couchés ou debout, sont épars çà et là parmi les bruyères et les ajoncs. Au sommet, une longue pierre horizontale, de 4 m. 90 sur 2 m. 65 et 1 m. 40 d'épaisseur, est supportée par deux fragments de quartz qui reposent sur le rocher. On nomme cette pierre la *Roche-à-la-Vache* et autrefois on pouvait la faire osciller sur ses supports. Ce n'est point un dolmen, mais je ne voudrais pas assurer que la disposition bizarre de ces pierres soit accidentelle ;

16

j'ai vu plusieurs fois, sur des sommets comme celui-ci, des blocs ayant la même disposition, notamment à la Ville-au-Chef, en Montertelot, à Kérouel, à Cugand, à Gétigné, etc.

△ *La Fusée-à-Berthe, menhir.*

Plus bas, se dresse un magnifique menhir de 3 m. 52 de haut sur 2 m. 90 de large et 1 m. 10 d'épaisseur ; il est très carré de forme et ses deux faces les plus étroites sont orientées sud, nord ; la partie supérieure est plate et l'on y a creusé un trou cylindrique assez profond, deux fois plus gros qu'un trou de barre de mine. Peut-être avait-on placé là une croix en fer que la foudre aura abattue.

△ ? Tout auprès, un autre bloc debout mesure 90 c. sur 85 et 65 ; tous deux sont en quartz schistoïde (¹).

Un paysan qui se trouvait là, me dit que la plus grande de ces pierres était connue dans le pays sous le nom de *Fuseau-à-Berthe,* nom qui rappelle le *Fuseau* de la Madeleine, en Pont-Château, et la pierre à *Berthe,* dolmen détruit, près du bourg de Besné. Il me conta aussi que la butte où nous étions passait pour un lieu hanté. Souvent, à la nuit tombée, des gens y ont fait rencontre de nains ou de bêtes fauves ; parfois on entend de loin un bruit de galop qui sort de la forêt ; il monte, il monte sur la lande, puis on voit tout à coup passer comme une nuée qui rase la terre et disparaît de l'autre côté des rochers. Un chasseur de l'endroit, qui avait tiré sur cette vision, fut trouvé mort le lendemain, au pied de la butte.

Il est certain que, le soir, cette colline aride, avec ses grands rochers qui semblent sortir de terre et les bois qui l'entourent au couchant, doit merveilleusement convenir aux rendez-vous des loups-garous et des corrigans. Quoi qu'il en soit, on a voulu sanctifier ce lieu maudit ; une chapelle récemment construite s'élève sur le versant qui re-

---

(¹) Les menhirs de notre contrée sont souvent accompagnés de ces diminutifs de peulven ; voir Donges, Pontchâteau, Chauvé.

garde Saint-Gildas, et au sommet on a placé une croix par-dessus la *Roche-à-la-Vache*. Une charte de 1130 prescrit une fondation de ce genre sur un point où se trouvent aussi des mégalithes : « *Ut locus qui diù diaboli fuerat, Deo et beatœ Mariœ sacraretur..... Locum in quo diabolus el ministri ipsius regnaverunt.* » Cartulaire de Ny-Oiseau, 24ᵉ feuillet.

Près de là, sur le bord de l'Isac, un tertre couvert de rochers a aussi été consacré par l'érection de la chapelle de Cougou. Aujourd'hui, comme au XIIᵉ siècle, la croix est le seul moyen de mettre en fuite le malin esprit.

J'ai exploré plusieurs fois cette commune sans y trouver aucune trace de la ligne de mardelles gauloises signalée à la pl. I, p. 42 du *Bulletin de l'Association bretonne,* 1883 ; ce tracé est du reste purement conjectural.

LE TEMPLE

Cette minuscule commune de 81 hectares de superficie, ne m'a fourni aucun indice archéologique bon à noter.

LA TURBALLE

▭ *Tumulus de Brandu.*

A 7 kilomètres de Guérande, sur la gauche de la route de Piriac, on voit, en face du château de Lauvergnac, une butte de 12 à 15 pieds de hauteur, flanquée à l'est de grosses roches à demi enfoncées sous terre. Cette butte est naturelle, mais elle a été entamée un peu au-dessous du sommet pour recevoir une allée couverte dont les débris sont encore très apparents. Actuellement (1882), ce dolmen se compose : 1° d'une large table de 2 m. 05 sur 1 m. 40 et 30 c. d'épaisseur ; 2° de deux supports masqués en côté par les terres de la butte ; 3° d'une grande pierre renver-sée au fond du dolmen, parallèlement à la pierre couvertière ; enfin d'une sorte de muraillements en moellons faisant suite à l'allée couverte. Les grandes pierres sont aplanies à l'intérieur ; le tertre, composé de blocs de granit et de terre, forme une masse légèrement ovale de 18 m. de diamètre.

La chambre mégalithique de Brandu a déjà été fouillée.

Des signes gravés sur les pierres de ce dolmen ont été reproduits dans nos *Bulletins* (tome XIII), par M. Martin, lieutenant de frégate. Une pierre longue et irrégulière de forme est marquée d'une douzaine de cupules et d'une croix accostée d'une sorte d'ellipse rappelant un peu le contour d'une semelle ; sur un autre bloc, trois quadrilatères inscrits l'un dans l'autre et traversés par une raie ; un dessin du même genre est tracé sur l'épaisseur de la pierre.

Λ ? *Menhir de la Pierre beurrée.*

Cette pierre est située à 2 kilomètres environ au nord-ouest du Haut-Mora, sur le bord d'un champ que longe un petit chemin remontant vers Boul. J'ai vu et mesuré cette pierre dont la surface est creusée de cupules ; mais bien qu'elle soit presque détachée de terre de tous côtés, j'ai bien de la peine à admettre qu'elle ait jamais été un menhir. Elle a été ainsi mentionnée au tome XIV de nos *Bulletins*, p. 48 : « Sur le chemin du Boul à Sennon' un menhir, appelé Pierre beurrée, a été renversé, il y a une trentaine d'années, par son propriétaire qui flairait un trésor sous cette masse de 3 m. 70 de long sur 2 m. 90 de large et près de 1 m. 50 d'épaisseur moyenne. »

⌐ ? A 3 k. 500 m. de Guérande, la route de Piriac pénètre dans la commune de la Turballe et laisse à droite de grands bois, à gauche une sorte de lande buttée qui domine un petit ravin ; j'ai vu en cet endroit, au nord-est de Trévaly, sur un petit mamelon en forme de tumulus, un long bloc de granit, couché dans une cavité creusée vers le sommet de la butte ; quelques pierres alignées de l'est à l'ouest semblent former la paroi d'une allée couverte, presque entièrement détruite ; une des pierres éparses çà et là aux alentours est percée d'un trou rond de 12 c. de profondeur sur 8 à 10 c. de diamètre ; une autre pierre est parsemée de petites cupules. Ces débris m'avaient été indiqués comme étant les ruines d'un dolmen, attribution qui me semble fort douteuse.

2 ⊏⊐ Deux dolmens auraient existé, d'après la tradition, l'un à Boul, sur la limite de la Turballe et de Guérande, l'autre à Lauvergnac. M. Kerviler qui a consigné ce fait dans les *Mémoires de l'Association bretonne,* dit que quelques débris mégalithiques semblent confirmer sur ces deux points la tradition du pays.

⊡ Près de Boul, une fortification en terre nous a été signalée par M. Muterse.

Période gallo-romaine.

Des débris romains, briques et poteries, près de Lauvergnac. Voie romaine de Piriac vers Clis.

VIGNEUX

Δ Un menhir nous a été signalé en cette commune, par l'instituteur de Montbert, originaire de Vigneux.

La Pierre-Blanche est indiquée, par M. Verger, comme ruines d'un monument mégalithique. Je n'ai point vérifié l'assertion de notre érudit collègue et je transcris ses notes manuscrites, malheureusement un peu vieilles. « Ce qu'on appelle la Pierre-Blanche est une réunion de plusieurs pierres blanchâtres gisantes sur le sol, dans la Chênaie de la Pierre-Blanche, près la Pâquelaie ; elles pourraient bien avoir appartenu à quelque *monument druidique*, mais aujourd'hui on est forcé de s'en tenir aux conjectures.

⊡ Dans les landes, du côté nord de Vigneux, on remarque un long cordon, au moins trois fois plus épais que les relevés de fossés ordinaires de clôture, et qui passe dans le pays pour les restes d'anciens retranchements ; la forme des contours et la longueur de ces travaux portent à le croire.

☐ Il y a aussi un endroit circulaire qui passe pour l'emplacement d'un ancien camp. » Toutes ces observations datent d'une quarantaine d'années.

☐ Le village de la Guitonnais est situé à 5 kilomètres à l'est du bourg de Vigneux, sur la limite de cette commune et de celle de Treillières. Près de ce village, une enceinte avec fossés et talus est signalée par M. E. Richer ; on nomme cette défense le *Fort-de-la-Guitonais*.

La voie romaine de Blain à Nantes est indiquée par Bizeul sur la limite de Vigneux et de Treillières, à 300 m. au sud-est de la Rouxière. Elle était très visible en 1845, au-dessus du chemin qui conduit de la Pâquelaie à Treillières ; elle côtoyait parallèlement le chemin vicinal à travers différentes pièces de terre.

Lieux dits: la Roche, le Rocher, le Mortier, le Chatelier.

Nantes. — Imp. Vincent Forest et Emile Grimaud, place du Commerce, 4.

ARRONDISSEMENT DE PAIMBŒUF

ARTHON

Période Celtique.

Le souterrain de la Roche-Trocante.

Cette grotte est bien connue dans le pays d'Arthon (¹), où on lui attribue une longueur légendaire. Mais si l'on veut éviter de prendre un guide, il faut des points de repère très sûrs, car l'entrée de ce souterrain n'est guère plus apparente que celle d'un terrier de blaireau. Voici la méthode la plus facile pour la trouver. Prendre à la sortie du bourg d'Arthon la route de la Feuillardais et la suivre pendant l'espace de 1.200 mètres environ à travers une plaine aride où les ajoncs et les bruyères se développent à loisir. On trouve alors sur la gauche une haie d'aubépine tellement haute qu'elle ressemble à une avenue ; à l'angle

---

(¹) On prétend que ce souterrain vient aboutir sous l'église de Chauvé, distante de cinq kilomètres ; en réalité il a un peu moins de 8 mètres de long.

de cette haie arborescente se trouve une croix, sur le bord d'un petit chemin qui côtoie une vigne. Il faut suivre ce chemin dans toute la largeur du clos, puis remonter à angle droit le long de la lisière de la vigne. On découvre bientôt quelques petites excavations, puis l'entrée du souterrain orientée vers le sud. Tout à côté s'étendent les bois de la propriété de la Meule.

L'ouverture de la grotte est très basse et l'on est forcé de ramper pour s'introduire dans ce conduit ; peu à peu il augmente de hauteur et atteint vers le fond une élévation de 1. m. 90. La forme générale du souterrain est celle d'un T dont la tige centrale mesure 7 m. 80 de long sur 2 m 10 de large à son point de rencontre avec la crypte du fond. Celle-ci se prolonge davantage à l'ouest qu'à l'est. Le caveau de l'ouest mesure 1 m. 90 sur 2 m. 20 ; celui de l'est, 84 c. de profondeur sur environ 2 mètres. Ce souterrain, arrondi en forme de voûte, est régulièrement taillé dans le calcaire : c'est une ancienne grotte sépulcrale de l'époque dolménique, et sa forme de même que ses dimensions sont à peu près celles de nos allées couvertes. Les tombes de ce genre, très rares dans nos contrées granitiques, sont bien connues dans certaines régions calcaires, et les beaux travaux du baron de Baye nous en ont donné de très curieux spécimens.

Période gallo-romaine.

Aqueduc d'Arthon.

Lorsque je visitai pour la première fois ce monument, à coup sûr un des plus curieux de l'époque romaine en Bretagne, je fus étonné qu'il n'eût pas été l'objet d'une étude particulière et que des plans, des nivellements bien pris ne nous eussent pas donné le mot de cette gigantesque énigme. Des moulins e Retz près d'Arthon jusqu'au village de la Poitevinière, il traverse une distance de près de trois kilomètres. Pour le visiter, le plus simple est de gagner par un chemin ledit village de la Poitevinière où ses soubassements sont très apparents sur une longueur de 5 à 600 mètres, et de suivre après cela son prolongement pour retrouver les conduits souterrains dans les coupures faites pour l'extraction de la pierre. Mais, si l'on préfère prendre un guide, il faut se souvenir que l'on perdrait son latin en lui parlant de l'aqueduc; dans le pays, on ne le connaît que sous le nom de la *dalle.*

Au sortir de la Poitevinière l'aqueduc borde le côté d'un petit chemin qui sert de clôture à de vastes pièces; sa largueur est de 90 c. et il a 50 à 70 c. de haut; ses parements sont bien appareillés, en pierres calcaires rejointaillées avec soin. Le conduit de l'aqueduc, placé jadis sur ce mur, a partout disparu. On suit ce soubassement jusqu'à une petite dépression du sol où se trouve une sorte de pile en maçonne; de là l'aqueduc oblique légèrement vers l'ouest, puis va disparaître sous terre.

Plusieurs carrières ouvertes sur son parcours permettent de le retrouver. Là il est d'une merveilleuse conservation. Au fond d'une tranchée de 6 à 8 pieds de profondeur taillée dans la roche, il forme un canal de 17 c. de haut sur 20 de large au sommet et 13 c. vers la base. Le fond se rétrécit subitement, de façon à former deux petits ressauts à l'intérieur; il est arrondi et composé d'un ciment très mélangé de parcelles de briques.

Cette forme trapézoïdale et les deux angles ménagés près du fond devaient servir à empêcher le conduit de se boucher lorsque les dalles qui le couvraient venaient à tomber à l'intérieur. L'épaisseur du blocage en maçonne qui enveloppe le conduit est de 22 c. sur les côtés; de gros fragments de charbon apparaissent çà et là dans la chaux. (Voir l'échantillon placé au Musée archéologique de Nantes.) Dans la partie qui traverse les landes des Chaumes, l'aqueduc était

supporté par 74 piliers ayant un peu moins d'un mètre de
large et qui servaient évidemment à soutenir des arcatures
pour exhausser le conduit. Ce travail a été malheureusement détruit vers le commencement du siècle ; il y a
quelques années, la base des piles était encore apparente,
et je crois qu'en fouillant un peu le sol on en retrouverait
les fondations.

On admet généralement que cet aqueduc servait à conduire à Arthon l'eau de la Fontaine Bonnet, située à trois
quarts de lieue du bourg, au delà du village de la Poitevinière. Cela me semble bien douteux ; à première vue, le
bourg d'Arthon paraît plus élevé que la Fontaine Bonnet ;
et puis, l'eau est rare et marécageuse dans cette fontaine,
tandis qu'à Arthon il suffit de creuser le sol à peu de profondeur pour avoir une eau très potable et dont les habitants ne se plaignent aucunement. Donc, quand bien même
on admettrait que l'aqueduc aurait la pente qu'on veut bien
lui attribuer, pourquoi ce gigantesque travail destiné à
prendre de l'eau dans un endroit où il y en a fort peu pour
la conduire sur un point où elle est commune ? M. Fillon
s'était tiré de cette difficulté en disant qu'autrefois la mer
était plus rapprochée d'Arthon et que les sources devaient
être saumâtres ; je ne crois pas que les calcaires de ce pays
aient eu de grandes modifications géologiques depuis le
temps de l'occupation romaine, et ces explications qui bou-
leversent à volonté les continents et les mers sont un peu
du domaine de la fantaisie. Il serait donc intéressant d'étudier la pente donnée par les conduits et de chercher, au
delà de la Fontaine Bonnet, quelque point où des constructions romaines viendraient expliquer le but de cet aqueduc.

Au presbytère d'Arthon, on m'a obligeamment montré
quelques substructions gallo-romaines, dans un jardin pota-
ger : les murs, détruits jusqu'au niveau du sol, dessinent
quelques pièces de petites dimensions ; la terre est jonchée
de fragments de briques et de ciments. On y voyait, il y a

une vingtaine d'années, deux murs romains de 6 à 7 pieds
de haut et qui n'étaient guère que les parements des murailles primitives.

Près de là a été découvert un bracelet en or.

Des briques romaines trouvées en grand nombre dans
l'enclos de la Sicaudais ont été signalées par M. Orieux (¹).

La partie nord de cette commune est traversée de l'est à
l'ouest par une voie romaine, entre le Pas Bochet et le
village de Biais (où l'on trouve un grand nombre de tuiles
et de briques). Une autre voie, également signalée par
Bizeul, se bifurquait sur la première près du pont de Pilon
et, passant au-dessus du vieux Chaléons, venait aboutir au
bourg.

L'avenue occidentale du château de Princé ressemble
beaucoup à un tronçon de voie romaine, surtout à son
extrémité la plus rapprochée du chemin de fer; elle est
flanquée au sud d'une sorte de rempart ou de talus en
terre.

Le 2 mars 1880, un paysan découvrit près du moulin de Retz, sur le bord du chemin, une tombe en pierre
ornée de sculptures; malheureusement elle a été brisée.

LA BERNERIE

Période celtique.

D *Dolmen de Chantail.* — En suivant la côte, entre
la Bernerie et le gros village de Sennetière, on voyait, il y
a une quarantaine d'années, les ruines d'un dolmen formé
de quatre pierres. M. François Verger avait pris note, à
cette époque, des dimensions de la pierre qui avait servi

(¹) *Études archéologiques dans la Loire-Inférieure.*

de couverture : elle mesurait deux mètres de long sur un de large. En 1884, j'ai inutilement cherché les vestiges de ce monument.

⚠ *Menhir de la Roche-Bourdin.* — A 400 mètres au sud-est du village de Sennetière et à 150 mètres de la côte, j'ai vu, dans une pièce nommée le Champ Bourdin, un menhir debout dont la hauteur est de 1 m. 15, la largeur de 1 m. 40 et l'épaisseur de 68 c. Il est en grès, très trapu de forme, et ses faces sont aplanies. (Septembre 1875.)

BOURGNEUF

Période celtique.

Une grande partie du territoire de cette commune était anciennement recouvert par la mer, ce qui diminue quelque peu le cadre de nos recherches archéologiques. En certains endroits, le retrait de la mer a été très rapide ; depuis la publication du Dictionnaire de Bretagne, à la fin du siècle dernier, la côte a gagné près de deux kilomètres sur certains points.

⚠ *Menhir de la Noblèterie.* — Les maisons de la Noblèterie, qui servent à désigner cette pierre, sont à gauche de la route qui va de Saint-Cyr-en-Retz à Saint-Hilaire-de-Chaléons, et à environ une lieue à l'est de Bourgneuf.

Période romaine.

Une médaille d'or, à l'effigie d'Honorius, a été découverte près du bourg, en 1846.

Des briques à rebords ont été trouvées en grand nombre à Saint-Cyr-en-Retz, petit bourg situé sur la route de Bourgneuf à Fresnay.

Lieux dits : la Massière, le Pé, la Motte, Malabri.

CHAUVÉ

Période celtique.

2 ⌐⌐ Deux dolmens sont indiqués dans la commune de Chauvé par la Commission d'inventaire des mégalithes de France. Je n'ai point le droit de les effacer sur ce simple motif que, malgré d'actives recherches, je n'ai pu les retrouver ; mais je me défie un peu de ces indications données à cent lieues de distance et basées parfois sur des renseignements qui datent d'un demi-siècle.

△ *Menhir de la Croterie.* — A cinq kilomètres de Chauvé, la route qui conduit à Saint-Père-en-Retz laisse à une certaine distance sur la gauche le village de la Croterie. Il faut pour y arriver suivre un petit chemin qui se trouve tout juste au point où la route sort de la commune de Chauvé. Au bout d'un fort quart de lieue, on arrive aux maisons de la Croterie; là, près d'une sorte de hangar, on aperçoit un gigantesque menhir dressé debout. Sa forme est triangulaire ; il mesure 4 m. 10 de hauteur, 3 m. 30 à la base, tandis qu'au sommet il se rétrécit brusquement pour se terminer en pointe ; l'épaisseur n'est que de 1 mètre environ (grès). On a utilisé un des côtés de ce menhir pour former le mur d'un appentis en branchages.

Cette pierre, plantée comme une aiguille de cadran dans l'orientation sud-nord, présente une particularité curieuse ; elle forme avec le grand menhir de la Mégerie et la pierre Boivre un immense triangle dont chaque pointe est marquée par une pierre triangulaire de grandeur exceptionnelle et orientée de la même façon (voir l'article Saint-Brévin).

Au pied de ce menhir se trouve un énorme bloc de forme carrée, également en grès.

Menhirs des Platennes. — Du menhir que nous venons de décrire, on traverse une vaste pièce dans la direction de l'est ; puis, vers l'angle du champ, près d'un chemin de traverse, on trouve trois énormes pierres dont les dimensions colossales ont quelque chose d'imposant.

△ Celle du centre, qui était encore debout vers 1835, mesure 5 m. 10 de long sur 2 m. 20 de large et 55 c. d'épaisseur. Elle est bien régulière de forme et très plate du côté qui regarde terre. Un vieux fermier du village voisin m'a assuré que cette pierre, qui du reste était peu enfoncée dans le sol, avait été abattue de son temps par une tempête. En tombant, elle est venue s'appuyer sur un bloc de grès qu'elle a brisé et qui la tient encore soulevée de terre.

△ L'autre menhir au sud-ouest, également abattu, mesure 4 m. 40 sur 1 m. 70 et 55 c.

△ Le troisième, du côté opposé, a 5 m. 30 sur 3 m. 65 et 1 m. 35 d'épaisseur.

Ces trois énormes pierres sont en grès et leur forme est régulière ; ils sont tellement rapprochés qu'à première vue on les prendrait pour les tables d'une allée couverte.

De l'autre côté du fossé, à la rencontre de deux chemins, d'autres blocs à moitié cachés par la haie ont été désignés à tort sous le nom de dolmens. Ce sont de grosses roches en grès, qui, ce me semble, n'ont jamais été remuées par la main de l'homme. Le bloc principal mesure 3 m. 26 de long sur 90 c. d'épaisseur ; il a été en partie entamé par la mine et il est facile de voir qu'il ne repose sur aucun support.

△ *Menhir de la Pierre-Lhommas.* — A cinq ou six cents mètres de là, dans la direction du sud, et près du village de Pierre-Lhommas, on trouve sur la droite du chemin qui mène à la Caillerie un beau menhir planté debout dans un clos de vigne. Sa hauteur est de 3 m. 75, sa largeur de 2 mètres et son épaisseur de 90 c. à 1 m. 05 ;

il est en grès poudingué. Près de sa base, un autre bloc de même nature, long de 1 m. 50, est couché à terre.

La Pierre-Lhommas, assez plate de forme, est orientée nord-sud, c'est-à-dire que ses deux côtés les plus étroits regardent ces points. J'ai vu sur ses faces des cupules à une hauteur de six à sept pieds ; ce menhir est à 250 m. au sud-est du village du même nom.

Dans la haie, au bord du chemin, deux énormes blocs avec cupules (juillet 1883).

J'ai trouvé dans les archives du Musée archéologique de Nantes la note suivante, transmise à mon prédécesseur par M. Legland, agent-voyer : « A la Flachousière, il y a un cromlech disposé en cercle et composé de 18 pierres.

« A quelques cents mètres de ce monument, il y a une pierre placée debout sur une posée à plat. » Ces renseignements donnés d'une façon si précise ont induit en erreur un de nos collègues qui a signalé les pierres de la Flachousière. Je les ai vues en septembre 1885 ; elles n'ont aucun intérêt archéologique.

Des peulvens ont été signalés à la Masserie.

J'ai vu sur ce point une magnifique pierre blanche qui se dresse dans un champ, sur la droite du grand chemin de Chauvé à Saint-Père-en-Retz, presqu'en face d'une maison isolée sur le bord de la route ; cet énorme bloc n'est pas un menhir.

6 △ Six haches en pierre polie ont été recueillies par nous en 1884 sur différents points de cette commune. 1° Près de la Bâte, une hache en diorite, noire à la surface ; longueur 8 c. 2° A l'Aiguillon, une grande hache en roche dioritique altérée ; longueur 20 c. 3° A la Croterie, deux haches en diorite, l'une brisée, l'autre longue de 9 c. 4° A la Pauvrederie, deux haches de même nature, l'une de 10 c. 5, l'autre de 8 c. (Collection G.-P. de Lisle.)

Lieux dits. — La Ville-Hubert, la Villorsière, le Pas, le Pas Bosseau.

CHEIX.

⊓ Un dolmen est signalé dans l'annuaire général de la Loire-Inférieure, 1884, page 548. Je n'ai point de raisons sérieuses pour révoquer en doute cette assertion, bien que le recueil en question soit plutôt commercial qu'archéologique. Toutefois, je dois mentionner ici une pierre qui a pu donner le change aux auteurs de la susdite publication. Elle est située au-dessous du bourg, dans la direction de l'ouest et tout au bord de l'Acheneau. Les paysans la désignent sous le nom de *Pierre de saint Martin*, parce que, dit-on, saint Martin de Vertou rassembla ses disciples en cet endroit avant de les envoyer fonder les paroisses voisines.

En dehors de cette roche, qui n'offre pas un grand intérêt au point de vue de l'archéologie celtique, je n'ai trouvé aucun mégalithe sur le territoire de Cheix.

△ B En 1838, pendant les travaux exécutés pour le creusement de l'Acheneau, on découvrit, près des ruines de la Malnoë, une lame de bronze, à soie plate percée de trois trous de rivets et séparée dans toute sa longueur par une nervure ronde. (Voir : *Epées et poignards de bronze de la Bretagne, Saint-Brieuc,* 1883.)

Période romaine.

○ De 1838 à 1840, on découvrit dans l'Acheneau, au Port-Pilon, près de 800 monnaies romaines aux types d'Auguste, Néron, Agrippa, Germanicus, Maxime et Domitien. *Parmi ces pièces se trouvait une monnaie gauloise.* M. Aristide de Granville recueillit une partie de cette trouvaille et la donna à la Bibliothèque publique de Nantes. Le reste a été dispersé. M. Bizeul, qui avait noté cette découverte, indique également dans la commune de **Cheix** les débris d'une voie romaine, près de la borne 24 de la route de Paimbœuf, un peu au delà de la métairie du Bois; j'ai cherché, sans le retrouver, ce tronçon de la voie de Rezay à Saint-Père-en-Retz.

CHEMERÉ.

Période celtique.

△ *Menhir de la Pierre-Levée.* — Ce menhir est à environ 2 kil. 500 m. au nord du bourg, dans une bauche de la forêt de Princé, à l'est du château et près d'une route. Sa hauteur est de 2 m. 15 et il est large d'un mètre environ sur 60 c. d'épaisseur. On raconte dans le pays que lorsque Barbe-Bleue habitait le château de Princé, il se défendit contre une armée qui l'assiégeait en lançant contre les assaillants d'énormes blocs de cailloux. L'un d'eux, notre menhir, tomba tout droit et resta piqué en terre si solidement « qu'oncques depuis on ne put l'arracher. »

△ Chevas signale un second menhir en Chemeré, à 1500 mètres du bourg, sur la propriété de Vauloup (?). La hauteur indiquée est de 3 à 4 mètres. A vérifier.

Sur plusieurs points de cette commune on voit des entassements de blocs de grès.

Période gallo-romaine.

☐ Un camp romain nous est signalé en Chemeré par M. Ch. Marionneau.

☐ A cent mètres du bourg, on a découvert des sarcophages en calcaire madréporique.

LE CLION (¹)

Période celtique.

Entre le village de la Joselière et celui de la Boutinardière on trouve trois petits vallons qui nous serviront de points de repère pour préciser la position de nos mégalithes : le premier de ces vallons, en descendant du nord au sud, est près de la Joselière et bordé par un bois de pins ; le second est nu et aride ; le troisième est ombragé par les plantations qui dépendent du petit domaine de M. l'abbé Pétard.

☐ *Dolmen du Chiron*. — Quittant la route de Pornic à Bourgneuf au village de la Joselière, on descend vers la côte en longeant les derniers chalets au nord-ouest (les derniers pour 1885). Au coin d'un champ fermé au nord par un mur et à peu de distance de la falaise, on aperçoit les grandes pierres d'une allée couverte dont la forme est très caractérisée ; elle est construite sur le plan d'une croix de Lorraine ou d'une double croix sans tête.

La longueur totale du monument dans la direction du nord au sud, est de 7 m. 45. La chambre du fond forme un rectangle allongé de 6 mètres environ sur 1 m. 75. Huit montants, dont trois sont abattus, jalonnent son pourtour ; la partie du nord-ouest, couverte par une table de 2 m. 40 de long sur 1 m. 40 de large et 20 à 25 c. d'épaisseur, est la plus dégradée.

(¹) Une grande partie de la côte, au sud de Pornic, dépend de la commune du Clion.

Après cette cella, vient une petite galerie étroite, formée par quatre montants et longue de 1 m. 80.

Le monument s'élargit ensuite en forme de transept et atteint une largeur totale de 6 m. 80. Le croisillon du côté de l'est mesure 2 m. 90 sur 1 m. 85 de large ; il est flanqué de quatre supports et recouvert en partie par une table de 2 mètres sur 1 m. 80, qui repose d'un côté sur un empatement de terre et de pierrailles. — L'autre loge vis-à-vis, fermée par un large montant, est entourée de cinq ou six pierres debout. Sa largeur est de 1 m. 90 et sa longueur de 3 mètres ; une large table couvertière de 2 m. 45 sur 2 m. 10 et 20 c. d'épaisseur, touche à peine un des montants et vient s'appuyer sur des terres et quelques pierres de soutien placées là depuis peu et qui s'écrasent sous son poids.

La petite allée qui sert d'entrée est longue de 2 mètres, cantonnée de quatre pierres dont les deux premières sont hors de place.

Toutes ces pierres sont en grès. D'autres blocs disséminés sur les talus du monument devaient compléter cette curieuse galerie.

□ *Petit dolmen de la Joselière.* — De la galerie que nous venons de décrire en se dirigeant vers le bois de pins du premier vallon, on trouve sur la lisière d'une vigne, à 150 mètres des dernières maisons de la Joselière dans la direction du sud-est, une petite butte de terre recouverte de broussailles et flanquée de trois pierres debout. Ce minuscule dolmen a été éventré de façon à laisser d'un côté les terres de recouvrement, tandis que la paroi orientale de la galerie est entièrement dégagée.

Le premier montant au sud est en micaschiste et mesure 1 m. 15 de haut sur 1 mètre de large et environ 30 c. d'épaisseur ; le second, un bloc de grès, a la même hauteur sur 60 c. de large ; le troisième support est très bas, irrégulier de forme et mesure en largeur 1 m. 20. Il est en micaschiste ainsi qu'une autre pierre couchée à l'ouverture de la tranchée. L'emploi de cette roche dans les dolmens Pornicais est un fait exceptionnel; presque tous les mégalithes de cette contrée sont en grès ou en quartz. C'est du reste le seul caractère intéressant que m'a semblé présenter ce mince débris d'allée couverte, dont la longueur totale atteint seulement 2 m. 70.

△ *Menhir.* — De l'autre côté du bois de pins enclavé dans le vallon de la Joselière, au-dessus d'une cabane de garde-côte, un menhir en grès blanc brisé en trois morceaux, est signalé par M. le baron de Wismes (1876).

Continuant à suivre la côte dans la direction de la Bernerie, on arrive à un petit ravin dénudé qui forme brèche dans la falaise. Avant de le franchir, deux groupes de mégalithes sont à examiner.

⊓ D ? Celui qui est le plus rapproché de la mer est composé d'une pierre piquée debout et ressemblant assez à un montant de dolmen; auprès est une large pierre posée à plat sur le sol, puis un troisième bloc en poudingue de couleur violacée. Il est possible que ce soient les débris d'un dolmen.

⊓ D ? Le second groupe de pierres est à vingt pas plus haut; il est formé: d'une table de dolmen de 1 m. 80 sur 1 m. 45; de deux montants piqués debout l'un près de la table, l'autre plus au midi, et de sept blocs de grès disséminés çà et là.

Le caractère de ces mégalithes est fort problématique; je ne veux point cependant les biffer par déférence pour la Commission d'inventaire des mégalithes de France qui les a notés sur ses registres.

Ils ont été fouillés en 1878 par M. le baron de Wismes qui n'y a rencontré aucun objet intéressant.

⊓ *Dolmen de la Pierre-Creusée.*

De l'autre côté du ravin, sur la pointe qui domine la mer,

on aperçoit de loin les grandes pierres grises d'une allée couverte.

Le plan de ce monument est exactement celui du dolmen du Chiron, près la Joselière : Une longue galerie flanquée vers le centre de deux chambres latérales, l'une en face de l'autre, et terminée par une crypte rectangulaire ; la cella du fond est moins longue que celle de la Joselière.

L'ensemble du monument mesure 9 mètres du nord au sud ; l'entrée est formée par une allée de 1 mètre de large et de 2 m. 60 de long, flanquée de cinq montants. Elle donne accès dans une sorte de transept dont l'étendue est de 6 m. 90 de l'est à l'ouest. Le caveau du côté de l'ouest, long de 2 m. 80, est entouré de cinq supports et celui de l'est de six ; il a 30 c. de plus que le premier ; la largeur de ces deux caveaux est de 1 m. 85.

Après ce transept la galerie se rétrécit de nouveau sur une longueur de 2 m. 20 (elle est bordée de quatre montants) ; puis elle débouche dans une cella carrée de 2 m. 30 sur 2 m. 40, entourée de sept pierres et couverte en partie par une énorme table de 3 m. 65 sur 2 m. 20 de large. L'orientation de cette galerie est à peu près nord-sud.

Au-devant de l'entrée se trouve une large pierre que l'on a commencé à creuser en forme d'auge. Les pierres taillées de cette façon ne sont point rares dans les fermes du pays ; le michaschiste de la côte se travaille assez facilement et l'on obtient ainsi à peu de frais des timbres pour abreuver les bestiaux.

Fouilles. — En 1878, M. le baron de Wismes entreprit l'exploration de ce monument et j'eus le plaisir de visiter ses fouilles. Les caveaux contenaient : 1° un grand couteau de dolmen en silex de Pressigny ; sa longueur est de 22 c. 5 et sa largeur de 4 c. 5. 2° Une petite hache en silex, de 7 c. 5. 3° Une amulette ronde, épaisse et percée d'un large trou en forme de cône. 4° La moitié d'une hache-marteau terminée d'un côté par une surface plane. 5° Une

charmante amulette en roche vert-pâle semée de pail-
lettes de couleurs chatoyantes; elle est plate, de forme
ovale et d'un très beau poli. Un trou percé près du bord
s'est échancré et l'on a foré plus au centre un second
trou de suspension. — Des fragments de poterie et des
éclats de silex.

Le monument semblait complètement déblayé lorsqu'en
palpant les terres massées le long de la paroi du dernier
caveau nord-ouest, je trouvai un très beau couteau en silex
blond; il est pointu, très épais au centre et constellé de petites retouches; longueur, 23 centimètres. (Musée de Nantes.)

☐ *Dolmen de la Villa Pétard.*

En continuant à suivre la côte dans la même direction,
on arrive à une charmante vallée dont les versants sont
couverts de bois de pins encadrant une longue bande de
prairie qui descend vers la mer; à droite, une petite chapelle s'élève sur un bloc de rocher; au fond, un manoir
modestement caché entre les deux pentes du ravin.

A cent mètres au sud-est de la lisière des pins, en face
de la chapelle, on trouve dans une pièce de terre une allée
couverte à demi ensevelie sous les ajoncs.

Le plan de ce monument est une équerre; la galerie principale, longue de 7 m. 20 sur 1 m. 18 de large, est formée
par neuf supports fichés en terre, trois à l'ouest, cinq à
l'est et une pierre de 1 m. 25 sur 1 m., au fond, dans la
direction du nord.

La seconde, qui forme un angle droit avec la première,
est longue de 2 m. 80 et large de 1 m. 65; il ne lui reste
plus que cinq montants.

Quatre des tables sont encore conservées; la plus grande,
celle qui recouvre la crypte du côté de l'est, mesure 2 m. 80
sur 1 m. 05.

Fouilles. — Cette galerie a été fouillée en 1879 par
M. le baron de Wismes qui n'y trouva que quelques silex,

des fragments de poteries dolméniques et deux ou trois morceaux de briques à rebords.

☐ *Dolmen ruiné de la Pierre du Ruaut.*

Avant de franchir le ravin qui sépare, près de la côte, la commune du Clion de celle de la Bernerie, on trouve à peu de distance de la falaise les ruines d'un monument connu dans le pays sous le nom de *la Pierre du Ruaut.* Il est à une centaine de mètres du vallon, sur une hauteur qui domine un petit poste de garde-côte.

Une longue pierre piquée debout mesure 1 m. 75 sur 65 c. de large et 36 c. d'épaisseur; près d'elle, une autre pierre couchée est longue de 1 m. 90 sur 1 m. de large et 35 c. d'épaisseur. Un montant de dolmen abattu mesure en largeur 1 m. 10; il est haut de 85 c. Cinq autres blocs placés auprès complètent les ruines de ce problématique dolmen.

△ Plusieurs haches en pierre polie ont été trouvées dans la commune du Clion.

Période gallo-romaine.

En 1851 on découvrit au Clion des amphores gallo-romaines et un objet en bronze représentant une tête de cheval.

Dans les talus de fossé, au-dessus du casino de Gourmalon, j'ai vu beaucoup de fragments de tuiles romaines. Des débris de constructions romaines, des fragments d'enduits cimentés et des tuiles ont été signalés au champ de Moliny.

CORSEPT.

☐ *Dolmen du Moulin-Péret.* Section K. Nᵒ 5.
Tout au bord de la Loire, à 1 kil. à l'ouest de Corsept,

on voit, au delà du village du Paquiaud, différentes maisons d'habitation et un jardin clos de murs dépendant d'un moulin abandonné que l'on nomme le moulin Péret. En ouvrant la petite porte qui donne dans ce jardin, je me trouvai en face des ruines d'une grande allée couverte dont les belles pierres étaient en partie adossées aux murs de cet enclos. Les constructions nouvelles sont si bien juxtaposées sur ce vieux monument qu'une grande pierre debout, sorte de menhir précédant la galerie dolménique, est maintenant renfermée dans une étable.

Le plan général du monument forme une équerre ; une galerie composée de 3 énormes tables se dirige de l'est à l'ouest, tandis que la base orientée nord-sud affecte de moindres dimensions.

La première allée est longue de 10 m. 07 sur une largeur de 2 m. 10 à 2 m. 20. En commençant par l'ouest nous trouvons : 1° Une table de 3 m. 30 sur 2 m. 25 et 35 c. d'épaisseur, 4 montants sont encore en place ; celui qui forme le fond de la galerie a 2 m. 30 sur 1 m. 24 et 45 c. d'épaisseur ; les deux autres, qui soutiennent l'angle sud-est de la table, mesurent 80 c. et 1 m. 45. La deuxième table est écartée de son support ; elle a 2 m. 40 en longueur et largeur, sur 42 c. d'épaisseur ; le support placé au sud mesure 1 m. 85 ; il est en granit. La troisième table vient s'appuyer sur la base de la seconde galerie.

Cette deuxième allée, beaucoup plus étroite et plus basse que la première, mesure 1 m. 05 de largeur intérieure. 5 supports sont alignés parallèlement soutenant 2 tables ; le premier support au sud-ouest a 82 c. de haut sur 1 m. 25 et 18 c. d'épaisseur ; celui qui lui fait face a 95 c. sur 1 m. et 15 c. d'épaisseur ; le second de la rangée de l'ouest a 1 m. 10 sur 1 m. 24 et 20 c. d'épaisseur ; son vis-à-vis, maintenant abattu, mesure 1 m. 05 sur 1 m. 45 et 30 c. d'épaisseur. Le dernier support de la rangée du fond a 1 m. 24 de haut sur 2 m. 30 de large et 40 c ; il formait l'angle externe du monument et présentait la même largeur que le premier support qui lui fait face à l'autre bout de la galerie.

Dans la galerie principale, les matériaux, très réguliers de forme, sont presque tous en grès; dans la seconde allée, ils sont en granit et en micaschiste. Le menhir enclavé dans l'étable est en grès et mesure 1 m. 75 de haut sur 80 c. d'épaisseur; mais les murs le cachent en partie. Il est strié de rainures creusées dans le sens de la longueur.

Au mois de septembre 1883, nous avons déblayé, avec l'aide du fermier, les parties de ce monument que les terres ne permettaient pas d'apercevoir. Dans ces fouilles, nous avons dégagé la chambre du fond à l'ouest, le dessous de la seconde table et une partie de la petite allée. Le remplissage se composait d'un terreau noir, léger et qui, selon toute apparence, avait remplacé le blocage ancien. Une poterie absolument semblable à certains vases des tumulus du Finistère se trouvait sous la table de la première allée. Malheureusement, nous n'en avons eu qu'un fragment. C'est le seul spécimen de ce genre que nous connaissions en Loire-Inférieure. Quelques autres débris de vases et des éclats de silex, tels furent les seuls résultats de ces fouilles; il est évident que ce beau dolmen avait été fouillé et saccagé autrefois.

Pour arriver à ce monument, il faut, en sortant de Corsept, suivre la route de Saint-Brévin, puis prendre un chemin qui se trouve à 100 mètres de la borne 3, sur la main droite.

△ *Menhir du Plessis* (S^{tion} J., N° 89).

A 3 kil. 500 m. de Corsept, on trouve, sur la droite de la route qui conduit à Saint-Brévin, un petit chemin macadamisé qui passe devant les maisons de la ferme du Plessis. A 200 m. environ à l'est de la rencontre de ces deux routes, on aperçoit dans une pièce de terre un menhir piqué debout et tout entouré de blocs abattus. Sa hauteur est à 2 m. 40 sur 1 m. 35 et 65 à 70 c. d'épaisseur; il est en granit. Les pierres qui l'entourent ne m'ont paru présenter aucune disposition particulière.

La pièce de terre où se trouve ce menhir figure au cadastre sous le n° 89 de la section J., dite *le Carteron des bois.*

▢ *Dolmen des Pierres-Blanches.*

Le village de la Chaperonnaie est à•1 kil. 500 m. au sud-ouest de Corsept, un peu à droite de la route qui conduit de ce bourg à Saint-Père-en-Retz. Dans un large chemin, devant les maisons de ce village, j'ai vu une table de pierre de 2 m. 50 de long sur 1 m. 55 et 40 à 45 c. d'épaisseur (granit). M. Orieux l'indique comme table de dolmen renversé depuis quelque temps (1865).

△ *Menhir.* — En face de cette pierre, de l'autre côté du chemin, un menhir piqué debout mesure 1 m. 60 de haut sur 67 c. de large et 65 c. d'épaisseur ; il est en granit feuilleté, ressemblant à du micaschiste. On nomme ces pierres les Pierres-Blanches. (Septembre 1883.)

Pseudo-dolmen de la Mouraudière.

« Il existe en la commune de Corsept, près de la métairie de la Mouraudière, un dolmen ou table de pierre d'environ 2 m. sur 1 m. de large. Cette table est supportée par quatre petites pierres placées à chacun des angles. » Je transcris respectueusement la note de Bizeul et je conserve à son dolmen la place qu'il lui a donnée, mais je n'ai absolument rien vu à la Mouraudière et aux environs comme monument dolménique. Les gens de l'endroit, même les plus anciens, n'ont souvenance d'aucune pierre pouvant se rapporter à la description qui précède.

Malgré cela, j'ai une telle confiance dans les indications de Bizeul que je cherchai à une autre localité portant presque le même nom et située dans la commune voisine ; mes investigations furent également infructueuses. Enfin, on m'indiqua une troisième Mouraudière à peu de distance au sud de la limite de Corsept. Là, plusieurs personnes me dirent avoir

vu sur une hauteur, dans la forêt de la Guerche, une grande
pierre plate soutenue aux quatre coins par d'autres plus
petites. La forêt de la Guerche couvre une assez grande
étendue de terrain entre la Mouraudière et le Bois-Joli;
elle se compose de taillis très fourrés, enchevêtrés de
ronces et d'épines noires. Mais cette considération ne
pouvait nous arrêter au moment de retrouver le dolmen
tant cherché. D'ailleurs, nous fûmes guidés dans nos
recherches par un garçon de la ferme voisine qui, après
nous avoir fait traverser une ou deux bauches, nous laissa
devant une magnifique pierre calcaire supportée par des
moellons. Ce dolmen n'était malheureusement qu'une
simple pierre d'autel avec des caractères du XVIe siècle,
soutenue par quatre petits piliers. Comment se trouvait-
elle là, abandonnée au milieu d'une forêt? Quelle était
l'inscription gravée sur ses bords? Ma déconvenue était si
forte que je ne pris point la peine de le savoir.

△ *Menhir de la Pierre-Bonde.* — Section C, dite des
Guérets, N° 338.

Un petit cours d'eau qui descend à la Loire auprès de
Corsept, forme la séparation entre cette commune et celle
de Saint-Père-en-Retz. Il s'élargit à une demi-lieue au
dessous du bourg de Corsept et recouvre, pendant l'hiver,
une plaine marécageuse, sillonnée de canaux et de douves.
On voit alors se détacher sur cette masse d'eau le menhir
de la Pierre-Bonde, qui s'élève à plus de 2 m. 70 au-dessus
du sol, mais que les eaux recouvrent jusqu'à la hauteur
d'un demi-mètre environ. Il est en granit à gros grains et
sa base est fortement délitée par les bains prolongés que
l'hiver lui fait subir. Sa forme est assez régulière, mais il
penche un peu vers l'ouest. Il mesure 1 m. 45 sur 1 m. 30.

Pour trouver ce menhir, il faut suivre la rive occidentale du marais jusqu'en face d'une propriété entourée de
vieux murs. Le nom de cette terre et du marais en question
est orthographié ou plutôt estropié de trois façons diffé-

rentes. Le **cadastre** l'écrit Marage d'eau, l'état-major, Marchedeau, et la carte de Tollenare, marais Gedeau. Quoi qu'il en soit, les gens du pays prononcent Maraichedeau et connaissent fort bien le menhir qui nous occupe. Un paysan qui travaillait dans un champ près de là me conta la légende que voici : Lorsque Gargantua construisait la Rochette (cromlech composé d'un grand nombre de blocs de grès et que nous retrouverons en Saint-Père-en-Retz), il revenait un soir portant une grosse pierre sur son épaule, lorsqu'il trouva devant lui le ruisseau ; il voulut le sauter d'une enjambée ; mais, dans le temps qu'il était en l'air, la pierre lui échappa et se piqua tout debout dans la rivière, dont elle arrêta le cours ; peu à peu les eaux grossirent et formèrent le marais que l'on voit maintenant. C'est pourquoi on nomme cette roche la Pierre-Bonde.

Au pied de ce menhir, j'ai aperçu une large pierre plate, un peu soulevée de terre et ressemblant assez à une table de dolmen. Sa largeur est de 1 m. 75, elle a 1 m. 30 de large et 45 c. d'épaisseur. (Septembre 1883.)

⊓ *Dolmen de l'Aubinais.* S^tion E., N° 100.

En continuant de s'avancer vers le sud, à une lieue de Corsept sur la route de Saint-Père-en-Retz, on trouve à gauche la maison de campagne de l'Aubinais et à droite le village de la Ganterie. De ce même côté et très près du bord de la route, le sommet d'une petite côte a été entamé pour extraire de la pierre. Cette malencontreuse carrière est venue saper un des plus beaux dolmens de notre contrée. La gigantesque table à demi renversée sur le bord de cette cavité mesure près de 5 m. sur 3 m. 10 et 1 m. 15 d'épaisseur ; sa forme n'est pas régulière et se rapproche un peu du losange ; elle est encore soutenue à l'ouest par un montant de 1 m. 46 de haut sur 1 m. 40 de large et 20 c. d'épaisseur. Ces pierres sont en grès.

Tel que je l'ai vu (juillet 1883), le dolmen de l'Aubinais ne peut donner qu'une faible idée de ce qu'il était autrefois. — En 1865, il possédait encore deux de ses supports piqués debout (notes de M. Orieux). En 1858, il était soutenu par 4 pierres (voir les notes de M. Verger).

Jusqu'ici les mégalithes que nous avons indiqués nous ont fait suivre la direction nord-sud ; arrivés à l'Aubinais, nous prendrons une direction opposée, en nous dirigeant vers l'ouest.

⚶ *Menhir des Devonnières.* S⁰ⁿ D., Nᵒˢ 497-98.

A moins d'un kilomètre de l'Aubinais se trouve le village de la Mégerie ; un petit ravin coupe, à 2 ou 300 m. à l'est du village, le bord d'une pièce de terre nommée le carteron des Devonnières ; le long de la haie de ce champ, au-dessus du vallon, j'ai vu un menhir très trapu et très carré ; il est en granit et mesure 2 m. 60 sur 1 m. 20 et 1 m. 10 d'épaisseur.

⚶ *Menhir de la Pierre-Levée.* S⁰ⁿ D., N° 451.

Un peu à l'ouest du village de la Mégerie, à 100 m. avant d'arriver à une petite route neuve qui va de Corsept à Saint-Michel, on aperçoit un très beau menhir piqué sur le bord d'un champ ; sa hauteur est de 3 m. 78, il mesure 3 m. 44 de large à la base et 55 c. dans le sens de l'épaisseur ; il est en grès, et de profondes nervures ont entamé le côté qui regarde le nord.

La forme de ce menhir est particulière ; très large à la base, il se rétrécit subitement vers le haut et son épaisseur est disproportionnée avec sa hauteur ; je connais trois menhirs affectant les mêmes proportions : celui-ci, le grand menhir des Pierres-Boivres et le menhir de la Croterie. Tous les trois sont de très grande taille, orientés de la même façon, c'est-à-dire présentant les côtés les plus larges à l'est et à l'ouest. Enfin ces trois menhirs triangulaires sont disposés de façon à former les trois sommets d'un triangle presque équilatéral, de 2 lieues de côté. Pour compléter cette trilogie, ajoutons que, près de la deuxième pierre Boivre, existent encore 2 menhirs formant un petit triangle équilatéral tout près du moulin de la Croterie, deux menhirs maintenant couchés à terre ; enfin, près de la *Pierre-Levée*, le menhir des Landreaux (¹) cité plus loin et le menhir des Devonnières. Cette disposition singulière avait sans doute un sens religieux.

Dans l'arrondissement de Saint-Nazaire j'ai signalé également, en la commune de Besné, un triangle formé par trois menhirs et connu sous le nom de trépied du Diable.

Cromlech de la Bigotais. Sᵒⁿ N., Nᵒ 115.

A deux kilomètres à l'ouest du village de la Mégerie, où nous a conduit le menhir que nous venons de décrire, on trouve le gros village de la Simonais ; puis, de l'autre côté d'un petit vallon, la ferme de la Basse-Bigotais. Un peu au sud-est de cette ferme, dans la deuxième pièce au midi du chemin qui passe devant les maisons de la Bigotais, j'ai vu un monument bizarre que je ne puis désigner que sous le nom de cromlech, bien qu'il ne réponde pas exactement à la définition habituelle de ces mégalithes. Sur une butte rocheuse, quinze blocs de pierre sont disséminés de de la façon suivante : Une pierre piquée debout est entourée de 6 blocs à demi enfoncés en terre, dont la face la plus large est tournée vers le menhir central ; ils dessinent un cercle de 10 m. de diamètre ; 5 autres blocs forment une sorte de quadrilatère dans le prolongement du premier cercle.

La pierre debout mesure 1 m. 20 sur 95 c. de large ; elle est étayée d'une pierre carrée ; un bloc de 1 m. 75 de large, ressemblant à un support de dolmen, est enfoncé en terre devant l'ouverture du cercle.

(¹) Un peu au sud des deux menhirs de la Mégerie, sur la limite de la commune de Saint-Père-en-Retz (voir cette commune), se trouve un menhir abattu, au nord du village des Landreaux.

Toutes ces pierres dépassent le sol de 40 à 50 c. en moyenne ; elles sont en granit.

Des fouilles, en déblayant ces roches, permettraient de se rendre mieux compte de la forme primitive du monument qui, du reste, a été bouleversé (juillet 1883).

Pierre du Quarteron des Bougons.

Une large table de dolmen, mesurant 3 m. 05 sur 1 m. 70 et 50 c. d'épaisseur, se trouve dans une pièce buttée, au-dessus de la ferme de la Bigotais, dans le Quarteron de Bougon. Elle est appuyée sur un autre bloc abattu (juin 1883).

◻ *Dolmen du Pont-Sorbé.*

De là, en remontant à 400 m. au nord-est, on trouve une vaste gagnerie qui se termine à un petit ravin, où sont cachées les maisons du Pont-de-Pierre. Au-dessus de ce ravin, j'ai vu les ruines d'un tumulus avec une cella dolménique en partie détruite. Elle mesure, à l'intérieur, 3 m. de long du nord au sud, sur 1 m. 90 de large. Six supports en forment les parois, et une large table est appuyée sur la pierre du fond. Nous avons fouillé ce dolmen en septembre 1885. Il contenait quelques poteries noires très épaisses et réduites en morceaux, des silex, du charbon et un beau percuteur en quartz, de forme sphérique.

◻ *Dolmen des Landes.*

Près de là, à 500 m. au nord du moulin de la Simonnais, se trouve une allée couverte dont les pierres ont été bouleversées par la construction d'un fossé qui traverse le monument. Il reste deux tables mesurant 2 m. 10 sur 1 m. 20 et 2 m. 05 sur 1 m., et quatre supports abattus.

5 △ Nous avons trouvé en Corsept : 1° à Fossais, une hache en aphanite de 13 c. 5 de long ; 2° près de Bois-Loup, une hache en diorite de 13 c. ; M. P. du Boischevalier a également trouvé trois haches en pierre polie, sur le territoire de cette commune.

Période romaine.

On a voulu retrouver à Corsept (¹) l'ancien *Portus Sicor* des géographes ; il est vrai qu'on l'a retrouvé également à Rezay, à Saint-Père-en-Retz et vers Beauvoir : ce sont là des sujets de contestations scientifiques qui dureront autant que les textes de Ptolémée et de Marcian d'Héraclée.

Lieux dits : les Masses-Vertes, la Roche-Blanche, le Carteron du Tertre, les Pierres, le Tertre, la Grée, la Chaussée.

FRESNAY

☐ A la Briancière, à trois kilomètres au nord-nord-est du bourg de Fresnay, «dans le champ des Cordeliers, se trouve une enceinte fortifiée de retranchements et de douves, au milieu de laquelle est bâti le logis du fermier»: renseignement fourni par M. le docteur Aubinais, Provinces de l'Ouest, 1857, p. 605.

Lieux dits: la Motte au Rou, la Jarrie, le Brulay.

FROSSAY

△ *Menhir du Puits.*

Les maisons de la Mégerie sont à deux kilomètres et demi au sud du bourg de Frossay, sur la droite de la route qui conduit à Vue. Le menhir du Puits, près de la Mégerie, a été indiqué dans la Revue des Provinces de l'Ouest,

---

(¹) Corsept, *Corpus septimum,* septième paroisse fondée sous le vocable de Saint-Martin; ceci est de M. Marteville.

p. 489, tome IV. Sa longueur est de 2 m. 70. — Il est à remarquer que deux des menhirs de Corsept sont également placés près d'un hameau portant ce nom de Mégerie.

△ *Menhir de Sainte-Marie.*

Mon excellent collègue et ami, M. X. de la Touche, me communique les indications suivantes sur un menhir qu'il a vu en cette commune. « A 1.500 mètres à l'est de Frossay, entre la Voirie et le Bois-Péan, se trouve un menhir de 2 m. 60 de haut; sa largeur est de près d'un mètre, et son épaisseur de 70 c. Il est sur le bord d'un clos de vigne, au bas d'une butte surmontée d'un moulin, à peu de distance d'une ferme qui porte le nom de ferme de Sainte-Marie. Orientation est, ouest parallèle à la Loire.

△ Une hache en fibrolithe blanche semée de grains verts a été trouvée en Frossay. (Exposition archéologique de Nantes, catalogue de 1872.)

Période gallo-romaine.

⊔ Un cimetière gallo-romain a été exploré en 1857 par M. B^in Fillon; il y découvrit des urnes et divers objets funéraires. Le terrain occupé par ce cimetière appartenait à M. de Charette.

Lieux dits : la Roche, la Masse, les Gats, les Ferrières.

LA MONTAGNE

⌒ Un tumulus est signalé en cette commune, dans l'annuaire général de la Loire-Inférieure. (1884, p. 548.) Renseignement à vérifier.

LES MOUTIERS

Période celtique.

Λ *Menhir des Moulins de Prigny.*

Le chemin qui conduit des Moustiers au village de Prigny vient traverser la route de Bourgneuf à Pornic ; à une centaine de mètres au nord du point d'intersection de ces deux routes, on prend à droite un petit chemin qui remonte vers les moulins de Prigny. Dans un grand clos de vigne, incliné vers l'est, se trouve une pierre piquée debout dont la hauteur est de 1 m. 75, et la largeur de 70 à 75 c ; elle est en roche schisteuse et fort mince sur les côtés. J'ai visité ce menhir en juin 1885.

La Butte de Prigny.

La butte de Prigny a été désignée à tort sous le nom de tumulus (¹) et cette classification erronée a été plusieurs fois reproduite. En réalité cette ancienne défense est formée d'un cône rocheux qui se dresse à l'extrémité d'un vallon, au-dessus des bas-fonds de Bourgneuf maintenant abandonnés par la mer (²). De larges douves creusées dans la roche le séparent du coteau. Sa hauteur est de près de 20 mètres et il servait de base à un donjon actuellement détruit. Les côtés de cette butte sont régulièrement arrondis et le sommet, nivelé et abaissé de plusieurs mètres, est maintenant en culture.

Dans une excursion que je fis à Prigny avec M. H. du

(¹) *Lycée Armoricain,* première année, p. 23.

(²) J'ai vu une ancre de très grande taille, trouvée dans les terres près de Prigny, et dont la tige sert de pilier à un hangar.

Bois de la Patelière, on nous montra, à l'ouest de la **cha-pelle**, une cavité creusée dans le roc et qualifiée du **nom** de souterrain. La route et des constructions récentes **ont** fait disparaître la plus grande partie de ce conduit.

Période gallo-romaine.

A 1.500 mètres au nord-est des Moutiers, sur les **con-fins** de la commune du Clion, j'ai vu près de la **ferme** de la Rairie une pièce de terre désignée sous le **nom** de *cimetière* et une autre, tout auprès, appelée la **Mala-drerie**. M. le Dr Aubinais avait trouvé sur ce point de **nom-breuses** briques à rebords et quelques substructions. **Malgré** nos recherches dans ces pièces, nous n'avons pu découvrir le moindre débris gallo-romain.

PAIMBŒUF

Paimbœuf est situé sur une île laissée à sec par l'**accrois-sement** des alluvions ; les grandes prairies plates qui l'**en-tourent** ont été formées peu à peu par les vases **que la** Loire rejette vers son embouchure.

Le territoire de la commune est fort petit, et ne s'**étend** guère au delà des limites de la ville.

△ *Menhir de la Pierre-Pointue.*

Pour trouver ce menhir, on peut suivre, de l'autre côté de la gare de Paimbœuf, les palissades du chemin de fer, en s'**e-cartant** de la ville ; puis, au bout de quelques cents **mètres,** tourner à l'est par un petit sentier qui tombe sur la **ren-contre** de deux chemins. Le menhir est là, dans le **premier** champ du sud.

Sa hauteur est de 2 m. 07, sa largeur de 1 m. 60 ; **il est** épais d'environ 50 c. Il m'a semblé être en granit.

2 ○ Deux monnaies gauloises ont été trouvées près de

Paimbœuf. La première, un quart de statère en or, présente, au droit, une tête d'Apollon ; au revers, un bige avec l'auriga.

La seconde, un statère d'or, a, au droit, la tête d'Apollon ornée de cordons perlés et tournée à gauche ; au revers, un coursier androcéphale, à crinière hérissée.

LE PELLERIN

Je ne connais aucun monument primitif, aucune trouvaille d'objets anciens sur le territoire de cette commune que je n'ai, du reste, explorée qu'en partie.

LA PLAINE

Cette grande et monotone commune est fort pauvre en mégalithes, malgré la longue ceinture de falaises qui l'entoure ; il semble que la ligne de dolmens et de menhirs qui suit le littoral vienne ici couper cette large pointe sans contourner le bord de la mer. Les clôtures des champs et les routes nouvelles ont bien pu dévorer quelques blocs intéressants ; mais, cependant, la partie méridionale de la côte, entre Port-Men et le Port aux Goths, est restée fort sauvage ; des landes couvrent le versant au-dessus la mer, et le haut de la falaise est à peine enrubanné de ces petits sentiers que battent nuit et jour les pas monotones du gabelou. C'eût été pourtant là un excellent refuge pour nos vieux granits, et je ne m'explique guère la cause de cet abandon.

Quoi qu'il en soit, voici le résultat de mes recherches dans ces parages.

☐ *Tumulus de la Vallée.*

En suivant la côte du Cormier, à 1.500 mètres de ce village, on aperçoit une butte de terre sur laquelle est couchée une large pierre de grès. Elle est située à 80 mètres au sud-est d'une petite cabane de garde-côte, sur la hauteur, à l'ouest de la Vallée.

Au mois d'août 1883, nous avons fouillé, avec l'aide de notre bon collègue M. Xavier de la Touche, le centre de ce tumulus. Il est composé de pierres de médiocre grosseur et posées sans ordre; sa forme est une ellipse dont le grand diamètre est de 11 mètres et le petit de 6 mètres; sa hauteur est de 1 m. 90 c.

A l'intérieur se trouvaient de nombreux fragments de charbon, des débris de poteries et quelques éclats de silex. Il est évident que cette sépulture avait été violée; la table de recouvrement était hors de place. Le fermier qui nous prêtait main-forte dans nos recherches ne se souvenait aucunement de l'époque où ce bouleversement avait eu lieu.

La longueur de la table est de 2 m. 02, sa largeur 1 m. 47. Elle est épaisse d'environ 25 à 30 c.

⌐ *Dolmen de Quirouard.*

En remontant de la source vers Quirouard, on trouve, à l'entrée de ce village, un chemin qui se dirige à gauche vers Préfailles. A deux cents mètres environ sur la droite de ce chemin, au et nord à peu de distance des premières maisons, j'ai vu, à l'angle d'un champ, les restes d'un tumulus et les débris d'un dolmen. Les terres et les pierrailles du tumulus couvrent un espace circulaire de 30 m. environ. Une belle pierre plate, table ou support abattu, est couchée à l'est et mesure 1 m. 85 sur 95 c. et 45 c. d'épaisseur : elle est en quartz et très régulière de forme. Deux autres blocs sont enfouis près d'elle.

Il y a une quarantaine d'années, ce monument se composait encore d'une large table en quartz, supportée d'un côté par deux montants piqués en terre et hauts d'un mètre; l'autre bout de la salle reposait sur le sol.

Cromlech (détruit) de Peremeleu.

Un cromlech composé de 5 grosses pierres de quartz blanc et de plusieurs blocs de moindres dimensions, existait, il y a peu d'années, à 300 mètres au sud-est des maisons de Quirouard. Ces pierres formaient un cercle dont la partie interne était remplie par un amoncellement de terre et de cailloux. En 1877, sur l'avis d'un archéologue de passage à Préfailles, M. Houary, propriétaire du terrain où se trouvait ce cromlech, ouvrit une tranchée dans l'intérieur du cercle, fouilla jusqu'à la base des pierres et ne trouva rien. Les blocs ainsi déblayés lui parurent bons à enlever, et maintenant des ceps de vigne ont remplacé le cromlech; il ne reste plus qu'un des blocs, rejeté à l'intérieur du fossé. Cette pièce se nomme le Champ des Cailloux. (Mai 1885.)

La Pierre de la Plaine, menhir.

△ D. Un menhir de quartz blanc, dont le poids était évalué à plus de 6.000 kilog., se trouvait jadis sur la droite du chemin qui conduit de la Plaine au Bernier, à 1 kilomètre du bourg, et tout sur le bord de la route. Ce fâcheux voisinage a causé sa perte et, depuis une vingtaine d'années, notre beau mégalithe est réduit en macadam.

△ *Le Caillou d'Archer, menhir.*

A 200 mètres à l'est du moulin de Mazure, j'ai vu dans un carrefour, au milieu d'une grande champagne, un menhir abattu de 1 m. 55 de long sur 1 mètre de large et 40 c. d'épaisseur. Cette pierre, qui est en quartz blanc, est bien connue sous le nom de *Caillou d'Archer ;* elle était encore debout il y a environ quinze ans.

▢ D. *Dolmen du Moulin de la Guerche.*

M. Verger, qui a exploré cette contrée il y a bientôt quarante ans, avait remarqué les restes d'un dolmen près du moulin de la Guerche. Il n'existe plus maintenant, en cet endroit, que deux gros cailloux blancs placés près du cerne du moulin.

☐ En suivant la côte, entre Port-men et Quirouard, j'ai vu un large talus coupant la base d'un petit promontoire formé par une saillie de la falaise. La hauteur de ce talus est de près de deux mètres; il est précédé d'un vallum très effacé du côté de terre.

Cette minuscule défense, que la mer a détruite en grande partie, rappelle un peu ces *lingulæ* dont parle César. Quoi qu'il en soit, la côte porte en cet endroit le nom de Port-aux-Goths.

Il y a bien aussi, près de Préfaille, en allant vers la pointe Saint-Gildas, une défense circulaire de 25 mètres environ de diamètre, entourée d'un large fossé que dominent des talus de 2 m. 50 à 3 m. de haut; mais je crois que ce petit fortin, muraillé à l'intérieur, est de date assez récente; on le nomme château des Huttes.

Les silex sont abondants sur toute la côte sud de la Plaine; quelques-uns sont éclatés de façon à ressembler à certains outils préhistoriques, mais on en trouve assez peu ayant un caractère archéologique bien tranché.

△ Une petite hache en diorite, longue de 7 c., trouvée près du village de la Musse. (Georges de Lisle.)

PORNIC

Les dolmens des environs de Pornic sont si nombreux, que, pour éviter toute confusion, nous les classerons ici en trois groupes : les tumulus du moulin de la Motte, les dolmens de Gourmalon, et enfin, ceux du bord de la côte entre la Joselière et le village de la Rogère, dans la commune du Clion.

Le premier groupe, à peu de distance et à l'ouest de la ville, se compose de 3 tumulus et de 8 galeries dolméniques.

Le deuxième groupe, de l'autre côté du port, sur le territoire de Gourmalon, compte 5 galeries dolméniques et 1 menhir.

Le troisième s'étend sur la commune du Clion, depuis la Joselière jusqu'au ruisseau qui sert de limite à la Bernerie ; il compte 4 allées couvertes, 3 débris de dolmen de forme indéterminée et un menhir brisé.

Nous passerous successivement en revue chacun de ces groupes, décrivant avec le plus de soin possible les dimensions et la forme de chaque galerie. Je sais très bien que ces descriptions monotones, ces mesures de longueur, de hauteur et largeur sont parfaitement ennuyeuses ; je le sais d'autant mieux que j'ai pris la peine de les relever et de les transcrire. J'ai persisté cependant, bien que l'ennui soit chose mortelle, et voici pourquoi je l'ai fait. Plus tard, nos descendants en sauront plus long que nous, je l'espère bien ; ils pourront classer les mégalithes, leur trouver des styles et les répartir en différentes époques, suivant leur mode de construction. Mais, alors, il ne leur restera plus guère de dolmens pour exercer leur savoir. Il est donc bon de conserver par des descriptions exactes, complétées par des plans et des dessins, ces monuments que nous avons encore sous les yeux et qui, pour la plupart, n'ont que bien peu de temps à vivre.

Ainsi, jusqu'à ce que l'étude des mégalithes ait fait de sérieux progrès, j'engage charitablement mes collègues à passer ces longues descriptions.

Dans leur ensemble, les galeries dolméniques du pays Pornicais présentent de grandes variétés. Une des formes es plus remarquables du plan de ces galeries est la double croix ou croix de Lorraine à tête tronquée ; elle est assez particulière à nos dolmens de la Loire-Inférieure. Il y en a cinq ou six de ce genre parmi ceux que nous allons passer en revue. D'autres ont simplement un caveau carré précédé d'une allée couverte ; quelquefois, le caveau est placé en équerre au bout de la galerie. Enfin, des monuments plus simples présentent une seule allée élargie vers le bout ; cet évasement remplaçait la crypte terminale.

Il est à remarquer que les cryptes des environs de Pornic sont rarement construites sur un plan circulaire, forme dont nous voyons cependant d'assez nombreux exemples de l'autre côté de la Loire et surtout dans le Morbihan.

Les procédés de construction présentent aussi de notables différences : tantôt les pierres servant de couverture sont posées à plat sur les montants, de façon à donner à la galerie une section rectangulaire ; tantôt elles sont placées en encorbellement sur l'extrémité d'autres tables ; ou bien, comme dans les tumulus des trois squelettes, de véritables murs en pierres sèches exhaussent les supports et se courbent en demi-voûte pour soutenir la table. Ce procédé permettait de dresser des dolmens avec des pierres de médiocre grandeur. C'était évidemment là un grand progrès. Nos constructeurs de dolmens avaient commencé par bâtir leurs caveaux avec des murs et des plafonds d'une seule pièce ; plus tard, on trouva plus commode de les élever morceaux par morceaux, ce qui simplifiait étonnamment le transport des matériaux.

Voici, je crois, comment ce progrès est arrivé. Quelquefois, lorsque l'un des bouts des supports se trouvait trop bas, on mettait à cette place une pierre servant de cale et empêchant la table de basculer. Dans certains dolmens, où un montant tout entier est au-dessous de la ligne du plafond, soit par suite d'un tassement au moment de le mâter, soit par la difficulté de trouver deux pierres bien pareilles, ce montant est surélevé dans toute sa largeur par une rangée de petits moellons. Dès lors, on s'aperçut qu'il était aussi facile de faire pour les trois côtés de la crypte ce que l'on avait fait accidentellement pour un, et l'ère des murailles en pierres sèches s'ouvrit pour nos caveaux. Après avoir ainsi marchandé au défunt la hauteur des murs de son tombeau, on gagna sur la grandeur des tables ;

les moellons furent posés horizontalement, les uns dépassant les autres, de façon à venir soutenir une pierre de recouvrement beaucoup plus étroite que la crypte. Dans certains tumulus, la chambre intérieure est même entièrement faite avec des moellons.

Il est bien sûr que les dolmens de cette dernière catégorie sont plus récents que les autres, je n'en veux pour preuve que cet axiôme bien connu: « L'esprit humain marche toujours du simple au composé, » et aussi la remarque suivante : les galeries dolméniques, composées en partie de petits matériaux employés d'une façon plus savante, contiennent toujours les plus belles armes et les plus belles poteries. Les magnifiques objets trouvés à Tumiac, au Mané-er-Hérocgh, et au tumulus des 3 squelettes, dans des caveaux de ce genre, en sont des preuves irréfutables.

Les mégalithes Pornicais sont presque tous des grès quartzeux ou quartzite, roche que l'on trouve par blocs de grandes dimensions, agglomérés sur beaucoup de points du pays de Retz. Malgré cela, on a voulu légender sur le transport de nos pierres dolméniques; un esprit plus aventureux que les autres les a même fait venir de l'île de Noirmoutier. Cette explication me semble aussi difficile à admettre que celle que nous donnait certain bonhomme, en montrant un menhir piqué dans son champ. « Bien sûr, disait-il, vous ne trouverez point de pierres pareilles dans le pays, car celle-ci est tombée du ciel. » Les autres matériaux employés sont des grès ferrugineux et des quartz, roches que l'on trouve aisément aux alentours.

Il est bon de remarquer que lorsque, dans les matériaux d'un dolmen, il se présente des pierres de nature différente, comme des quartz et des grès, on avait soin de mettre l'un vis-à-vis de l'autre les blocs pareils. Dans plusieurs galeries des tumulus de la Motte, nous voyons, parmi des rangées de supports en grès, des blocs de quartz se faisant pendant : au caveau des trois squelettes, l'entrée est ainsi formée de trois blocs de quartz, deux de chaque côté supportant un linteau également en quartz blanc.

Avant de passer outre, disons que les dolmens de Pornic ont été merveilleusement fouillés par M. le baron de Wismes. J'ai eu, à deux années différentes, l'avantage de suivre ses travaux, et j'ai admiré avec quelles précautions l'infatigable explorateur ménageait la solidité de ces ruines. Parfois, il abandonnait certains angles pleins de promesses, pour ne pas enlever un appui à la base des montants. Sur plusieurs points, où il m'avait montré des amas de blocs enchevêtrés de ronces et des vestiges impossibles à classer, je retrouvais, l'année suivante, des galeries, des caveaux incomplets sans doute, mais ayant pris, grâce à des aménagements bien dirigés, un aspect fort satisfaisant, du moins aux yeux d'un amateur.

Enfin, les beaux objets qu'il recueillit dans ses fouilles et dont plusieurs sont d'une rareté hors ligne, furent donnés par lui au Musée de Nantes, et une notice très détaillée fit connaître toutes les péripéties de ses heureuses recherches.

1er GROUPE : LES TUMULUS DE LA MOTTE

Un vieux chemin traverse le fond de la vallée du jardin de Retz et conduit directement de Pornic au moulin de la Motte. Là, sur une élévation qui domine au loin la mer et la campagne, se trouvent trois larges monticules dressés de mains d'hommes et qui se font suite dans la direction de l'est à l'ouest, en décrivant un angle très ouvert vers le sud.

Dolmens du tumulus des Mousseaux, n° cadastral 608 de la section C.

Le premier de ces tumulus, dans la direction de l'ouest, occupe le centre d'une sorte de carrefour sur la lisière d'un chemin qui sert de limite à la commune de Pornic. Il est de forme circulaire et mesure environ 15 m. de diamètre vers la base ; les bords sont presque droits, flanqués à l'ouest et au nord de petits murs construits en pierres sèches et que je crois de l'époque du monument ; ils étaient destinés à soutenir les terres du tumulus. Le sommet de la butte est aplani et laisse voir les pierres colossales dont les galeries sont couvertes.

Première galerie dolménique (sud).

A l'entrée, un couloir de 4 m. 20 de long est bordé de six pierres, trois de chaque côté ; leur largeur, en partant de l'ouverture (rangée sud), est de 90 c., 1 m. 20 et 1 m. 05. Hauteur 1 m. 60.

Au bout de ce couloir, le monument s'élargit en forme de transept ; le caveau du côté nord, le mieux conservé, est formé de trois énormes pierres surmontées de moellons qui soutiennent la table ; il mesure 1 m. 45 de large et 1 m. 90 de haut. Il est presque carré, comme celui qui lui fait face. Celui-ci est composé de 4 pierres, deux (dont l'une est abattue) sur la paroi de l'est, une au fond et une à l'ouest.

Les angles de ce transept sont cantonnés de hautes pierres dressées comme des piliers au point de jonction du second couloir. La hauteur sous voûte est en cet endroit de 2 m. 30. Ce couloir, long de 1 m. 90 sur 70 c. de large, n'est pas tout à fait dans l'axe de la galerie d'entrée ; il vient déboucher dans la crypte du fond, qui est rectangulaire et dont la largeur nord-sud est de 3 m. 40 sur 1 m. 90 de profondeur.

La paroi du fond est faite de trois pierres ; quatre autres (2 de chaque côté) sont placées en équerre et rejoignent la galerie.

Les matériaux employés sont de grandes dimensions ; d'autres blocs, cachés dans l'épaisseur du tumulus, venaient étayer les côtés de la crypte et empêcher les montants de s'écarter sous la pression des pierres formant la voûte.

Le plan général du monument est une croix latine terminée en tête par un caveau rectangulaire ; sa longueur totale est de 10 m. 40, et encore la première travée a été détruite.

Deuxième galerie dolménique (côté du nord).

La seconde allée couverte, parallèle à la première, présente une disposition presque analogue, mais elle n'a de croisillon au sud ni à la crypte, ni au transept ; cela tient au rapprochement des deux galeries qui ne permettait point à la seconde de se développer du côté du midi. Ce fait prouve, à mon avis, d'une façon certaine, que la galerie du côté nord a été construite après l'autre, sans cela, il n'y aurait eu aucun motif pour déformer ainsi le plan de ce monument.

Voici quelles sont ses dimensions. L'allée couverte qui forme l'entrée est flanquée de six montants ; elle est longue de 4 mètres et large de 1 m. 05 à l'ouverture ; sa hauteur est de 1 m. 40.

Arrivé devant la première crypte, on trouve une élévation de 2 m. 35 dans la partie où les tables sont posées en encorbellement ; cette crypte latérale, presque carrée, entourée de deux pierres de chaque côté, est fermée par un large montant ; elle mesure 2 m. 50 en comprenant la largeur de la galerie et 1 m. 60 de l'est à l'ouest.

L'allée se rétrécit de nouveau et présente les mêmes dimensions que vers l'entrée, 1 m. 05 ; elle se continue ainsi sur une longueur de 1 m. 85 et vient aboutir à la cella du fond.

Ce dernier caveau est rectangulaire et vient au nord élargir la galerie de 1 m. 50. Il mesure ainsi 2 m, 55 N.-S. sur 2 m. 20 ; sa hauteur est de 1 m. 97.

Une énorme pierre ferme le fond ; quatre autres complètent le pourtour du caveau : une au sud, deux au nord et la quatrième servant de paroi à l'est, entre la galerie et le fond de la crypte.

Ainsi, depuis l'entrée jusqu'au fond, le côté sud offre une ligne droite de 9 m. 65, composée de 7 supports bien réguliers, sauf vers le centre, où plusieurs pierres superposées font face à la petite crypte.

Six tables, d'une étonnante grandeur, sont alignées sur ces montants et couvrent la galerie d'une extrémité à l'autre; une septième est placée sur la première crypte. La grande pierre qui recouvre le caveau du fond mesure 3 m. 70 sur 2 m. 10 et 50 c. d'épaisseur.

Grâce à l'heureuse initiative de M. Joseph Rousse, conseiller général, ces belles galeries ont été cédées à la ville de Pornic, qui prendra sans doute les mesures nécessaires pour assurer leur conservation.

Les deux allées couvertes que nous venons de décrire étaient remplies de terre jusqu'à la hauteur des voûtes, lorsqu'en 1840, M. Verger les fit déblayer. Il y trouva une grande quantité de poteries presque toutes brisées ou qui tombèrent en morceaux, faute de précautions pour les enlever de la terre humide ; quelques-unes étaient luisantes à la surface ; puis des ossements, des dents d'animaux, et une hache en silex de forme triangulaire. Une très jolie gouge en serpentine et une hache de même roche déposées au Musée de Nantes (collection Parenteau) passent pour avoir été trouvées dans un de ces dolmens, mais je tiens cette assertion comme fort douteuse.

Tumulus des Six-Dolmens.

De l'autre côté de la butte qui supporte le moulin de la Motte, un tumulus d'environ 40 mètres de large sur 3 m. d'élévation domine le ravin qui descend vers Pornic. Ce tumulus a été merveilleusement exploré par M. le baron de Wismes, et le récit de ses fouilles, communiqué au Congrès de la Sorbonne, a eu un très légitime succès (1876).

Les six galeries dolméniques découvertes par M. de

Wismes sous ce tumulus présentent une disposition bizarre, bien faite pour contrarier les partisans de l'orientation des dolmens. En effet, ces galeries sont tournées à peu près dans toutes les directions, l'une a l'entrée vers l'est, l'autre au nord, la troisième à l'ouest, et deux autres regardent le sud-ouest; elles présentent de plus des différences extrêmement tranchées dans le système employé pour leur construction

I. Première galerie dolménique. Caveau de la Croix (*orienté à l'ouest*).

Cette galerie, élargie transversalement en forme de croix, mesure 9 m. 50 de long et dans la partie transversale, 6 m. 30. On y entre par un couloir de 4 m. 30 sur 1 m. 10 de large, bordé de 6 pierres, trois de chaque côté; les 2 premières, qui forment l'ouverture, sont en quartz blanc; les deux autres se faisant face, en grès ferrugineux; enfin, les 2 dernières en grès de couleur grisâtre. J'ai vu plusieurs exemples de cette disposition parallèle des pierres de même nature dans les constructions dolméniques ; à Gavrinis, deux blocs de quartz, perdus dans les longues files de granits ornementés, se font pendants.

Après cette galerie, le monument s'élargit soudain, ouvrant à droite et à gauche sur deux caveaux rectangulaires. Celui du côté sud est le plus grand ; il mesure 3 m. de long sur 1 m. 45 de large et 1 m. 40 de haut; quatre grandes pierres et trois petites composent les parois. Le montant qui forme le côté est, est remarquable par les signes qui y sont gravés et dont M. de Wismes a donné la reproduction exacte au Musée de Nantes. Les plus caractérisés sont un signe en forme de croix et deux autres ressemblant à des crosses tournées en sens opposé.

Les pierres dolméniques portant des signes gravés sont extrêmement rares dans notre département; on ne pourrait, je crois, citer en dehors de celle-ci que les pierres de Brandu, de Signac et du Meniscoul. (Voir arrondissement de Saint-Nazaire.) Quant au personnage entrevu sur la pierre du dolmen de Port-Faisan, malgré la description donnée par le Bulletin des Sociétés Savantes de France, il faut le reléguer au nombre des mythes.

Le caveau qui fait face est large de 1 m. 40 et profond de 2 m. 35 ; une large dalle forme le fond ; une autre à l'ouest et deux à l'est complètent ses murs. Sa hauteur est de 1 m. 60.

La galerie qui fait suite est fort dégradée ; deux montants de chaque côté en forment les parois ; un cinquième, placé un peu de biais, est le seul qui reste au fond. Les dimensions de cette galerie sont : 3 m. 50 de long, sur 1 m. 40 de large ; hauteur 1 m. 90.

Il est probable qu'une seconde crypte venait terminer le monument. Les fouilles que nous comptons entreprendre sur ce point nous la feront sans doute retrouver.

Fouilles.

C'est par ce caveau que M. de Wismes commença, en 1875, ses intéressantes recherches.

L'intérieur de la galerie était rempli de terre et de pierrailles ; lorsque ce blocage fut enlevé, M. de Wismes recueillit sur le sol de l'allée et des chambres :

1º Un grand couteau en silex noir, longueur 15 c.

2º Deux autres plus petits en silex jaune, 12 et 13 c.

3º Des grattoirs et des éclats de silex.

4º Une jolie hache en silex gris, très usée au tranchant.

5º Une plaque de forme ovale en grès ferrugineux, percée d'un trou, longueur 7 c.

6ᵉ Des poteries brisées en terre grossière et un fragment d'une poterie fine en terre brune et luisante.

Je note brièvement ces objets et ceux qui suivent ; ils ont été donnés par M. de Wismes au Musée Archéologique de Nantes, et, pour plus de détails, on doit consulter la très consciencieuse notice où M. de Wismes a publié le résultat de ses fouilles. (Voir bulletin de la Société Archéologique, 1876.)

II. Deuxième galerie dolménique. *Caveau des 3 squelettes.*

Le plan de cette galerie est des plus simples : un caveau fermé au fond par une grande pierre plate, se rétrécit pour déboucher dans une petite allée couverte. Le tracé linéaire d'une bouteille donne à peu près le contours intérieur du monument.

L'entrée de la crypte est faite de deux blocs de quartz qui en soutiennent un troisième servant de linteau, posé de travers et fortement incliné vers l'est ; le montant du côté sud, de forme triangulaire, oblique vers l'ouverture de la crypte. 5 pierres de grès forment les trois côtés de la chambre, dont l'aire mesure 1 m. 70 sur 1 m. 50. Au-dessus de ces montants, des blocs de forme oblongue, placés en encorbellement les uns au-dessus des autres, servent à exhausser la table, disposition très curieuse et qui caractérise, à mon avis, la seconde période des constructions dolméniques.

Le couloir qui précède la crypte est large de 1 m. 15 à l'ouverture ; il est formé de quatre montants privés de leurs tables et mesure 2 m. 20. La longueur totale du monument est de 4 m. L'ouverture regarde le sud-sud-est.

Fouilles.

Découverte pendant les travaux dont nous venons de parler, cette chambre était masquée par un épais fouillis de ronces ; aucun remplissage intérieur n'encombrait le caveau. M. de Wismes y trouva tout au fond les fragments de plusieurs squelettes ; il y avait près d'une centaine d'os ou fragments d'os ; ils ont été analysés par les docteurs Osmond Le Roy et Albert Malherbe, qui ont reconnu les restes de trois squelettes, l'un d'homme, l'autre de femme et le fragment d'un tibia d'enfant de cinq ans.

Il y avait en outre dans le même caveau :

1º Un vase en forme de bombe avec deux dépressions près du bord; hauteur 11 c., diamètre 17 c. 5.

2º Un vase de même forme, en terre noire, hauteur 7 c., diamètre 12 c.

3º Un très petit vase en forme de tulipe, très évasé à l'orifice; hauteur 7 c. 5; diamètre 6 c.

4º Une petite poterie, très bien conservée, en terre jaunâtre, arrondie au fond et légèrement évasée vers les bords, hauteur 12 c. 1/2; grand diamètre 16 c. 5.

5º Deux cailloux percés et un grattoir circulaire en silex jaune. (Voir bulletin de la Société Archéologique, 1876, p. 267.)

III. Troisième galerie dolménique, en face du moulin, et parallèle au caveau des trois squelettes.

Cette galerie, très voisine du caveau des trois squelettes, a la même orientation vers le sud-est, la même disposition et presque la même grandeur. Deux pierres de quartz blanc marquent aussi les deux côtés de l'entrée de la crypte et sont tournées de façon à en rétrécir l'ouverture. Cette crypte est formée de trois montants et large de 1 m. 65 sur 2 m. 10 de long. Une table supportée par des assises de gros moellons couvre ce petit édifice, dont la hauteur intérieure est de 1 m. 30.

En avant des deux blocs de quartz, quatre montants privés de leurs tables dessinent la galerie qui précède la crypte et dont la largeur est de 70 c. à l'extrémité sud-est; sa longueur est de 2 m. 40.

Fouilles.

M. de Wismes découvrit dans ce caveau un grand vase dentelé sur les bords et orné d'un double rang de petits trous de forme ovale. Cette curieuse poterie fut malheureusement brisée au moment où on l'enlevait de terre. — Puis des fragments d'un vase semblable et d'autres poteries, également brisées; quelques éclats de silex et des ossements humains non incinérés. (Voir fouille du tumulus des trois squelettes, p. 221.)

IV. Quatrième galerie dolménique.

Du côté opposé à l'allée couverte dite de la Croix (que nous avons décrite en premier lieu), se trouvent plusieurs pierres placées très près de l'habitation du meunier. M. de Wismes y a reconnu les ruines d'une allée couverte, trop mutilée pour que nous puissions la décrire ici. Huit pierres de grès, abattues sur deux lignes presque parallèles, formaient les seuls débris d'une galerie, détruite lors de la construction de la ferme. (Fouilles de septembre 1877.)

V. Cinquième galerie dolménique. Caveau du Chêne.

Cette galerie est fort différente de celles que nous venons de décrire; elle se compose d'un couloir très court, de 1 m. 10 de longueur, et formé de deux pierres; puis d'une crypte ovoïde jalonnée par des piliers étroits, et enfin d'une table de 2 m. 56 de long, exhaussée par des moellons. La hauteur de la crypte est de 1 m. à l'entrée, 1 m. 35 vers le fond.

La longueur totale du monument est de 4 m. 55. Orientation nord, nord-est.

Fouilles.

Au fond de cette petite crypte, M. de Wismes recueillit un des plus curieux produits de la céramique primitive; c'est un vase arrondi au fond et à bords droits entouré d'une couronne de 18 pointes ou perles, ayant la forme d'un demi-losange. A l'intérieur se trouvait un très petit vase noir de même forme et sans ornementation.

Une petite coupe faite à la roue.

Une hache en diorite verdâtre.

Un fragment de couteau en silex jaune.

VI. Sixième galerie dolménique.

Enfin, près d'un puits placé à peu de distance du caveau de la Croix, apparaissent de larges dalles et, dans les sondages exécutés dans cet endroit, M. de Wismes a reconnu l'existence d'un sixième caveau.

DEUXIÈME GROUPE, LES DOLMENS DE GOURMALON.

En face de Pornic, de l'autre côté du port, se trouve la pointe de Gourmalon. C'était naguère une sorte de butte aride sur laquelle se détachaient nettement les gros blocs des monuments que nous allons décrire; maintenant, de charmantes constructions, des chalets entourés de frais jardins couvrent une partie du sol et il nous faut prendre des points de repaire pour nous guider vers nos vieux mégalithes.

Le plus simple est de se diriger sur le moulin de Gourmalon, piqué tout au centre de la pointe; de là, on trouvera aisément les cinq monuments qui suivent :

⊓ 1° Allée couverte du moulin de Gourmalon.

A deux pas de la maison du meunier, on voit une galerie dolménique longue de 6 m. 30 et orientée du sud au nord. La crypte qui la termine au nord, est longue de 2 m., et la table qui la recouvrait s'est abattue à l'intérieur; elle devait être soutenue par des moellons posés en encorbellement, car ses dimensions sont trop petites pour qu'elle ait pu tenir seule sur les montants. La galerie, large d'un mètre 05, se rétrécit vers l'entrée, où elle n'a guère que 70 c. d'ouverture.

Voici, en commençant par le nord, la description des deux côtés du monument : rangée de l'ouest : 1° support de 2 m. de large sur 1 m. 35 de haut et 20 à 25 d'épaisseur formant la paroi de la crypte ; 2° petit bloc de micaschiste ; 3° premier montant de la galerie, 1 m. 10 de haut,

1 m. 40 de large, 35 c. d'épaisseur moyenne; support de 1 m. 05 de large, 95 de haut et 35 à 40 d'épaisseur.

Rangée de l'est.

1° Bloc de quartz à l'angle de la crypte; 2° support de 60 c. de haut sur 75 de large; 3° pierre de 1 m. 20 de haut, 1 m. 05 de large et 30 à 35 d'épaisseur; 4° autre de 1 m. de haut sur 1 m. 05; 5° le dernier montant à l'entrée; il mesure 1 m. 35 de haut sur 95 et 30 c. d'épaisseur. Toutes ces pierres, sauf celles que nous déterminons, sont en grès et percées çà et là de petites cavités rondes. La forme générale du monument n'est ni celle de l'allée droite, sans élargissement terminal, ni la galerie étroite donnant accès dans un caveau; c'est une sorte d'allée évasée au fond, en forme de triangle très allongé. Ce monument a perdu ses pierres couvertières et bientôt, je le crains, il sera complètement ruiné. Il est malencontreusement coupé par la ligne de partage de deux terrains. Le meunier, propriétaire de la rangée de l'ouest, a creusé une sorte d'abreuvoir entre les grandes pierres et la galerie ; l'autre côté sera vendu sous peu, et il n'est guère présumable que les deux voisins s'entendent pour conserver les ruines de ce vieux tombeau.

L'allée couverte de Gourmalon a été fouillée une première fois par M. le marquis de Vibraye, puis par MM. de Wismes et Ch. Marionneau, présidents de la Société archéologique de Nantes; aucune trouvaille.

⌐⌐ Du moulin de Gourmalon, en se dirigeant au plus près vers la côte, on trouve les ruines d'un dolmen, situé à peu de distance de la mer: sept pierres, dont deux placées en avant, entourent un espace de cinq mètres de long sur 1 m. 20 de large.

La première pierre, en commençant par l'angle nord-est, a 1 m. 20 de haut et 1 m. 10 de large ; celle du fond est irrégulière ; elle mesure environ 1 m. 20 sur 50 c.; deux autres à l'ouest ont : l'une 1 m. de haut; 95 de large et 40 c. d'épaisseur (elle est debout); la suivante est abattue. Un bloc de 1 m. sur 55 est placé devant l'entrée. Sur la paroi est, une pierre très unie à la partie supérieure a 1 m. sur 95 c.

Une longue pierre en forme de peulven est abattue dans le sens de la longueur, devant l'entrée de la crypte; deux autres blocs sont plus en avant.

Cette galerie est complètement ruinée; je l'avais vue, il y a quelques années, et les rangées de pierres avaient encore un aspect quelque peu monumental.

Fouilles.

M. de Vibraye fouilla cette galerie en 1868 et y trouva :

1° Une hache en pierre polie, longue de 11 c., amphibole d'un vert foncé, semée de grenats.

2° Petite hache en fibrolithe blanche à grains verts, longueur 5 c.

3° Un très beau grattoir ovale, en silex jaune, long de 9 c.

4° Un grattoir allongé en silex pyromaque et divers outils en grès lustré ou silex.

5° Un grand couteau en silex de Pressigny, longueur 16 c.

6° Un fragment de poterie épaisse, percée d'un trou rond, régulier.

▢ Troisième dolmen. Pierre de la Lionne.

Du moulin de Gourmalon en prenant dans la direction du château de Pornic, on suit une nouvelle rue qui descend vers le quai de Gourmalon. A gauche, dans l'angle formé par ce quai et la rue, on aperçoit dans un enclos, sur une sorte de monticule, une énorme pierre à demi enfouie sous les herbes; le profil de cette grosse roche ressemble quelque peu à celui d'une lionne, ce qui lui a valu le nom dont M. de Wismes l'a baptisée.

En 1873, ce tumulus, encore bien conservé, recouvrait huit pierres formant une sorte de caveau qu'il est bien difficile de décrire actuellement. La grosse pierre servant de table est longue de 2 m. 25, large de 1 m. 15 et épaisse de 70 c.; elle est sillonnée de rainures et de cupules. En avant, un montant abattu mesure 1 m. 40 sur 40 c. Une autre pierre, de forme triangulaire, est large de 2 m. environ.

J'avais visité ce monument en 1878; il était alors moins dégradé. La lionne, maintenant couchée de travers sur la butte, était bien horizontalement campée sur deux supports. Il est inconcevable que l'on n'ait point songé à conserver ces ruines, ne fût-ce que pour remplacer les rocailles dressées à grands frais dans les villas de Gourmalon (¹).

M. de Wismes fouilla ce monument en 1873, il y découvrit une lame en silex et quelques autres objets.

△ Menhir de Malmy.

Un menhir de 3 m. 50 à 4 m. de long, abattu dans un champ près de la villa Bourgette, a été signalé par M. de Wismes. Je l'ai inutilement cherché à plusieurs reprises depuis cinq ou six ans. Il a sans doute été absorbé par les nouvelles constructions de Gourmalon. Je n'ai pu avoir aucun renseignement précis sur la position qu'il occupait.

☐ Monument des Hautes-Folies.

C'est un des monuments les plus bizarres de cette riche contrée. Sur un espace de plus de 100 m. carrés se dressent de larges pierres plates, les unes en ligne droite, d'autres en retours d'équerre. Après un long examen, il m'a semblé

(¹) Le monument de la Lionne, dont les cinq pierres sont maintenant complètement déblayées, est entouré d'un joli jardin; il est à souhaiter que l'acquéreur de ce terrain respecte les ruines de ce vieux monument. (Pornic, juin 1885).

20

retrouver dans ce fouillis mégalithique deux longues allées couvertes très ruinées, et vers l'ouest, dans la partie adossée au fossé, des restes d'une crypte latérale. Mais il n'est point facile d'indiquer à coup sûr le plan primitif du monument. Les terres du tumulus ont été enlevées, il ne reste plus que le squelette fort disloqué des galeries et des caveaux.

Allée couverte de l'est.

Orientée parallèlement à la côte, cette allée se compose :

1° Galerie ouverte dans la direction du sud-est, longue de 4 m. et jalonnée par six pierres, trois de chaque côté. Deux des montants, du côté de l'ouest, sont abattus.

2° D'une partie transversale, en forme de transept rectangulaire, longue d'un mètre 70 et fermée à chaque bout par une seule pierre plate. Le côté de l'est, le moins maltraité, est profond de 2 m. 20.

3° Un petit couloir de 1 m. 30 sur 2 m. de longueur dans l'axe de la galerie d'entrée, conduit au caveau du fond.

4° Cette crypte terminale est longue de 2 m. 40 ; elle est rectangulaire, et le fond est fait d'une seule grande pierre. La paroi de l'est est composée de 2 montants; une autre forme l'angle et vient rejoindre le couloir ; les pierres du côté de l'ouest sont abattues dans l'intérieur de la crypte.

Allée couverte de l'ouest.

Parallèle à la première, cette galerie est tellement incomplète qu'il est impossible de la décrire. On peut y reconnaître cependant une galerie de 7 m. environ de longueur, composée de 12 pierres dont 3 forment encore une travée entière, la table et les deux supports. Peut-être avait-on allongé ainsi cette galerie pour dépasser le caveau transversal de la première allée qui eût empêché la construction des chambres latérales. L'ensemble du plan aurait été ainsi : deux croix placées de façon à ce que le bras gauche de la première fût au-dessous du bras droit de la seconde. Ceci est tant soit peu conjectural.

Ce qui est malheureusement plus certain, c'est que ce monument a été fouillé en 1866-68, par M. de Vibraye, qui n'a publié aucun récit de ses fouilles. J'ai vu seulement au Trocadéro, en 1878, trois vases à fond rond, en terre noirâtre, provenant des galeries des Hautes-Folies. L'un d'eux mesurait 10 c. de diamètre.

Je ne suis point certain, comme je l'ai dit plus haut, que le champ où se trouvent ces pierres soit compris dans la nouvelle enclave du territoire de Pornic; mais le monument se relie si bien au groupe de Gourmalon que je n'ai pas voulu l'en distraire.

Presque en face de la gare de Pornic, dans un clos de vigne qui domine la rive droite du canal, nous avons vu une sorte de butte de 6 à 7 mètres de diamètre; auprès se trouve une large table de grès et quelques blocs de roche. Peut-être sont-ce les restes d'un tumulus.

Période gallo-romaine.

Pornic serait, suivant l'opinion émise par notre érudit confrère M. Orieux, l'ancien Portus-Sicor des géographes.

⌒ Au nord de la ville, on voit une motte d'une largeur considérable et dont le sommet a été transformé en calvaire.

Une amphore gallo-romaine a été trouvée à Pornic.

PORT-SAINT-PÈRE

⊐ (?) Un dolmen est signalé en cette commune, dans le Dictionnaire de Topographie des Gaules (1878). La Commission d'inventaire des mégalithes de France l'a également inscrit sur ses tableaux de recensement publiés en 1880. — J'ai bien retrouvé l'origine de ce dolmen, dans une note du Bulletin archéologique de 1868; quant au dolmen

lui-même, je crois qu'il serait fort difficile à découvrir.
Voici cette note:

« Au mois de juin 1851, on trouva sous un dolmen de
« la dernière époque, dans la commune de Port-Saint-Père
« (Loire-Inférieure), un bandeau d'or semblable à celui de
« Madame Lebail (de Plouharnel), du poids de 190 grammes,
« et un second *torques,* formé par un filet plat, terminé par
« deux disques et pesant six grammes. Avec ces deux
« bijoux, on rencontra deux haches (plates); le bronze était
« grossier, grenu. » Bulletin de la Société archéologique,
p. 25.

△ Une hache en silex, trouvée à Port-Saint-Père, a été
remise à Madame Pichelin, propriétaire au Pré-Mériet.

△ Une hache en diorite, longue de 8 c. 5, nous a été
cédée par un cultivateur du Fay-Souden.

1re Découverte de bronze.

En janvier 1861, un paysan de Port-Saint-Père trouva,
en creusant un fossé, une masse d'objets de bronze enfouis
dans un trou. Parmi ces objets, nous indiquerons :

6 haches à ailerons.

Une valve de moule en bronze pour fondre les haches à
    ailerons.

4 pointes de lance, brisées.

Des fragments d'épées à nervure centrale, saillante et
    arrondie.

2e Deuxième découverte de bronze.

Lors des travaux exécutés pour le tracé du chemin de fer
de Pornic, on découvrit, près de l'Achenau, une cachette
contenant près d'une centaine de haches en bronze de la
forme dite à *talon.* Une de ces haches, longue de 16°, fait
partie de notre collection. (1874.)

M. d'Arondel signalait, en 1852, l'existence d'une ancienne voie allant du lac de Grandlieu à Port-Saint-Père.

ROUANS

⌒ Tertre de Messan.

Un peu à l'est de la chaussée de Retz, la grande route de Paimbœuf à Nantes est traversée par un chemin qui descend au sud dans la direction de Rouans et passe par le village de Messan, situé dans une petite île de la vallée de la Chenau. En prenant à droite, après avoir passé le pont, on aperçoit à très peu de distance des maisons, au fond d'un jardin, une butte arrondie, mamelonnée, dont les flancs sont couverts d'arbrisseaux et de broussailles. Ce tertre, dont la hauteur dépasse 5 m., mesure environ cent mètres de tour à la base.

Lorsque je l'ai visité, on venait d'ouvrir sur son diamètre une section transversale de quelques pieds de profondeur, et dans cette section apparaissaient, vers le sommet des couches horizontales alternées d'argile et de quartz brisé.

⟁ Un peulven, nommé la Pierre-Droite, est signalé, dans la Revue des provinces de l'ouest, près de Launay. On m'a montré, près de ce village, une longue pierre de granit renversée près d'un fossé, au bord d'une route qui remonte vers le Pellerin. Elle mesure 2 m. 10 sur 60 c. et 45 c.

⟁ Près des maisons de Lunière, à l'ouest d'un chemin qui conduit de Launay à Cheix, j'ai vu dans une pièce un bloc debout nommé le Gros-Caillou. Il mesure 1 m. 40 de haut, sur 1 m. d'épaisseur au moins; sa forme est très irrégulière, et je ne l'aurais point noté ici s'il n'avait déjà été signalé comme menhir. La pièce où il se trouve porte le nom de champ de la Pierre.

Ces deux blocs ne sont pas, à mon avis, de véritables menhirs.

Période romaine.

Un ouvrage assez considérable, la chaussée le Ray, est attribué à l'époque romaine. Cette chaussée, qui mesure près de 800 m., mettait en communication la voie romaine de Nantes vers Saint-Père-en-Retz avec l'île de Vue, où se trouvait une très forte défense destinée à protéger ce passage et dont nous parlerons plus loin.

Lieux dits. — La Rochette, la Basse-Ville, la Garnerie, la Mortière.

SAINT-BRÉVIN

Cette commune s'étend le long de la côte, depuis Saint-Michel jusqu'à l'embouchure de la Loire; elle est, par conséquent, dans d'excellentes conditions pour posséder de nombreux mégalithes. Nous l'avons explorée avec soin et nous y avons vu près d'une dizaine de monuments.

Voici, en suivant la direction du nord au sud, quelles sont les antiquités que nous avons notées en Saint Brévin.

Λ   La Roche des Prés. — Menhir.

Entre Men-Den et les villages de la Prinais s'étend une vaste prairie, unie comme un lac et assez souvent recouverte par les eaux. Dans la partie nord-ouest de cette prairie, nous avons vu un menhir piqué au milieu d'une petite flaque d'eau et fortement incliné vers le sud ; il est en granit; sa hauteur est de 1 m. 45, sa largeur moyenne de 1 m. 05, et sur les côtés il mesure de 30 à 40 c.

On raconte dans le pays que Gargantua voulut autrefois bâtir un pont sur la Loire ; il apporta force grosses pierres et les laissa près du rivage pour aller en chercher d'autres. Mais, quand il revint, les pierres tenaient si bien en terre que jamais il ne put les arracher.

∆ Menhir du Pont-Bossu.

Un menhir abattu forme maintenant un petit pont sur un étier au bord de la prairie dont nous venons de parler, tout auprès des maisons de la Basse-Prinais; il est en granit et long de 2 m. 20 sur 95 c. de large et 25 c. d'épaisseur.

Ces deux menhirs ont été trouvés par mon frère Georges de Lisle.

◠ Tumulus du Rosai.

De là, en me dirigeant au sud, je vis près du hameau de Rosai une butte pierreuse qui me sembla bien être un tumulus; cette butte est dans un champ à cent pas à l'est des maisons; sa largeur est de 17 mètres. On voit encore à sa partie supérieure un bloc à demi enfoui sous terre; deux ou trois autres apparaissent sur les côtés. J'ai trouvé depuis une note manuscrite de Chevas, remontant à une quarantaine d'années et qui vient à l'appui de mes conjectures : « Au village du Rosai plusieurs pierres en désordre affectant la forme circulaire. Au milieu du monticule deux grosses pierres couchées et sur un point du cercle extérieur, une autre debout; hauteur au-dessus du sol : 2 mètres; largeur 1 m. 40; ép. 1 m. d'un côté et 75 c. de l'autre. »

∆D Cette dernière pierre était bien évidemment un menhir; ces mégalithes auront été brisés et employés comme matériaux dans la construction d'une maison neuve élevée près de là. (Septembre 1884.)

Dans une vigne située à 300 m. au sud du Rosai, on voit un espace butté, de forme circulaire, et tellement encombré de rocs et de cailloux que l'on a dû renoncer à le défricher. Une très jolie hache en roche d'un vert bleuté a été trouvée tout près de là et m'a été remise par le fermier.

∆ Menhir du Plessis-Gamat.

Du point où nous ont conduit les monuments qui précèdent, **on trouve à peu de distance vers l'est une large** *champagne* nommée le Quarteron du Plessis-Gamat. Un beau menhir est planté dans cette pièce ; il est en grès blanc très quartzeux et sa forme est assez bizarre ; haut de 2 m. 60 au-dessus de terre, il mesure 1 m. 25 de large, 35 c. d'épaisseur au nord et 50 c. vers le sud. Ses deux faces les plus larges regardent l'est et l'ouest.

J'ai vu auprès quelques blocs couchés çà et là, accompagnement assez ordinaire de nos menhirs.

Tertre du Quarteron de la Briordais.

Du village du Plessis-Gamat, on rejoint la route de Corsept à Saint-Brevin. A 500 m. avant d'arriver à ce bourg, j'ai aperçu, sur la gauche de la route, une butte dominée par de grosses roches grises superposées et ayant tout à fait l'aspect d'un dolmen. Un petit sentier que l'on trouve à main gauche, un peu après avoir dépassé une croix de fer sur le bord de la route, conduit tout droit à cette butte, dont la hauteur est de 2 mètres environ et le diamètre de 21 m. Sur le sommet, une large pierre irrégulière de 2 m. 35 de long est posée sur un autre bloc ; autour, une quinzaine de pierres sont disséminées sur les flancs de la butte. Trois, placées à angle droit et bien enfoncées en terre, forment comme le fond d'un petit dolmen ; cinq autres, sur le versant du nord, s'alignent à peu près sur deux lignes parallèles, mais tous ces blocs sont grossiers, irréguliers et ne présentent point l'aspect ordinaire des matériaux de nos dolmens.

Ce tertre a beaucoup d'analogies avec les groupes de mégalithes que j'ai cités près de là, en Corsept, aux environs de la Bigotais.

◠ Tumulus de la Guerche.

A 1 kilomètre au sud de Saint-Brevin, on trouve, près d'un petit village que traverse la route de Saint-Michel, la maison de campagne désignée sous le nom de château de la Guerche. A cent pas à l'ouest dudit château, j'ai vu une butte artificielle de 30 mètres de diamètre sur 4 mètres d'élévation ; quelques arbres ont poussé sur le sommet qui a été tronqué et arrangé en plate-forme.

Motte ou tumulus ? Des fouilles nous diraient sans doute le mot de cette grosse énigme. Je pense que les terres qui ont servi à former cette butte proviennent du creusement d'un étang qui existe tout auprès.

Pierre à bassin.

A l'angle de la première maison du village de la Guerche, tout au bord de la route, se trouve une grosse pierre adossée au mur; elle est en granit très rugueux et creusée de deux cavités ovales de 25 c. de large sur 40 c. de long, rappelant absolument la forme des doubles bassins de la Pierre de la Bemboire en Maisdon, connue dans le pays sous le nom des *Fesses du Diable*.

◻ Dolmen du douanier.

Quittant la route de Saint-Brevin à Pornic, on traverse de grands bois de pins pour rejoindre le bord de la mer. A une lieüe environ au-dessous du Pointeau, la côte est bordée par une longue plage que traverse l'écluse du Boivre, vieux fleuve tellement amoindri que ses eaux se déversent maintenant dans la mer par une sorte de tuyau. Cette plage est fermée au midi par des roches basses que les eaux recouvrent aux grandes marées. Nous avons vu sur cette pointe une grande table de grès, jetée de travers et fort dépaysée sur les micaschistes de la côte. Cette bizarre rencontre nous fut expliquée par la présence d'un montant de dolmen, couché près de là, un peu au-dessous de la table. Ces deux pierres étaient les restes d'un dolmen arraché de la falaise par l'envahissement de la mer.

Ce fait nous fut bientôt confirmé par le témoignage d'un douanier, qui se rappela parfaitement avoir vu les pierres en place sur le haut de la côte. En creusant à l'endroit indiqué, nous trouvâmes des terres noires et très compactes, mélangées de charbons, des silex éclatés et quelques petits fragments de poterie.

La table mesure 2 m. 50 de long sur 1 m. 45 de large ; le montant 62 c.

Ce dolmen, en assez mauvais état, comme on le voit, n'a jamais été décrit ni désigné sous aucun nom ; j'ai cru pouvoir le dédier à l'honorable préposé qui nous a guidé dans nos recherches. Puisse ce faible hommage encourager nos gardes - côtes à surveiller dans leurs rondes oisives les mégalithes du littoral!

Les Pierres Boivre.

⚠ Menhir de la Pierre attelée.

Ce menhir, caché dans un bois, près de la mer, est assez difficile à trouver ; j'indiquerai deux méthodes pour y arriver : l'une très pratique, l'autre plus pittoresque ; il y en a bien une troisième, qui consiste à prendre un guide, mais cela est souvent fort ennuyeux.

Voici la première méthode : prendre, à l'ouest de la route de Saint-Michel, le village de la Rousselerie, puis, en face des dernières maisons de ce village, remonter à 150 m. au nord par un petit chemin sablonneux, et traverser un clos de vigne sur la gauche ; le menhir est là, sur la lisière d'un bois de pins. — Pour l'autre méthode, il faut descendre le vallon où sont éparpillées les maisonnettes de la Rousselerie jusqu'à un petit gué tout encombré de grosses roches. On remonte à droite, à travers des dunes, puis on suit un petit sentier sous bois, qui longe une clairière jonchée de blocs de grès ; bientôt après, on aperçoit le menhir, dont la masse tranquille est caressée par les branches des sapins [1].

Sa hauteur au-dessus du sol est de 2 m. 90, mais il est très profondement enfoui dans le sable ; sa largeur est de 1 m. 40 et son épaisseur de 1 m. ; il est en grès quartzeux. 15 juillet 1883.

---

[1] Depuis peu, les bois ont été abattus et le menhir est maintenant beaucoup plus facile à trouver.

Au sommet, on voit les restes d'un petit socle en maçonnerie qui servait de base à une croix. Chaque printemps, on enguirlande de fleurs la tête de ce menhir. Cette pieuse coutume a inspiré à l'auteur des *Poèmes Bretons* une de ses plus charmantes poésies (¹).

△ Pierre de Couche.

La route de Saint-Brevin à Saint-Michel traverse une large vallée, peù profonde, sorte de fiord dont les dunes ont fermé l'entrée; puis elle passe dans de grands bois de pins, dépendant de la terre de M. Colombel, maire de Nantes. Aprés avoir laissé sur la gauche une route neuve qui conduit vers Saint-Père-en-Retz, on trouve quelques bâtiments d'exploitation, puis un clos de vigne séparé de la route par une rangée de sapins. Au milieu de ce clos, on aperçoit un menhir pointu et assez irrégulier de forme; il est en grès quartzeux et mesure 2 m. de haut sur 97 c. d'épaisseur de l'est à l'ouest, et 90 c. dans l'autre sens. On assure qu'il est enfoui sous terre d'une fois sa hauteur.

△ Menhir du Boivre.

En continuant à suivre la même route dans la direction du sud, on dépasse le village de Boivre, puis, avant d'arriver à une côte que domine un moulin, on aperçoit à 300 m. sur la gauche un grand menhir de forme pyramidale. Il mesure 3 m. 80 en hauteur sur 3 m. de large à la base et 1 m. d'épaisseur ; ses deux faces les plus larges regardent l'est et l'ouest.

Les trois menhirs que nous venons d'indiquer sont placés en triangle, à égale distance l'un de l'autre; telle est du moins l'opinion des gens du pays, et cette opinion est confirmée par le témoignage de notre excellent collègue M. Orieux, agent-voyer en chef du département.

Le grand menhir de Boivre fait à son tour partie d'un gigantesque triangle, dont les trois sommets sont marqués par trois menhirs, également de très haute taille et de

---

(¹) Le Menhir. *Au pays de Retz,* par M. Joseph Rousse.

forme triangulaire, tous trois orientés nord-sud, comme des aiguillés de cadran. (Voir plus haut Chauvé, Corsept et le Trépied du Diable, commune de Besné.)

8 △ Nous avons trouvé en Saint-Brevin huit haches en pierre provenant de différents points de cette commune :

1° Une hache plate, pointue (type vannetais) ; longueur 12 c. 5. Village de la Maillardière. Elle est en roche serpentineuse vert pâle et d'un très beau poli.

2° Hache en diorite, noire, à bords carrés, longue de 8 c. — La Rousselière.

3° Une hache en aphanite, longueur 10 c. — Le Plessis.

4° Grande hache en diorite trouvée près de la Lande, longueur 20 c.

5° Hache en eurite de couleur blanche ; longueur 7 c. 5. — Le Rosay.

6° Hache en diorite de 11 c. 5. —La Lande.

7° Hache en eclogite verte, longueur 6 c. — Le Bouillon.

8° Une très jolie hachette en roche serpentineuse verte. —Le Rosay.

(Explorations G. et P. de Lisle, 1881-1884.)

Période gallo-romaine.

Des substructions romaines ont été découvertes il y a un demi-siècle à l'occident du cimetière de Saint-Brevin. Des murs solidement construits en grandes pierres atteignaient environ 1 m. de haut ; ils étaient recouverts par un pied de sable. Ce fait est consigné dans les notes de M. Verger.

Des vestiges du même genre ont été trouvés au sud du bourg ; là les briques romaines sont abondantes. Les gens du pays prétendent que ce point était anciennement très important et qu'il reprendra un jour sa richesse première. Un double dicton, assez saugrenu, conserve ce souvenir dans la mémoire des paysans : Pontoise, tu périras, Saint-Brevin tu deviendras. — Nantes périra, Saint-Brevin renaîtra.

Je ne sais si les délices trop vantées du Pointeau, en Saint-Brevin-l'Océan, vont inaugurer cette renaissance tant prédite par les sibylles Brévinoises.

○ Deux monnaies gauloises trouvées dans cette commune en 1861 ont été données au Musée de Nantes, par le maire de Saint-Brevin.

Des sarcophages en calcaire ont été trouvés par M. Hersart dans les sables de Saint-Brevin.

SAINT-HILAIRE-DE-CHALÉONS

△ Menhir du moulin Penaud.

A 1200 mètres au sud-est du bourg, sur la gauche de la route de Sainte-Pazanne, on trouve un moulin à vent, dit le moulin des Penaud. Près de là est une pierre debout qui mesure, d'après la description donnée par M. Orieux [1], 1 m. 60 de haut, 70 c. de large et 60 c. d'épaisseur; d'autres pierres sont amassées tout autour.

SAINT-JEAN-DE-BOISEAU

Période celtique.

△ Une hache en eurite, longue de 10 c. 5, trouvée dans la commune de Saint-Jean-de-Boiseau, nous a été donnée par M. Gruget.

△▽ Découverte de haches en bronze.

Au sud et près du bourg de Saint-Jean-de-Boiseau, dans une vigne nommée le Trait de la Cour, on découvrit, en avril 1821, une cachette contenant huit haches en bronze de la forme dite à *talon,* placées dans un vase en terre. Ce

---

[1] Etudes archéologiques (1864).

vase était enfoui dans une cavité du rocher creusée pour le recevoir, et son orifice était fermé par une sorte de plateau également en terre cuite; le tout était recouvert de 25 c. de terre végétale. Nous empruntons ces détails à une note insérée dans le Lycée Armoricain de 1828, sous ce titre : du Matarh, arme gauloise.

Deux de ces haches ont été conservées, l'une au Musée d'histoire naturelle, l'autre au Musée archéologique de Nantes ; leur longueur est de 10 à 12 c.

SAINTE-MARIE

Les belles galeries dolméniques des tumulus de la Motte ont été indiquées à l'article de la commune de Sainte-Marie par la Commission de topographie des Gaules. Le terrain qu'elles occupent appartient à la commune de Pornic et il est fort à souhaiter que la municipalité pornicaise prenne quelques mesures pour assurer leur conservation.

☐ D Dolmen des Mazères. Section G, n° 302.

Dans le haut de la pièce des Mazères, entre la Rochandière et les Bouillons, existait un dolmen dont la table, large de 2 m. 50 c. environ, était supportée par quatre montants en quartz. Il a été détruit en 1866, et le fermier qui m'en montrait les derniers vestiges avait trouvé sous les pierres un certain nombre de rondelles en cuivre *comme des deniers*. Ce dolmen occupait le centre d'une pièce de terre inscrite au cadastre sous le n° 302 de la section G, un peu au midi d'un petit vallon qui sépare Sainte-Marie de la commune de Saint-Michel (18 juin 1883).

☐ D M. H. du Bois, propriétaire à Sainte-Marie, nous a signalé un retranchement, maintenant détruit, et qui se trouvait à l'est de la nouvelle route de Saint-Père-en-Retz, entre les maisons de Huchepie et les ruines de la chapelle du Tabier. Ce retranchement se composait d'une butte

ovale entourée de larges fossés. Nous avons indiqué des
défenses du même genre, situées à peu de distance de là en
Saint-Père-en-Retz. Cette butte, jadis entourée de landes,
a été nivelée, et on l'aperçoit à peine sous les sillons. Le
champ qu'elle occupe se nomme les Meurts.

△ Une hache en diorite, longue de 9 c. 5 et large de
4 c. 5 a été recueillie par M. H. du Bois ; elle avait été
trouvée dans une de ses pièces près du village du Porteau.
(Juin 1885.)

△ J'ai trouvé près du tumulus de la Motte une hache
en roche dioritique, brisée au tranchant.

△ Une hache en fibrolite, longue de 8 c. 7 et extrêmement épaisse, a été trouvée près du Doiterneau. (Collection G. et P. de Lisle.)

○ Une pièce d'or à l'effigie de Zénon a été découverte
près de Sainte-Marie en 1849.

SAINT-MICHEL-CHEF-CHEF.

☐ Allée couverte du Corps-de-Garde.

Le Redois est situé dans une coulée qui descend du bourg
de Saint-Michel à la mer ; quelques villas égaillées çà
et là dans le vallon ou campées sur les hauteurs, forment
une station balnéaire très modeste, mais qui par cela même
a un charme tout particulier. A gauche, s'étendent de
grands bois de pins; à droite, la côte est festonnée de belles
roches aux teintes rosées ou d'un gris d'argent.

En suivant un chemin au-dessus de la falaise, un peu
au nord du Redois, j'ai trouvé, près d'une ancienne maison
de garde-côte, les ruines d'une allée couverte. Elle est
parallèle à la route et traverse en entier le petit champ
qui entoure la maison du garde. — Celle-ci en est tellement rapprochée, que l'on a dû bouleverser une partie de

la galerie dolménique pour construire le mur qui fait face à l'océan.

La longueur totale du monument est de 15 m. 80; son orientation est nord-sud. En commençant par le nord, j'ai noté: 1° une table de 2 m. 71 sur 1 m. 90, supportée par deux montants et adossée au fossé. Devant elle, quatre supports formant un petit couloir de 1 m. 10 de large; les deux montants les plus rapprochés de la table sont en poudingue ferrugineux; ils mesurent: celui de l'ouest, 1 m. 05 sur 90 c. et 80; celui de l'est, 1 m. 20 sur 1 m. 25 et 32 c.; les deux autres ont 1 m. 10 de hauteur.

Puis, à peu près dans le prolongement de cette crypte, une série de tables et de montants, en place ou abattus; la dernière table au midi est énorme; le fossé la couvre en partie et elle semble avoir été rejetée en dehors de l'axe de la galerie; sa largeur est de 2 m. 50. Vers le centre, une autre table mesure 2 m. 25 sur 1 m. 50 et 30 c. d'épaisseur.

Les sondages que nous avons fait faire pour déblayer le fond du monument nous ont donné la certitude d'avoir été devancé dans nos recherches.

☐ Dolmen du Carreau-Vert. S^{on} C^{le} B, N° 684.

En explorant les pièces qui avoisinent cette allée couverte, je trouvai, dans un champ séparé de la côte par deux ou trois pièces de terre, une sorte de butte que dépassaient çà et là quelques pointes de roches. La disposition symétrique de ces blocs ne me laissait aucun doute sur leur destination; il était aisé d'y reconnaître une double allée couverte.

M. Th. Grisolles, propriétaire des métairies dont dépendait le champ en question, m'accorda très aimablement l'autorisation d'y pratiquer des fouilles, et je suis heureux de lui en témoigner ici ma vive gratitude.

Ce monument élevé sur un plan bizarre, sans doute modifié à plusieurs reprises, forme une sorte de galerie brisée

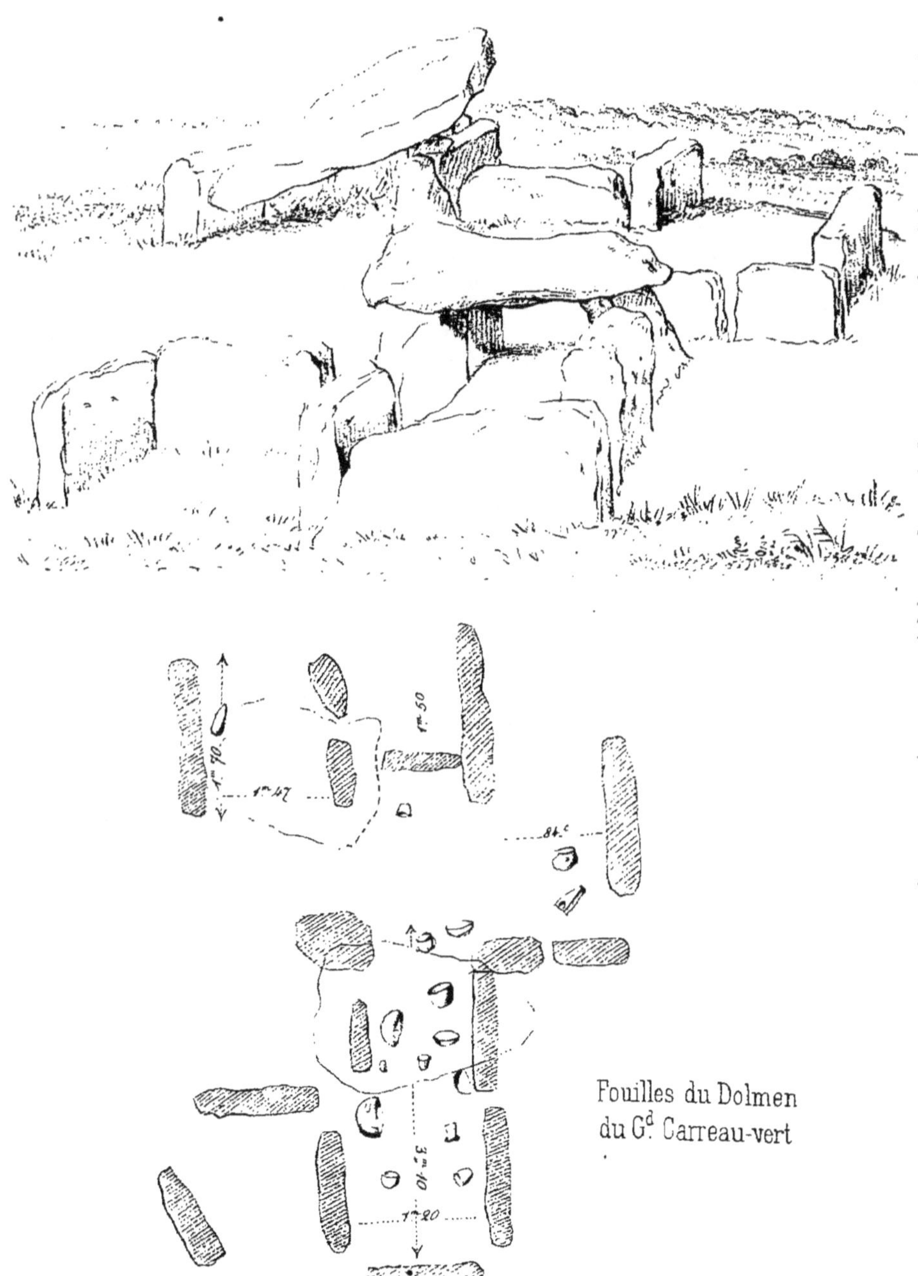

Planche A
1m 70
1m 50
1m 47
84c
3m 10
1m 20
Fouilles du Dolmen
du G^d. Carreau-vert
P. de Lisle du Dreneuc . del.

au centre et flanquée de trois caveaux rectangulaires, deux à l'ouest et un à l'est. Un plan peut seul en donner une idée.

Nous avons déblayé d'abord la cella du sud-est, qu'une large table recouvrait en partie ; sa longueur totale est de 3 m. 10 c., elle a 1 m. 10 de large vers le sud et 95 c. seulement sous la table ; elle est formée par six montants.

Après avoir enlevé une assez forte couche de terre végétale mêlée de pierres, nous avons rencontré un terreau compact et de couleur rougeâtre, puis au-dessous, une épaisseur de 7 à 10 c. d'argile jaune pâle, extrêmement dure et battue comme l'aire de nos fermes bretonnes. Cette couche, qui s'étendait partout à l'intérieur du monument, diffère tout à fait du sol naturel sur lequel elle a été appliquée.

Les objets dont l'énumération suit, étaient posés sur cette argile mais sans y adhérer, et se trouvaient empâtés dans le terreau rouge de la seconde couche.

La première partie de la galerie contenait :

1° Un vase en forme de boulet de canon tronqué vers le sommet ; la pâte en est grossière mais extrêmement dure, ce qui est assez rare dans les poteries de dolmens. Nous avons eu la preuve de la solidité de cette poterie, car elle a résisté au coup de pioche qui l'a fait sortir de son alvéole.

2° Une flèche à tranchant transversal, en silex jaune et d'un très beau travail.

3° Un vase en forme de cône tronqué, à fond plat avec un petit rebord à la base ; terre rouge. (Brisé.)

4° Une scie en silex translucide ; lame mince et finement dentelée de petites échancrures arrondies et bien régulières.

5° Très petit vase à fond plat, en forme de gobelet ; il est bien intact et façonné grossièrement dans une terre rougeâtre, pleine de fragments de quartz.

6° Grand vase à fond bombé, en forme de demi-sphère.

21

7° Autre vase du même type, mais plus petit, en terre luisante.

Ces deux vases étaient dans la partie recouverte par la table et adossés au montant de l'ouest ; auprès se trouvait un couteau en silex.

8° Vis-à-vis, un autre vase en terre noire très fine ; les bords sont minces et légèrement retournés en bourrelet.

9° Un énorme vase se trouvait un peu en avant de la table du côté sud. Il est muni d'un oreillon de 3 cent. de long, percé d'un trou horizontal. On passait une cordelette par ce trou pour servir à porter le vase. La terre, assez mal préparée, est noire en dedans et grise à la surface. Ce vase est le plus grand que nous ayons vu dans les dolmens de la Basse-Loire.

Enfin, dans l'étroit couloir protégé par la table, se trouvait en outre une autre petite pièce d'un intérêt tout particulier : c'est un grattoir double en silex violet foncé, admirablement taillé et long de 4 c. Cet objet, qui appartient sans conteste à un des types les plus caractérisés des silex de l'époque du renne, est singulièrement dépaysé dans notre dolmen. La substance siliceuse dont il est formé est toute différente de celle qui a été employée pour les autres outils qui l'accompagnent.

La crypte du nord-ouest, adossée à l'extrémité de la galerie, est recouverte par une grande pierre plate ; ses dimensions intérieures sont 1 m. 70 sur 1 m. 47.

J'y ai trouvé une hache en silex violacé, très usée au tranchant, des fragments de plusieurs vases, et parmi, une sorte de coupe ou de couvercle dont les bords sont brusquement relevés de façon à dessiner un angle à vive arête.

La crypte de l'ouest, parallèle au centre de l'allée, m'a donné un petit vase en forme de calotte, haut de 7 c. et large de 8 ; des poteries brisées, dont l'une est ornée d'un oreillon percé d'un trou. — Une hache-marteau très allongée et percée d'un trou cylindrique pour recevoir un manche ;

Planche C

P. de Lisle du Dreneuc, del.

elle est en roche dioritique altérée et brisée par le milieu (partie du tranchant).

Le centre du monument contenait un grand nombre d'autres poteries incomplètes. Un petit vase à bords retournés, très uni, très fin de pâte. — Un grand vase de forme hémisphérique, en terre cassante inégalement durcie au feu. — Un pot en terre rouge, très épais de bords et grossièrement façonné en forme de cône tronqué. — Des fragments d'un grand vase avec oreillon pointu sur le côté; bords droits, terre micacée, peu cuite. — Un petit vase en terre luisante avec un oreillon très mince près du bord. — Un vase en forme d'écuelle, avec un trou rond de 11 m^m de diamètre, au-dessous du bord. — Fragment de vase en terre grisâtre, très luisante et striée de petites rayures creusées horizontalement. — Fragment d'un vase en forme de tulipe; terre rouge et noire.

Parmi les silex provenant de cette sépulture, nous indiquerons 3 lames bien tranchantes, longues de 7 à 10^c; 4 flèches à tranchant transversal, 2 scies et un couteau en grès siliceux, à lame triangulaire, trouvé vers le fond de la galerie par notre excellent ami et collègue M. Xavier de la Touche, qui nous avait activement aidé dans la dernière partie de nos fouilles.

On peut juger par l'inventaire qui précède de la richesse de cette allée couverte, qui ne contenait pas moins de 18 poteries, de 16 outils et armes en silex et de deux haches taillées et polies.

Point d'ossements; nous les aurions sûrement rencontrés dans cette terre rougeâtre qui empâtait les vases et les silex; partout des charbons et des cendres. Il est probable que l'incinération a été le mode employé pour les sépultures de cette galerie. Juillet 1883.

▽ Menhir de la Source.

Un menhir piqué au-dessus de la falaise, à peu de distance au nord du chemin qui conduit à la source, a été détruit il y a une vingtaine d'années.

De ce point, nous nous dirigerons à l'est pour visiter les mégalithes de Saint-Michel, et passant ensuite au sud par la Souchais, nous reprendrons la direction de l'ouest.

△ ? Près d'une ferme située entre les maisons de Gohaud et la route de Saint-Michel, on voit une pierre couchée de 1 m. 60 c. de long sur 65 c. de large et 35 c. d'épaisseur ; elle est en grès.

△ Menhir de la Combe.

Avant d'arriver devant le village du Boivre, la route de Saint-Brevin passe devant un grand menhir triangulaire que nous avons décrit à l'article consacré à cette commune. En remontant à quelques cents mètres à l'est de ce ce mégalithe, sur la limite de Saint-Michel et de Saint-Brévin, j'ai trouvé un menhir abattu dans une pièce qui est désignée au cadastre sous le nom de *pièce de la Combe*, et située au midi du moulin à vent qui domine la butte. Il est en grès et sa longueur est de 3 m. 07 ; il mesure environ 80 c. d'épaisseur moyenne, mais il se rétrécit vers le haut.

△ Au-dessus de celui-ci, à deux ou trois champs de là dans la direction du nord, autre menhir couché de 3 m. 35 de long, sur 1 m. 10 de large et 80 c. d'épaisseur ; il est en grès et également de forme pointue.

△ Menhir de la Souchais.

Un magnifique bloc de quartz blanc est piqué debout sur le bord de l'avenue qui conduit à la Souchais (côté sud) ; sa hauteur est de 1 m. 65, sa largeur de 1 m. 10, et il mesure environ 55 c. d'épaisseur. Sa forme est très irrégulière ; il m'a semblé orienté sud-nord. Pour le trouver, le plus simple est de quitter la route de Saint-Michel au village des Gatineaux et de se diriger à l'est, en traversant un petit vallon, vers les futaies de la Souchais.

Le long du chemin qui part de la route, en face des Gatineaux, j'ai vu une pierre debout, sur le bord du champ ;

Planche B

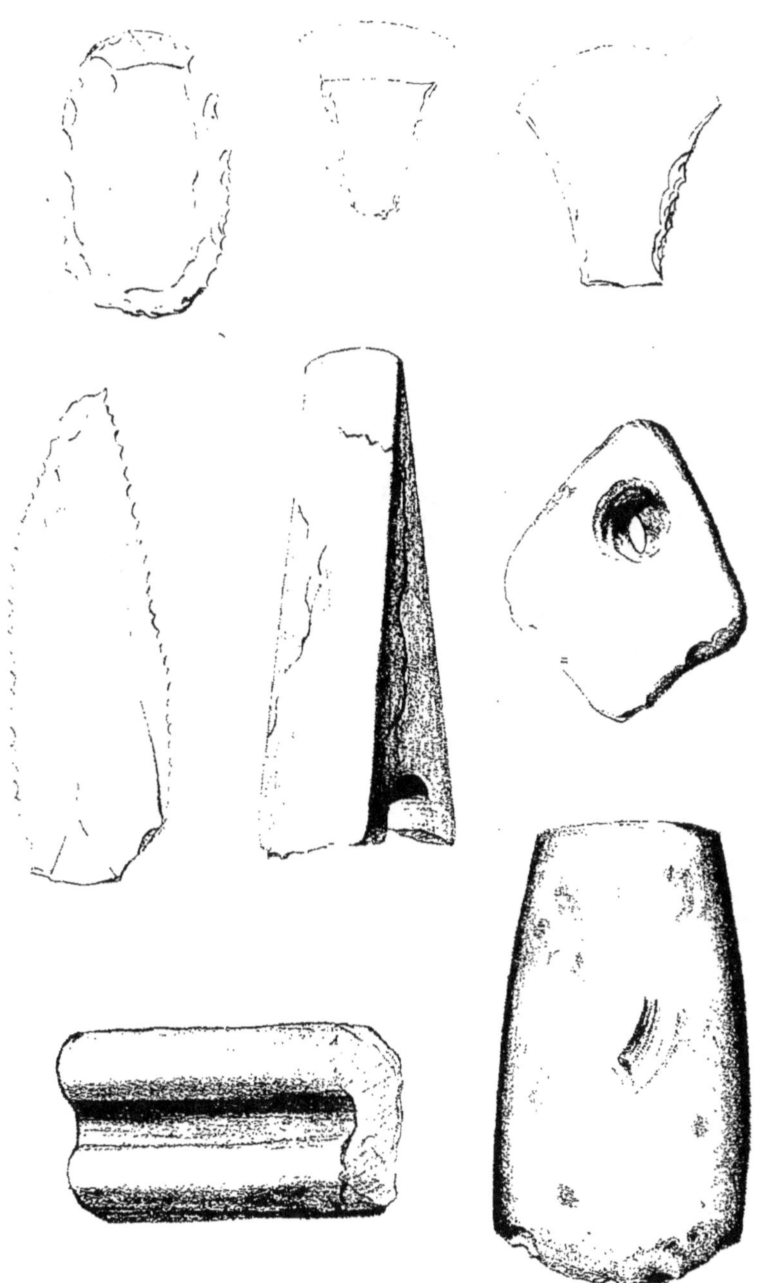

P. de Lisle du Drencuc . del .

elle est en quartz blanc et mesure un peu moins de 1 m.
de haut sur 92 c. de large.

⌐⌐ D Dolmen de la Morinière, section H, n 376.

Du village des Gatineaux, en rejoignant à l'ouest la route
de la Plaine, on arrive à un point assez élevé, près de la
Morinière ; là, dans une sorte de lande coupée par la route,
existait un dolmen en quartz blanc dont la table est main-
enant enfouie sous terre de façon à laisser libre passage
à la charrue. Cette table mesurait 2 m. sur 2 m., elle était
un peu soulevée de terre d'un côté. M. Verger qui l'a décrite dans ses notes sur ces communes, lui donne près d'un
mètre de hauteur.

⌐⌐ D Dolmen du Patureau.

Dans le champ voisin (champ du Patureau), également à
l'est et au bord de la route, le même auteur signale « un
joli dolmen de quartz blanc et brillant, sur une élévation
au milieu du champ. La table repose sur d'autres pierres
couchées à plat les unes sur les autres. L'ouverture au
midi est fermée par une pierre de la même nature que
celles du dolmen ; l'autre ouverture au nord est dégagée.
Sa hauteur est d'environ un mètre ; sa largeur est irrégulière à cause de l'inégalité de ses supports ; elle a un peu
plus d'un mètre. Tout autour de ce monument, remarquable par ses petites proportions et par la belle qualité
de ses pierres, sont d'autres blocs de quartz irréguliers et
qui formaient probablement un cercle. » Je suis arrivé
quelques années trop tard pour voir ce dolmen. Le fermier
m'a montré la butte où il était placé ; la route a depuis
plusieurs années dévoré ces belles roches blanches.

15 △ Dans nos excursions en Saint-Michel, nous avons
recueilli une quinzaine de haches en pierre polie, trouvées
sur le territoire de cette commune.

N° 1 hache en diorite, 13 c. — La Rousselerie.

N° 2 hache en silex jaune, 9 c. — Même provenance.

N° 3 hache en diorite, 10 c. — Les Gatineaux.

Nº 4 hache en aphanite, d'un gris bleuté, 12 c.

Nº 5 hache en diorite, très épaisse, 12 c. — Le Rédois.

Nᵒˢ 6 à 15. Dix haches en diorite, longues de 8 à 12 c.

SAINTE-PAZANNE

⌐⌐ Dolmen de Port-Faisant.

A trois quarts de lieue de Sainte-Pazanne, la route de Sainte-Lumine oblique vers l'est et franchit la petite rivière du Tenu. Sur le côté nord de la route, un peu avant d'arriver au pont, on trouve les ruines d'une allée couverte connue sous le nom de dolmen de Port-Faisan.

Le fond de la galerie, formé par un large montant, et le premier support de la rangée du sud sont debout ; leur hauteur est de 1 m. 35. La grande table qui recouvrait cette crypte est appuyée de biais sur la paroi du fond ; sa longueur est de 2 m. 75 et sa largeur de 2 m. 30. Une autre table abattue dans le prolongement de la première présente à peu près les mêmes dimensions. Cinq blocs jetés hors de place servaient à compléter cette galerie dont les splendides matériaux nous font regretter la destruction.

Il existe au sujet de ce dolmen une légende toute récente et qu'il ne serait pas bon, je crois, de laisser s'accréditer ; en voici l'origine : Il y a une trentaine d'années, un bon antiquaire du comté nantais signalait sur la table du dolmen de Port-Faisan « une figure monstrueuse taillée en relief et fort connue dans le pays sous le nom de la *bête* de Port-Faisan. Je crois, écrivait-il, avoir été le premier à signaler cette figure à l'attention des savants. »

Les savants auxquels on signalait un bonhomme taillé en relief sur une pierre de dolmen s'émurent à juste titre ; la Société des Antiquaires inséra une notice sur la figure sculptée du Port-Faisan dans le tome VIII de sa seconde série. L'affaire n'était pas oubliée, lorsqu'en 1875, le grand congrès de l'Association française pour l'avancement des sciences amena à Nantes des archéologues de tous les pays. Une excursion fut dirigée vers Port-Faisan, chacun s'efforça de retrouver dans les fissures de la pierre une apparence de tête quelconque ; mais les avis furent très partagés et les conclusions du rapport extrêmement nuageuses. Cela se conçoit, il n'y a en réalité aucune figure de bête ni d'homme sur la table du Port-Faisan ; la surface du grès est légèrement mamelonée et forme des enroulements à peu près semblables aux contours de certains nuages ; c'est, je pense, ce relief accidentel qui avait jadis induit en erreur notre vénérable antiquaire.

Vis-à-vis, de l'autre côté du Tenu, existait un autre dolmen (commune de Saint-Mars-de-Coutais).

△ Menhir de la Briancière.

Le village de la Briancière est tout à l'extrémité de la commune de Sainte-Pazanne, à 7 kilomètres du bourg sur la route de Fresnay. Voici les renseignements que M. Camille de la Brosse fils a bien voulu me transmettre sur les mégalithes de la Briancière : « Dans un petit chemin de traverse conduisant de ce village à une route neuve qui va de Fresnay à Saint-Hilaire, à 200 mètres environ des maisons de la Briancière et au milieu même du chemin, se trouve la *Pierre de la Briancière*. Elle est couchée et mesure 1 m. 75 de longueur, 85 c. dans sa plus grande largeur et 30 c. d'épaisseur ; elle est en grès. — A 200 mètres plus loin, une autre pierre est debout et sort de terre de 55 c.; les paysans prétendent qu'elle est enfoncée en terre de plus d'un mètre. Enfin, dans un taillis qui borde ce chemin, se trouve une troisième pierre presque semblable comme forme et dimensions à la seconde. Les anciens du pays racontent que sous ces pierres sont cachées des *boursées* d'argent. Octobre 1884. »

▢ Près du château d'Ardennes, dans les bois à l'est de l'avenue, se trouve une enceinte de terre de forme elliptique et d'une disposition très particulière ; elle est formée de plusieurs vallums et talus concentriques. La motte qui occupe le centre est plate et sans talus sur le bord.

△ 4. Quatre haches en pierre polie, trouvées au nord de Sainte-Pazanne, nous ont été remises par le fermier de la métairie du Bignon : 1° hache en aphanite, longue de 10 c. 2° Hache en eurite, longueur 15 c. 5. 3° Hache en petro-silex, longueur 12 c. 4° Hache en roche schisteuse, micacée, d'un vert bleuâtre, longueur 12 c.

SAINT-PÈRE-EN-RETZ.

Une des curiosités archéologiques de ce canton est l'ancien fleuve de Boivre, maintenant à sec et dont la vallée aride et nue a l'aspect désolé d'une immense ruine. Au pied de ces côteaux, dans ce large lit que sillonnaient jadis les navires remontant vers Saint-Père, quelques troupeaux de moutons et des bandes d'oies se disputent tristement un maigre pâturage.

Mais ce fleuve tari a ses titres bien en règle ; vers 1049, c'est le *fluvius Bibere*, au XIIᵉ siècle, la Boivre, *Boira*, puis la Bouèvre et le Boivre. Peu à peu, en perdant ses eaux, il a perdu jusqu'à son nom ; les paysans l'appellent aujourd'hui l'Etier, et si faible est son cours qu'il n'est plus même nommé sur nos cartes modernes. De son antique splendeur il lui reste un port situé sur la rive gauche et qui n'est plus maintenant qu'un hameau. (On m'a assuré qu'il y existait des boucles en fer pour amarrer les navires.) D'anciens titres mentionnent aussi un droit d'ancrage pour la seigneurie de la Rodière, située à 2 kil. du bourg; enfin, dans le fond de ses vases, on retrouve de temps à autre de vieilles carènes, des ancres et des débris de cargaisons enfouies depuis bien des siècles.

Toutefois, je pense que ce vieux Boivre n'a jamais été

un fleuve bien sérieux ; c'était plutôt une sorte de fiord recevant les eaux de la mer et lui en donnant fort peu ; ce qui me le fait croire, c'est que maintenant l'entrée en est coupée par la chaîne des dunes de Saint-Brevin et que si le Boivre avait été un fleuve digne de ce nom il eût repoussé cette digue, ou bien ses eaux grossies eussent formé un immense lac. Mais non, la séparation s'est faite, et il est facile de voir que l'onde amère entrait pour beaucoup dans son ancienne grandeur ; l'apport qui lui vient de tous ses affluents remplit à peine un tuyau de maçonnerie servant d'écluse aux basses marées.

Au reste, les constructeurs de mégalithes, qui choisissaient toujours avec une prédilection marquée le bord de l'Océan, ne s'y sont point trompés ; ils ont reconnu le vieux Neptune dans les eaux de cette vallée et sur ses rives ils ont dressé de nombreux monuments.

En commençant par la partie de l'ouest, nous trouvons : sur une butte, en face des maisons de la Noue, un gros bloc de grès, long de 2 m. 45, large de 1 m. 20 et épais de 60 c.; tout autour nous avons recueilli de nombreux silex travaillés, couteaux, grattoirs, etc. La butte que couronne cette pierre devait former autrefois une petite île. Vis-à-vis, de l'autre côté du Boivre, existait un menhir qui a été brisé depuis peu.

☐ Allée couverte du Port.

En remontant de là dans la direction de l'est, on trouve à la métairie du Port les ruines d'une allée couverte. Sept ou huit pierres plantées debout forment le fond et l'un des côtés d'une galerie dont la paroi occidentale a été détruite depuis peu pour construire un hangar. (G. de Lisle.) Près de la ferme du Port on a découvert quatre haches en pierre polie qui m'ont été cédées par le fermier.

△ Menhir du Port.

Des maisons du Port un chemin conduit à la route de Saint-Père-en-Retz. Dans un champ qui borde ce chemin, du côté de l'est, j'ai vu un assez beau menhir arrondi au sommet et dont la hauteur au-dessus de terre est de 2 m. 57 ; il mesure 1 m. 40 de large et 30 c. d'épaisseur. Il est un peu incliné vers le midi ; une sorte de cavité en forme de bénitier est creusée sur la paroi de l'est. Ce trou est dû à un phénomène géologique assez fréquent sur les grès de cette nature, mais il est à remarquer que les autres menhirs que nous allons rencontrer sur la même ligne ont aussi une cavité semblable.

Entre le Port et la Riaudais, dans un fouillis de broussailles au bord du sentier qui relie ces deux hameaux, j'ai vu une large pierre de grès, très régulière de forme et appuyée à l'est contre un support vertical ; une trentaine de blocs sont agglomérés dans le prolongement de ces deux pierres. La table mesure 2 m. 65 sur 1 m. 35 et 67 c. d'épaisseur ; le montant : 1 m. sur 94 c. et 35 c. Grès.

Menhirs de la Riveraie.

La Riveraie ou Livraie est un long village situé à 5 kilomètres à l'ouest de Saint-Père-en-Retz et traversé par une route neuve qui coupe la vallée du Boivre.

△ Dans un clos de vigne, à quelques cents mètres à l'ouest des dernières maisons de la Riveraie (les plus rapprochées de la Vallée), on trouve un menhir de 2 m. 80 c. de haut sur 1 m. 85 et 60 c. d'épaisseur.

Il est plat, très uni à la surface et de forme anguleuse ; vers le sommet on aperçoit une cavité irrégulière.

△ A peu de distance de là, en se rapprochant du village, j'ai vu dans un pré un autre menhir du même genre ; il est haut de 3 mètres et large de 2 m. 50 ; son épaisseur est d'environ 80 c. Le profil de ce bloc de grès est mouvementé d'une façon bizarre et sur une de ses faces on voit un creux circulaire de 12 c. de diamètre.

Ces deux menhirs sont orientés sud-nord.

Dans le prolongement de la ligne donnée par les deux menhirs de la Riveraie il en existait un troisième, abattu depuis longtemps, et que l'on a brisé ces dernières années; on m'a montré la place qu'il occupait à l'ouest du premier menhir indiqué ci-dessus.

Au village même de la Riveraie ([1]), on trouve beaucoup de blocs de grès à demi enfouis sous terre ; un de ces blocs couché près de la route, le long d'un hangar, mesure 3 m. 10 sur 1 m. 20 et 60 c.

Il est probable que les peulvens de la Riveraie ont formé jadis un alignement.

Λ   Menhir de la Paragère.

A 2 kilomètres au nord-est du bourg de Saint-Père-en-Retz se trouve, près de la Paragère, une pierre que M. Orieux a ainsi décrite parmi les menhirs de Saint-Père-en-Retz: ([2]) « A la Paragère, une pierre qui était couchée sur le bord du chemin a été relevée et plantée debout à 200 mètres de sa première place ; sa hauteur est de 3 m. 75, sa largeur de 2 m. 30 et son épaisseur de 0 m. 55. » L'érection de ce mégalithe remontant seulement à quelques années, je crois qu'il faut le ponctuer d'un point de doute.

Λ   Menhir des Landreaux.

Le village des Landreaux est à 3 kilomètres au nord de Saint-Père-en-Retz; une petite route neuve part du village et remonte dans la direction de Saint-Brevin. A 3 ou 400 mètres du village, en prenant un peu à droite de cette route, nous avons vu un menhir de granit dont la longueur est de 4 m. 20, la largeur de 1 m. 70 et l'épaisseur de 75 c. Il a été abattu récemment, lorsque l'on a défait le fossé dans lequel il était encastré (août 1883).

Cromlech de la Rochelaie.

La ferme de la Rochelaie dépend de la terre de la Verrie

([1]) Voir la notice de M. l'abbé Dominique, insérée dans le Bulletin de notre Société, 1880.

([2]) Société Académique de Nantes, 1864, p. 406.

près Corsept et est à plus d'une lieue et demie au nord du bourg de Saint-Père-en-Retz. Un peu à l'ouest des maisons, j'ai vu, sur la pente d'un coteau, une série de blocs de granit déjà signalée sous le nom de cromlech. Une vingtaine de pierres, les unes debout comme des montants de dolmens, les autres abattues et à demi cachées sous la butte, dessinent tant bien que mal un ovale de 13 mètres de long sur 9 de diamètre vers le centre. Le tout est encombré d'un amoncellement de pierrailles et de terre, semblable au remplissage d'un dolmen. Trois pierres debout mesurent de 1 m. à 1 m. 20 de hauteur. (6 septembre 1883.)

Tertre des **Masses.**

Au sud de la Rochelaie, et à un demi-kilomètre à l'ouest de Saint-Viaud, on aperçoit une butte élevée sur le sommet du coteau, tout au haut d'un grand clos de vigne. Sa hauteur est d'environ 4 mètres et elle est en partie formée par une tête de rocher. Auprès se trouvent les maisons des Masses.

Tumulus de Saint-Père-en-Retz.

Dans le bourg même de Saint-Père-en-Retz et à très peu de distance de l'église, on voit un tumulus formant un énorme mamelon de 30 à 35 mètres de diamètre sur 4 à 5 m. d'élévation. Cette butte n'a point été fouillée ; je ne crois pas qu'elle renferme de galerie dolménique, mais on y trouverait peut-être, comme à la butte de Touvois, des traces de sépultures de l'époque gauloise.

△ Un anneau celtique en or, plat et terminé par deux petits crochets pris l'un dans l'autre, a été trouvé en Saint-Père-en-Retz (sous un dolmen?). Il rappelle beaucoup la forme des colliers d'or de Plouharnel. — Musée Archéologique de Nantes.

17 △ Sur différents points de cette commune, nous avons recueilli des haches en pierre trouvées par des cultivateurs.

1° Une hachette en *jadéite* verte, transparente et d'une

beauté remarquable; elle est parfaitement intacte et d'un très beau poli. Longueur 63 ^{mm}. Provenance : la Souinaie.

2° Hache en diorite; longueur 9 c. 5. — P^{ce}: le Grand-Rouaut.

3° Hache en roche indéterminée, d'un vert sombre; longueur 12 c. 5. — P^{ce}: la Coquillère.

4° Hache en diorite, longue de 20 c. — Les Quatre-Vents.

5° Petite hache en serpentine, d'un vert foncé; longueur 4 c. 3. — La Marchandière.

6° Hache en diorite; longueur 11 c. — Le Port.

7° Hache en diorite, bords carrés; longueur 15 c. — La Nicollière.

8° Hache en silex, brisée par le milieu. (Côté de la pointe.)

9° Hache en diorite, bords droits; longueur 14 c. — La Nicollière.

10° Hache en petro-silex, brisée. — Environs du Boivre.

11° Hache à bords carrés, en roche verte (eclogyte?) — La Riveraie.

12° Hache en diorite, longue de 11 c. — Bellevue.

13° Hache en diorite, longue de 8 c. 5. — Le bourg de Saint-Père-en-Retz.

14° à 17° 4 haches en diorite, de 10 à 15 c. — Village de la Riaudais.

(Excursions G. et P. de Lisle, 1881-85.)

Découverte de bronze du champ des Joncs.

Au mois d'août 1873, Massé, fermier de la Tièdenaie, découvrit, en creusant un fossé au bord de la pièce des Joncs-Bonamy, une quantité considérable d'objets en bronze enfouis sous terre dans un trou.

Une partie de ces objets fut vendue à un brocanteur et achetée par M. Parenteau, pour le Musée de Nantes. M. Blandin, propriétaire de la Tièdenaie et conseiller général de ce canton, donna généreusement au Musée le reste de ces bronzes.

Le caractère le plus remarquable de cette trouvaille est la rencontre simultanée de quatre haches de types différents : hache plate, hache à talon, hache à ailerons et hache à douille. Il est à noter aussi que les haches plates, d'un type assez primitif, sont mêlées à des épées de la forme la plus perfectionnée. — Voici l'énumération de ces bronzes :

5 poignées d'épées ([1]) (brisées) et 35 fragments de lames à nervure ronde entre deux filets.

3 fragments de poignards ; 2 pointes de lance (brisées).

1 hache plate, très rugueuse d'un côté ; 1 hache plate munie de deux apophyses latérales ; tête droite.

1 hache à talon entière et deux fragments.

6 haches à ailerons et 7 fragments.

1 hache à douille, avec 3 filets en relief ; 3 haches à douille, unies ; 10 fragments.

2 bracelets cylindriques et 7 fragments.

1 grattoir percé (extrêmement usé). 1 fragment de novacle.

22 fragments de culots de bronze.

Une cinquantaine de morceaux de haches, épées, etc.

Tous ces objets ont une très forte patine verte.

Période gallo-romaine :

Les travaux exécutés pour la construction de la nouvelle église ont mis à jour un certain nombre de sarcophages en calcaire coquiller. J'en ai vu plusieurs assez bien conservés ; l'un d'eux, très irrégulier de forme, avait les côtés et surtout la paroi du côté de la tête, taillés obliquement. Tout autour se trouvaient des fragments de briques à crochets.

---

[1] Voir *Epées et poignards de bronze de la Bretagne*, par V. Micault et P. de Lisle du Dreneuc. Saint-Brieuc, 1883.

M. de la Pilaye, dans une note manuscrite citée par Bizeul, indique un certain nombre d'objets gallo-romains trouvés aux environs de Saint-Père-en-Retz. Il signale également trois camps attribués à la période romaine; voici leur description :

☐ « Le premier de ces camps est sur le chemin de Pornic, à un quart de lieue au-dessus du moulin de Sion. — Il est placé sur le point le plus élevé des environs, de manière à pouvoir surveiller même l'entrée de la Loire. On prétend qu'à l'aide d'une lunette, on découvre la ville de Nantes. Ce camp est carré, sans butte prétorienne et entouré de fossés. Un reste de rempart s'élève encore à 10 pieds de hauteur. Il est situé entre le moulin et la métairie de Coët-ar-Gan.

☐ « Le second camp est à Château-Gaillard, au bord des Marais. »

☐ « Le troisième est à un quart de lieue plus loin, aux Riaillières, dans le taillis de Rigolet. Ce dernier, situé au midi des marais, est moins élevé que le précédent. Maintenant que les lieux ont été mis en culture, il reste à peine quelques traces de ces deux derniers, mais, en 1820, leurs fossés et remparts étaient encore presque entiers. » J'ai seulement aperçu les restes du premier de ces camps sur la butte du moulin de Sion.

SAINT-VIAUD.

A 3 kilomètres au sud-est de Paimbœuf, sur la gauche de la route qui conduit à Nantes, j'ai vu une butte rocheuse, bien dégagée entre la Loire et un ravin, et sur laquelle apparaissaient çà et là des blocs de forme allongée, ressemblant à des menhirs abattus. L'un d'eux, au pied de la butte, dans la direction du sud-est, mesure 2 m. de long sur 70 c. de large; deux autres vers le sommet ont, l'un

2 m. 70, l'autre 2 m. 10 de longueur. Quand on construisit le moulin qui couronne ce tertre, on trouva sous terre plusieurs grandes pierres plates. — Cette butte se nomme la *Ramée.*

A une lieue au sud-est du bourg, près de l'Aubaudière, plusieurs pierres isolées dans un pré ont été signalées par MM. Chevas et Verger, qui pensent que ce sont les restes d'un monument mégalithique.

L'annuaire de la Loire-Inférieure signale en Saint-Viaud la *Pierre Cantin* et le souterrain de Saint-Vital, dans le bourg.

3 △ Trois haches en pierre polié, trouvées en Saint-Viaud, font partie de notre collection.

1° Hache à tête droite, longue de 13 c., diorite.

2° Hache en fibrolithe d'un blanc laiteux semée de grains verts ; longueur 9 c. — Village de Boismain.

3° Hache en diorite, brisée ; même provenance.

Période gallo-romaine.

⌷ Un sarcophage en calcaire a été trouvé près de l'église de Saint-Viaud.

Lieux dits : la Roche-Voleau, le Rocher, la Motte, Malabry.

VUE.

△ Menhir de Genonville.

Près de la Genonville, à 1 kilomètre à l'ouest du bourg, M. Verger indique un menhir placé dans un taillis ; je n'ai point ses dimensions.

Période gauloise.

□ L'interminable bourg de Vue est construit sur une île très allongée de forme et dont le point culminant était défendu par une fortification. M. Jaquelin, notaire à Vue et propriétaire d'un vaste enclos situé au midi de l'église, fit exécuter vers 1868 de grands travaux pour l'arrangement d'un parc. En nivelant les terres dans la partie du sud, on découvrit une longue muraille en grosses pierres posées à froid et enchevêtrées de poutrelles entrecroisées comme les pièces d'une claie. Une immense quantité de longues fiches en fer furent trouvées avec ces poutrelles ; beaucoup ont été données au Musée de Nantes. Elles servaient à unir les pièces de bois qui traversaient le mur et lui donnaient une grande solidité. C'est le système des remparts gaulois décrits par César au livre 8 de ses Commentaires.

On m'a montré la place qu'occupait ce vieux mur sur une élévation qui domine les marais ; rien ne paraissait au-dessus du sol avant les fouilles. Peut-être ces retranchements gaulois subsistèrent-ils jusqu'à la fin du XVIe siècle, époque où Mercœur fit raser les fortifications de Vue.

Période gallo-romaine,

J'ai vu, en 1883, chez M. Jaquelin, deux amphores brisées que l'on venait de découvrir sur une butte au sud du bourg, de l'autre côté du premier étier qui sépare le bourg. Ces vases et quelques autres débris de poteries gallo-romaines étaient enfouis sous terre à une profondeur de 30 c.

Lieux dits : la Rochette, la Fosse des Prés, le Pas, la Barre, Malalou.